U0048138

曹寅與康熙

史景遷◉著 溫洽溢◉譯

Ts'ao Yin and
the K'ang-hsi Emperor
Bondservant and Master

by Jonathan D. Spence

目次

初版序言

本書描述清史曹寅（一六五八至一七一二年）的生平，但這並不是一本傳記。本書試圖把曹寅的一生與他的時代構連，並給予制度同等的重視。所以，對我而言，重點不是曹寅在某一天去了哪裡，某個時刻的心情感受如何；重要的是，當我們在中國正史裡讀到曹寅是一個包衣、織造、巡鹽御史時，這意味著什麼。曹寅的所做所為自然要予以關注；但他可能做什麼同樣重要，或者，更精準地說，律例規定他應該做什麼，與曹寅同時代的人處在相同的官位時又會做什麼。

本書涵括的範圍超過曹寅的一生。本書勾勒的情節始於曹寅祖父所處滿人鞏固天下時期，迄至乾隆朝曹寅孫子的時代。想當然爾，有鑑於曹寅是滿人統治者的包衣奴僕，他們的故事勢必鮮明反映出清朝皇帝面貌與表現方式的變易，本研究的歷史背景正是清朝本身。儘管所觸及的範圍，不能期望可以盡訴滿人統治頭一百年的種種變遷和活力，但至少可以呈現它繽紛的樣貌。

曹寅的曾祖父在努爾哈赤（一五五九年至一六二六年）時遭俘擄，被納編進這位剽悍、足智多謀統治者新設立的組織之一包衣佐領，努爾哈赤先求鞏固自己的實力，然後在一六一六年稱帝，號天命，國號金，以與明朝競逐天命歸屬。曹寅祖父的事業始於皇太極（一五九二至一六四三年）時代，他自命清朝崇德皇帝（一六三六年），當時滿人還盤據在明人抗守的長城以北，學習、實行漢人的官僚制度。不過，一六四四年滿人定鼎中原，運用許多滿人自己的統治策略。這點可以從曹寅父親的生涯窺知，他在順治皇帝（一六四四至一六六一年）的內務府裡當差，於康熙朝輔政大臣攝政期間外放江寧織造，這是一個對滿人統治者有特殊用途的職位。曹寅的一生，從幼時到辭世，都是在康熙朝（一六六一至一七二二年）中度過，突顯了康熙時代摸索中的治理手段。不管是曹寅還是康熙，都不會凡事視之理所當然，他們兩人總是密切關注經濟和政治局勢；他們稱不上對其所見皆有建設性的回應，但他們樂於通權達變，他們彈性因應自然改變了中國官僚傳統的模式。譬如，康熙利用南巡之便親自查訪各省民情，發展出密摺制度以祕密奏報來輔助他對局勢的掌握。他拔擢曹寅署理江寧織造，但並未將其職責限縮在律例所規定管理江寧城內的皇家織場上。曹寅必須平糴米價、購買銅斤、督導漕運、創辦文化事業、押運佛像給寺院，奏報高官行止和收成情況。曹寅還出任兩淮巡鹽御史，徵集每年兩百萬兩的例行稅銀，還得另行籌措五十萬兩以供皇上的各種度支。

康熙一朝並非承平安康的時代，它不像清代爾後各朝因循舊制、抗拒變革。十七世紀末這個時代，前明遺民對新朝的威脅依然時時可見，一度與滿人結盟的藩王和邊疆部族亦群起叫陣，皇權的集中才剛剛開始鞏固，滿漢文化之間的扞格化解不易。曹寅對其生涯或許幾經盤算，不過這一切似乎不太需要；環境對他的眷顧一如對他的先人。這不是一個讓新人如魚得水的時代，它比較適合邁向新時代的舊人；在康熙十四年這一年，還有什麼比得上一個有著古典漢文化涵養的滿人包衣更令人嘆為觀止的呢？曹寅就是這樣的人。像曹寅這樣的人具有多重用途，而他成功、忠誠的賞酬是相當高的。

不過，到了曹寅嗣子曹頫的時代，他遭遇到的是雍正皇帝（一七二三年至一七三五年）皇權集中的局面，而皇權的集中化往往是通過整肅閣臣來實現。曹頫沒有能力適應這個時代，迎接這個時代新的挑戰，而導致家道中落。到了曹寅的孫子曹霑（雪芹），才來到故事的盡頭，他在乾隆盛世的時代膝下虛懸、窮困潦倒。若非曹雪芹動心起念，追憶曹家的興衰起落，否則曹家有可能從此湮沒在故紙堆中。結果就有了《紅樓夢》這部小說，作者雖然尚未完稿，但這部小說普遍被視為中國小說的扛鼎之作。這部小說刻畫細膩，如今我們可以看到，在曹雪芹文學意象的背後，透露著他祖父曹寅真實的官宦生活和流金歲月。

若能綜合制度、文學、政治種種文獻，整體觀之，曹寅個性自然躍然紙上。他是一個嗜好美物的閒散之人；他在滿漢文化中，在騎射和詩賦中，在南方柔和氣候的清談機抒中，發現美好事物。曹寅飽滿的美學品味，同時取悅了滿人和漢人。曹寅有時會突然滿腔熱血、正義凜然，譬如康熙四十三年他有意大刀闊斧改革鹽政，又如康熙五十年他挺身撻伐科場醜聞的不公裁決；不過，他大體上還是安於隨波逐流。曹寅深受康熙皇帝的信任，也署理幾個有利可圖的肥缺，他懂得見風轉舵，利用機會謀利，但從來不竭澤而漁。

不必過度渲染曹寅個人的重要性。他既不是清朝的封疆大吏，甚至也不是康熙朝的要角。他的重要性在於他的生平可以告訴我們他生活其中的那個社會，以及他所運作的那個制度架構。本研究的主旨，就是把曹寅的一生當作「典範」（paradigm，借用科學家對這個概念的定義）來呈現：「（科學）發現始於對反常異例的察覺，亦即，認識到自然現象與主導常態科學的典範預期不一致。然後，對反常異例的領域繼續從事多少具延伸性的探索。直到調整典範理論而使得反常異例可以預期時，才停止探索。」

我從事這項研究的初衷，是因為曹寅的獨特性很難在清史中被歸類。隨著研究的開展，一切就愈來愈清晰，曹寅之所以顯得特殊，它反映出我們對清史的內容，對中國官僚體制的性質，有太多想當然爾的看法。如今，是康熙皇帝的私家臣屬，因而被外放到行省署理重要的財稅職務，皇上透過曹寅可以遂行財政控制大權。這種皇家私人的臣屬，自然超越京畿、各省官僚體系的行政流程，而這群人是可以被明確界定，其扮演的特殊功能也是可以被分析的。有鑑於西方先前的研究，對清朝頭一百年的各個面向幾乎沒有著墨，本書試圖自空白的歷史中，勾勒出這一變化多端的複雜時期，而本書的發現必然是試探、初步的。不過，假使我的立論可以成立，反常異例變得可以預期，那也稱得上是小小的發現了。

譯按：孔恩（Thomas S. Kuhn），《科學革命的結構》（*The Structure of Scientific Revolutions*），統一科學國際百科學書（International Encyclopedia of Unitied Science），2, NO.2,（Chicago, Unirersity of Chicage Press, 1962），頁五二至五三。

再版序言

本書自出版以來已歷經二十一年，其間我們對本書的兩位主角——康熙皇帝與其包衣曹寅——的認識，有著驚人的增長。康熙所收到的奏摺，連同他在奏摺上的硃批，已分別在台灣與中國大陸影印付梓。而由曹寅與其子、嗣子草擬的奏摺，以及與他一同署理織造、充當皇上耳目的李煦、孫文成的奏摺也另行出版。北京典藏的清初檔案，如今已對學者開放，可與台北典藏的史料互為補充，而擲地有聲的中、英、日專書專論或剛剛完稿，或正在蘊釀之中，都大大深化我們對清代國家機器運作，皇帝與其官僚體系、家人關係的理解。

但是，真正促成有關曹家知識突然湧現的原因，是來自中國學者重燃對《紅樓夢》和其作者曹雪芹的神迷。以這部章回小說和其作者為研究宗旨的兩大叢刊於一九七九年創刊，發表了一系列的歷史資料、美學詮釋和深度論辯，令人嘆為觀止。《紅樓夢學刊》這份季刊係由中國藝術研究院主辦，小號字體印刷，每期平均約有三百四十六頁。

而《紅樓夢研究》集刊，自一九七九年創刊以來，每年出版一至三輯，同樣是小號字體印刷，每輯篇幅大約有四百九十二頁。

《紅樓夢集刊》是中國社會科學院辦的。這些期刊的文章儘管多以小說中的角色為題，但每年總會有二十幾篇論文在某種程度上觸及曹家、曹家親友的歷史背景。

而這些雨後春筍般的學術成果，又會對本書的立論效度帶來什麼樣的衝擊？雖然我們對那個時代與曹家的了解因而大為拓展，但我認為我的基本立論還是站得住腳。其中有四點對我尤其重要。第一，曹寅與皇帝的特殊關係，而其源於兩人少年時代的接觸，曹家的包衣身分，以及皇家保母選自與曹家有關的家庭這個事實。第二，這種特殊的地位對於理解曹寅的仕途是如何開展，密摺制度何以發展成為只有皇帝可以看見祕密情報的管道，是十分重要的。第三，曹寅闖進的是一個奇異的文化和經濟世界，它超脫了區隔滿、漢領域的顯著藩籬。第四，曹家位於南京（江寧）的萬貫家產，以及曹家在雍正朝期間的隕落，必然令曹雪芹深深感嘆，因而充實了《紅樓夢》的重要面向。

也就是說，我們必須對學術新成果的豐富性和重要性表達敬意，同時我也要承認，如果今天重寫此書的話，一定會十分不同。在英文出版物中，陶博（Preston Torbert）、張得昌（Chang Te-Ch'ang）、曾小萍（Madeleine Zelin）分別扭轉了我們對包衣組織、內務府財務，以及這時期稅收的理解。吳秀良（Silas Wu）分析了整個奏摺制度，並揭示康熙與諸皇子之間意想不到的面向。白蒂（Hilary Beattie）、鄧爾麟（Jerry Dennerline）、魏斐德（Frederic Wakeman）等人，改變了我們對滿人征服漢人及其對漢人地方社會衝擊的看法。柯嬌燕（Pamela Crossley）則對個人生活中滿漢的融合提出新見地，而白彬菊（Beatirce Bartlett）的著作全然推翻了我們評斷皇帝決策的方式。

這些著作僅牽涉到拙作的歷史背景而非核心論證，不過近來許多中文研究成果的情形就不是如此了。陳國棟（Ch’en kuo-tung）、趙中孚（Chao Tsung-p’u）、張書才深入探討曹家入旗的問題。朱淡文發表於一九八二年八月《紅樓夢學刊》的文章謙稱為〈曹寅小考〉，詳細剝析曹寅幼時為康熙的伴讀，而且他的母親姓顧不姓孫，所以一代大儒顧景星是曹寅的舅舅。顧平旦認為曹寅略懂日文（《紅樓夢學刊》：一九八四年第四期）。王利器加入有關曹雪芹家世的爭論，重申小說家的母親馬氏，在丈夫——即曹寅的兒子曹顒——過世後生下曹雪芹（類似我在本書的主張）。這反駁了馮其庸的說法（載於馮的著作和《紅樓夢學刊》：一九七九年第一期的論文），宣稱曹雪芹是曹頫的親生兒子，而曹頫則是堂弟曹宣的親生兒子。而從北京檔案的文獻發現，又推翻了王利器、馮其庸（以及我自己）的觀點，該文獻事涉康熙二十九年曹寅南下接任蘇州織造一職之前為家人捐納監生一事。根據張書才等人的分析（載於《紅樓夢學刊》：一九八四年第二期），顯示曹寅在康熙二十九年時有一個三歲大的親生兒子曹顏；而當時二十九歲的弟弟曹荃有三個兒子：曹順（十三歲）、曹頔（五歲），而曹顒當時才兩歲大。不過，曹寅過繼了弟弟的長子曹順為嗣子，這或許是出於擔心自己這支香火可能無法延續的緣故。

近來有關李煦一家的研究幾乎也同等複雜，其中最為重要的或許要屬徐恭時在《紅樓夢研究集刊》第五輯（一九八〇年十一月）所發表的論文。徐恭時認為李煦與康熙的關係，較之曹寅更為複雜，因為李煦的母親文氏是康熙的保母之一，而李煦的妻子王氏，又是康熙妃子的姨媽，這位皇妃替皇帝至少生了三個兒子。曹寅則是娶了李煦的堂妹。中國大陸這些細膩的研究，無疑逐漸扭轉我們對曹家的認識，儘管主要面貌不會因此而改觀；而台灣方面的研究，在質方面雖可與中國大陸並駕齊驅，唯在數量上不及中國大陸。

今年有成千上萬的中國遊客湧入《紅樓夢》大觀園裡的曲徑亭閣，這與在神隱文本裡上窮碧落下黃泉般挖掘人名的做法截然不同。這座園林出自曹雪芹的想像，以及他對先祖曹寅一生繁華的追念，北京當局如今則是以混凝土、木材、瓦塊、灰石予以重葺它，而上海也正在打造另一處的大觀園。曹雪芹幻夢的世界，如今化為中國式的迪士尼樂園，裡面還供應冷飲和冰棒。

對於隨著遊園而被激發出學術熱情，想要加入紅學論戰的人而言，如今也有了新的工具協助他們去探索。深圳大學的電算中心與中文系聯手合作，開發出一套可以搜尋小說全文的軟體系統。磁碟上的軟體，可以在所有ＩＢＭ及其相容的個人電腦上操作，只須幾秒鐘，就可以依下列主題對《紅樓夢》進行全文的檢索：雙音節詞語出現的頻率、助動詞的用法、擬聲詞、教育、服飾、料理飲品、醫藥、鬼魂和風流韻事。而曹寅可就沒這麼好命了。

史景遷

一九八七年九月於紐海文

譯按：史景遷在上文引中國大陸學者的研究，分別提到曹寅的弟弟曹宣和曹荃。其實曹宣即是曹荃。曹宣字子猷，別號芷園、筠石，因避康熙帝玄燁（玄、宣音近似）諱而改名曹荃。詳見方曉偉：《曹寅：評傳、年譜》（揚州：廣陵書社，二〇一〇年）。

第一章 內務府

曹寅的先祖在明朝自北直隸遷居遼東地區的瀋陽，即奉天，這原是大明疆域，不過到了天啟元年，努爾哈赤領滿人攻克瀋陽城，許多大難不死的漢人歸順，淪為奴僕。其中有曹寅的高祖，他被編為正白旗的包衣。旗制是滿人入關之前的核心組織，而曹寅的高祖也就這麼成為其中的一員。

滿人在拿下瀋陽之前三十年，即已逐步鞏固其在長城以北的勢力：滿人師法漢人以防禦工事與城池保護散布各地的兵力，更進一步以明朝的軍事駐防體系作為架構旗制的參考，最後又審慎採納明朝降將所建言的官僚運作技巧。[1] 滿人雖然逐漸漢化，甚至還仿效明朝的行政體系，建立自己的「六部」，不過在崇禎十七年奪占北京，統領天下之後，仍維持舊有的「八旗」組織，因而改變了明朝施行的組織架構。曹家身為正白旗的包衣——這是一種世襲的身分——於是便成為關內新秩序的一部分。

旗制與包衣

旗制是一種兵民合一的治理手段：一般兵丁連同家人，都編入旗下；結合兵勇訓練和平民登錄，兵勇農耕所得以供應全旗人丁的衣食所需。滿人史家考據，八旗制度上溯始於明萬曆二十九年，當時滿族首領努爾哈赤（諡號清太祖）組織兵眾，以三百人為一「牛祿」，以此奠定日後漢語「佐領」的架構。[2] 到了萬曆四十四年，依不同顏色區隔組織的方法就此定型：共有八旗，即正黃、正白、正紅、正藍、鑲黃、鑲白、鑲紅、鑲藍。每一旗統五「參領」：每參領轄五「佐領」，而佐領即為旗制的基本組織單位，隨著滿人征服日廣，招降納叛變多，佐領之數則與日漸增。[3] 崇禎七年，蒙古八旗循相同模式建立，崇禎十五年，降滿漢人兵丁日眾，亦另建「漢軍」八旗。[4]

順治、康熙兩朝，旗人生活舒適，他們不是駐紮「京畿」，就是在各省「駐防」。旗人坐擁大片田產，攻下京城後，京畿的好地大多歸屬旗人，[5] 並且不需為給養人丁而操煩。[6] 再者，軍職世襲之制早在清朝開國即已存在，不只見於十八世紀旗制式微之後。比方，滿洲上三旗的佐領職位有百分之七十二是由本家男丁繼承，百分之八十七的佐領職位是由同一家旗長期把持。[7] 至於漢軍八旗的二百七十個佐領中，有一百八十七人是世襲繼承，幾乎占了七成。[8] 十七個蒙古參領，事實上每個都是世襲而來。[9]

滿洲、漢軍、蒙古旗人在清初共享繁榮穩定，但正因旗制的凝聚力強固，我們有必要謹記，滿人皇帝的地位在整個十七世紀還不是很穩固。最明顯的例子就表現在清初幾位皇帝的連年征戰：一六五〇年代討伐鄭成功（國姓爺）和南明朝廷，一六七〇年代廢黜吳三桂和南方諸藩王，一六九〇年代征討噶爾丹與厄魯特部。[10]從官方檔案來看，清初皇帝拔擢滿人高居要津也是非常小心，這雖然不像戰爭那麼戲劇化，但也說明了皇帝的龍椅坐得穩不穩。

滿人通常不諳漢語，若是由他們署理省務，恐怕會招來怨懟，因而通常授予武職，所以供職六部與大學士的滿漢比例是一比一。漢人在北京或各省任官者，官不過巡撫。總督一職在順治、康熙朝多由漢軍出任，他們是滿人與廣大人民之間很自然的中介。[11]順治四年，九位總督全由漢軍掌理；後來有一度每省各設一位總督，但是到了順治十八年，二十位總督之中有十九位出身漢軍；康熙七年，十位總督有七名漢軍，兩名滿人，一名漢族大吏。[12]順治十二年，有一名滿人出掌漕運總督，翌年便告老還鄉。[13]除此之外，再無任何滿人得到拔擢，直到康熙七年為止；而到了一六七〇年代，才有滿人出任總督；即便那時，任總督職的滿人人數還是遠不如漢軍，直到康熙朝結束，這種現象才有所改觀。而在這段時期，獲任總督的漢族官員只有幾人不屬旗營。巡撫之權甚至不授予非旗營的漢人，以安撫旗人；順治六年到康熙七年間，出任巡撫的漢軍不下九十六人，而據康熙七年的聖諭，陝西、山西巡撫只由滿人出任。[14]

前面雖然說明了旗制的某些基本事實，但仍非全貌。旗制組織不僅納編滿、蒙、漢族兵丁，區畫八旗，進而再細分參領、佐領，並授與眾多武職及少數重要文職。但這只是金德純筆下所呈現的和諧景象。他在康熙五十四年如是勾勒出旗制組織：

> 太宗……以從龍部落子孫臣民為滿洲；諸漢北引弓之民景化內徒者，別為蒙古；而以故明指揮使子孫，他中朝將眾將來降及所掠得別隸為漢軍。[15]

金德純是如今所知第一位旗人史家，本身即是漢軍，[16]此書雖然意在警告軍事的衰微，但仍不出宣揚手筆。金德純在描述漢人被納編旗下之時，忽略了漢軍成形之前歸降或受縛的漢人——亦即崇禎四年佟養性的部隊被作為日後漢軍的主力之前。[17]淪為滿人奴僕的正是這批被金德純略而不論的漢人，而曹家正是其中的一支。

萬曆四十六年，努爾哈赤展發對漢人的猛烈攻勢，占領撫順，俘虜眾多漢族兵丁；天啟元年，努爾哈赤攻陷瀋陽（奉天）、遼陽。這幾場戰役戰況慘烈，被俘者的下場不總是好的。後金天命三年的上諭，嚴命：「陣中所得之人，勿剝其衣，勿淫其婦，勿離其夫妻。」[18]說明這些情事確實存在。到了天啟六年，應課之稅的名目，包括男奴、馬、駱駝、猴、羊，同歸一類。[19]早期的滿人蓄奴，不足為奇；他們雖屬侵略性、擴張性的遊牧部落，但也從事農耕，隨著勢力日漸強大，勢必擄獲大批俘虜作為勞役。

最早的「包衣」是私家奴僕。[20]他們或是戰場上敵對部族的俘虜，如蒙古人、漢人、朝鮮人，[21]或是罪犯的子孫，或因家貧、脫離家庭而自願為奴僕的人。[22]既然包衣制度成形於八族建制之前，想要追索、記錄這類的奴僕家族幾乎是不可能的，[23]況且這類家族往往天各一方，有人為奴，有的人仍保有自由之身。[24]一朝為奴，終身為奴，後代子孫世世為奴，可任由主子買賣。[25]

漢字「包衣」譯自滿語：booi，意指「家裡的」。[26]所以，最初的包衣可能是指主子家裡從事卑賤差役之人，儘管滿人定鼎中原之前，包衣亦從事農作，[27]開國後，許多奴僕在旗人的耕地充當管事、服勞役。[28]包衣很少上陣作戰。[29]不過私家奴僕的鬆散制度，已不符合滿人主子的宏圖，滿人主子的設想已逐漸轉向集中化管理的組織架構；[30]況且，除開政治考量之外，隨著滿人的東征西討，版圖擴張，漢族子民日眾，更有實際上的必要將歸降之人以更正規的方式組織起來，而不是分配給滿族主子私家為奴。據此，在萬曆四十三年至萬曆四十八年之間，[31]開始仿效滿洲八旗制度的模式，將包衣組織為佐領和參領，歸隸於領旗的皇帝或滿族親王；而依附於官員或皇族的包衣仍為其所有，但已漸漸不再稱為「包衣」，僅稱呼為「家奴」、「家僕」。[32]

將奴僕重組為包衣佐領仍是權宜之計。一六二〇年代，滿人連番勝捷，招降為數眾多的漢人，而這些漢人有必要以盟友的身分平等對待。於是，到了一六二〇年代末，在滿人或變節的漢族降將領軍之下，歸附來降的漢人逐漸參與戰鬥。最後，漢軍在一六三〇年代初建制成形。

諸如李永芳、佟養性這類在明廷為官、又公開叛降滿清的重要人物，[33]或者在一六二〇年代末之後招降或被俘的漢人，似乎並無淪為包衣之虞。前一類的人通常都是加官晉爵，而第二類人則在滿洲八旗或漢軍入伍從軍。[34]從現存漢人包衣的相關檔案來看，不幸淪為滿人包衣的漢人有其獨特的時空條件。列冊為奴的「尼堪姓氏」總計有八百一十三人，其中有五百三十一人住在瀋陽，八十三人住在遼陽，六十六人住在撫順。[35]滿人是在萬曆四十六年至天啟元年間攻占這三大城，大多數漢人奴僕可能是在這段期間淪為包衣身分的。

曹寅的高祖曹錫遠，原居瀋陽，以正白旗包衣的身分，列名滿人氏族的族譜之中；不過族譜並未載明曹錫遠何時入了旗籍。[36]時間點很有可能是在天啟元年瀋陽淪落、曹錫遠被俘之時。滿人征服的正史提及，天啟元年五月四日攻陷瀋陽後，「論功行賞，籍所俘獲分配將士。」[37]正因為曹錫遠與其家人永世為包衣，所以這一刻也就影響了曹寅的一生及事業。而曹錫遠隸屬正白旗，這對曹寅的一生同樣也是影響重大，因為旗色不同，地位高低亦有差別。

旗制根本的區別，在於皇帝親領所謂的「上三旗」，而親王統攝所謂「下五旗」。上三旗與下五旗的分別，始於順治八年。

攝政王多爾袞死後失勢，順治皇帝收編多爾袞的正白旗，將之納於自己統轄的正黃與鑲黃兩旗。[38]這種安排原屬偶發的政治事件，但在日後的清代典章與旗制文獻中被制度化。上三旗與下五旗之間的區隔，發生在曹遠錫被俘的二十年後，甚至到了一七二〇年代後，雍正皇帝打破各親王對其旗屬的最終控制權之後，這種現象依然存在。[39]

旗色的差別與包衣地位關係密切，因為包衣為其主子所有，甚至在十八世紀，一旦主子失勢，其包衣可能連同家產一併被充公分配。[40]入籍下五旗的包衣就成為親王家的奴才；即使包衣名義上的上司包衣佐領也幾無實權或完全沒有獨立的權力。

不過，在上三旗當差的包衣，其子孫便成為皇帝家裡的奴才。署理皇家事務的內務府建制之後，包衣也隨之制度化：先前的「包衣昂邦」成為「總管內務府大臣」，而正黃、鑲黃、正白三旗的包衣，則成為「內務府三旗」。[41]這個用語突顯他們為皇帝個人辦差的角色，有別於其他旗人，不論是奴僕或自由人。按理說他們是奴才，然而他們占有地位之利，因為皇帝可任意派遣他們從事歷來各朝太監所從事的機密弁利的差事。

清代自開朝以來，即採取種種措施削減宦官的權力。順治元年，清廷禁止太監收租、朝參，甚至私自進入京城。幼帝順治的攝政王多爾袞乃是清朝的實權者，居於宮禁之外，不受太監包圍，太監的權力因而日蹙。順治元年至九年間，清廷罷黜太監職官，同時嚴禁太監署理「織造」之職，而織造是明代太監的重要肥缺。[42] 多爾袞死後，太監恢復部分權柄，順治十年廢內務府，另建「十三衙門」取而代之，太監權力隨之抬頭。順治十八年，順治駕崩，內務府復立，權傾一時的太監吳良輔伏誅。[43] 順治皇帝遺詔（由幼帝康熙的四大輔臣起草）第十一款，表達對十三衙門任用太監的悔意。[44]

幼帝康熙的輔政大臣於順治十八年諭令一連串限制太監權勢的措施，堅稱要恢復清代開國之君的定制。[45] 康熙年歲漸長之後，又在既有的圈限基礎上壓縮太監的權勢，諭令降貶太監的官階以限縮其權力，[46] 命令由吏部支酬太監的俸給。[47] 康熙二十年上諭，康熙直言：「太監最為下賤，蟲蟻一般之人。」並下令鞭笞大臣、侍衛入內而沒有起身迎接的太監。[48] 康熙總是嚴守宮中禮儀，他曾諭令懲戒在迴廊咯咯嬉笑的宮女，以及與宮匠私通的嬪妃。[49] 康熙二十一年，四名太監在全體官員尚未就座之前便自行就座，因而被抽打五十大鞭。[50] 康熙二十八年，上諭嚴正警告四處撈取油水的太監不得貪汙索賄。[51] 包衣就是在這樣的氛圍裡受到重用。不過，朝廷其實很難根絕太監的勢力，許多雷厲的上諭都難以徹底貫徹，而不得不在施行上有所變通。康熙四年，上諭諭令凡令兒子、孫子去勢者等同犯罪；康熙二十三年，另一道上諭則把罪責限定在強逼外人去勢者，亦即今後父母閹割自己的孩子，或自行去勢者不在課刑之列。[52] 前一年的上諭允許一品、二品官員蓄養太監。[53]到了雍正二年，已有必要嚴禁旗人自宮成為太監，[54]這再明顯不過了，滿人的尚武精神已然凋零。同年，太監的俸給幾乎翻倍。[55]

清初，特別是康熙年間，降清漢人不論是為旗人或包衣，都是最風光的時刻。滿人還不是很有自信，亦乏流利的語言能力，無法駕輕就熟操持省務；但又不相信一般漢人會忠心為朝廷效命，而太監又受到嚴峻的約制。因此，具有漢人血統、但世代又以正白旗包衣身分在內務府當差辦事的曹家在這段期間——即自一六五〇年代曹寅的祖父（曹振彥）任職兩浙都轉運鹽使司運鹽使，迄於雍正六年，雍正皇帝最終革去曹寅嗣子（曹頫）的織造職位——積累了萬貫家財，就絕非機緣巧合。不過，在細細追索曹家歷史之前，得先探究難以定位的包衣身分。

然而此非易事，因為包衣鮮少出現在正史。只有透過檢閱滿人族譜的片段，才能拼湊出包衣的真實面貌。[56]包衣大多沒有官職，他們在宮中擔任侍衛或差役。自基層升遷的人，最常出任的官職是宮廷侍衛的低階軍官，或內務府的筆帖式、主事等胥吏，稍微好一點的是員外郎、郎中，其中地位最為顯赫的是二等、三等侍衛。[57]在王府下五旗當差的包衣，亦擔任類似的職位。[58]

包衣亦可外放在各省官僚體系當差，不過這種情形十分罕見。若真有這類外放情形，也與包衣所屬旗籍無關，而有可能是突然有職位開缺；包衣外放各省當官，可能是基於皇室或親王的舉薦，而非循六部的管道，因為這類官員並非都擁有科舉功名。清朝開國的頭一百年，[59]任職知州、知縣的包衣逾七十五人；官拜知府者二十四人。[60]其餘包衣任職各省與京城各部：內閣和翰林院、太醫院和通政使司，亦有出掌統領、督糧道和鹽運使。[61]至少有四名包衣擁有進士功名，其中兩人是武進士；[62]被提到中舉的包衣有三十四人，但幾乎全集中在雍正朝。[63]這顯示包衣制度到了十八世紀已漸趨靈活。

位極人臣的包衣實屬鳳毛麟角。有兩名包衣出任福建和江蘇的布政使，[64]有四人在華中省分擔任按察使。[65]有兩人掌理御史大夫，[66]有少數人加封低階的世襲頭銜，或尚書之類的榮銜。[67]曹寅的父親曹璽就屬於後者，官拜內工部尚書。兩位包衣署理巡撫之職：康熙五十七年至康熙六十一年的福建巡撫呂猶龍，康熙六十一年又轉任浙江巡撫；[68]康熙十三年至康熙十八年的浙江巡撫陳秉直。[69]有一名包衣甚至官拜總督。此人就是吳興祚，正紅旗包衣，是個貢生。歷任知縣多年之後，吳興祚先後獲拔擢為福建按察使、巡撫，最後官至兩廣總督。[70]吳興祚的官宦生涯與一般官員並無殊異，很難說他的包衣身分造成什麼樣的差別。

不過，有許多人的生涯基本上是取決於包衣身分，尤其是上三旗的包衣更是如此，他們具備特殊才能而受聖眷，賦予特殊的差事。曹寅和內兄李煦即是例證。曹、李均為正白旗包衣，都曾督理織造與鹽政，俱承康熙皇帝的諭旨辦理各項差事，並以密摺奏報地方民瘼。曹寅的友人孫文成是正黃旗包衣，曾任職杭州織造、粵海關。高斌，鑲黃旗包衣，與曹寅的生涯歷練類似，都是出身內務府郎中，爾後官至織造和巡鹽御史。高斌具幹才，後轉調正規官僚體系出掌布政使；乾隆納高斌之女為嬪妃後，高家正式被除去包衣籍。[71]康英也是正黃旗包衣，署理海關，主掌景德鎮官窰逾二十年。[72]包衣大抵奉派督理與稅收有關之織造、鹽政、關務的重要職位。[73]

藉著將包衣安插在這些職位上，開國之初的滿人皇帝便能一手控制豐沛的稅源。龐大稅銀繞過各省官衙和戶部，直接流入內務府。康熙皇帝尤其倚重像曹寅這類的包衣，以聚斂稅銀、充當耳目。而此舉也有政治上的便利，曹寅和其他被提及的包衣，都是滿族統治體系中的漢人，因而輕易就能替滿人皇帝在漢人之間周旋。康熙皇帝青睞的包衣多已是「包衣佐領」，他或許是透過觀察他們在內務府當差的表現而對他們有所了解。

包衣是取代宦官功能的一群人，所以康熙利用包衣牽制常規的官僚體系，同時又作為「專制政治執事的工具」[74]；他們是皇帝派赴各省的官僚代理人，「而作為自己的直屬，他們自公開的官式掠奪中隱去某些力量的儲備。」[75]他們凌駕於地方律例之上，不受軍法約束；康熙三十七年，有個正白旗包衣毆打一位受人敬重的蘇州士紳，在內務府派官審理之前，不能作任何處置。[76]包衣只為皇上效命；就因為包衣是皇上的奴才，皇上維護他們，派他們出掌肥缺，所以有時奴才也擁有權勢。

曹家的興起

曹氏世居北直隸的豐潤，曹家的一支在明代遷至遼東。曹寅的高祖曹錫遠可能是在瀋陽被滿人俘虜，而成為正白旗包衣。曹氏這一支隨戰勝的滿人入關，曹氏其餘分支並未淪為包衣，安住在豐潤老家。而部分遷居遼東的曹家人並未被縛，以自由之身住在遼東地區；五十年後，曹寅款待一個來自遼東的親戚，他是曹寅的族弟，奉派南下江西擔任縣令。所以，曹家僅有一支成為包衣，以包衣的身分而得以榮華富貴。[77]

我們只知道曹錫遠住在瀋陽，除此之外對他的生平一無所悉。康熙七年，誥贈曹錫遠為「資政大夫」，妻子張氏為「夫人」。這些頭銜是因獎掖他的孫子而來的，與曹錫遠的個人功績無涉。正史並未載明曹錫遠有任何官銜，曹錫遠想必沒有任何事功。[78]

到了曹寅的祖父曹振彥之時，曹家開始發跡。世人只知道曹錫遠有曹振彥這麼一個兒子，他可能生於萬曆三十八年；[79]正白旗包衣，不同的地方志記載，曹振彥有生員或貢生的資格。其他史料則並未提到此事，僅說他是遼東奉天人或遼陽人。[80]或許是文采斐然，又或是有其他的才幹，曹振彥於順治七年出任山西平陽府告州的知州。[81]滿人從未重蹈明永樂皇帝譴責蒙古人所犯的過錯：

> 近世胡元分別彼此，柄用蒙古韃靼，而外漢人南人，以致滅亡。[82]

然而，滿人統治者起初的確表現出他們偏好重用武人，或是關外龍興之地的遼東漢人，並像起用旗人一般拔擢包衣。康熙朝晚期，約莫在康熙四十九年左右，仍有極高比例的旗人和所謂的奉天人（遼東人）在南方擔任文官。[83]

曹振彥想必盡忠職守，或是對皇上有特殊貢獻，順治八年，誥授曹振彥「奉直大夫」五品，加封二級。誥封與他的知州品秩相稱。曹振彥的夫人袁氏誥授品第相等的「宜人」。曹振彥的誥命，在他的名諱之後只有官樣的褒揚——「爾曹振彥：慎以持恭，敏以蒞事……」，未言明有何功勳；在「初任」以下空白。誥命若非倉促草擬，就是曹振彥原先並無官職。[84]另外，曹振彥還捐貲修廟，這使他在地方志中博得美名。[85]

順治九年，曹振彥獲拔擢署理山西大同府知府。順治十三年到順治十五年間，出任兩浙都轉運鹽使司鹽法道，同時期升任兩浙都轉運鹽使司運鹽使。[86]兩浙巡鹽御史祖建明是曹振彥署理鹽政的上司，在奏摺裡特別嘉許曹振彥。[87]順治十五年，曹振彥歿於任內，這時他的孫子曹寅可能剛出世。幾乎所有曹家的男丁，都在五十五歲前去世。[88]

在後面分析曹寅任職兩淮巡鹽御史會看到，掌理鹽務似乎是一項肥缺。我們對曹振彥所知僅止於此，雖然不知道他究竟蓄積了多少家產，或是過什麼樣的生活，但無疑正因為曹振彥的這段官場歷練，才使得曹家擺脫尋常包衣的身分。

研究曹家困難之處，在於清代各類傳記對曹家人幾乎隻字未提，假如一個人既未在地方上任官，又無文友往來，也難怪完全不見於記載，這會讓有意挖掘其生平的歷史學家徒勞無功。曹振彥的兒子、曹寅的叔父曹爾正就是一個例子。根據滿洲族譜的記載，曹爾正是曹錫遠的孫子，官拜佐鎮；[89]在《八旗通志》裡，曹爾正列名滿洲正白旗第五包衣參領第三旗鼓佐領，[90]即第五包衣營旗鼓連的連長。[91]後來曹爾正被革去佐領的職位。官方史書就曹爾正的記載就這麼多，若非包衣佐領採行奇特的世襲原則，而曹爾正的擢升對曹寅造成可觀的影響，否則就可略而不論曹爾正。

如前所述，世襲的做法在正規旗制中頻頻出現，起因於皇帝有意以世襲的軍功犒賞武勇，或有心讓信得過的旗人家族掌理佐領。然而，由於包衣很少參戰，無法取得相應的酬賞，所以包衣很少或根本無法世襲繼承。下五旗七十七個包衣佐領之中，大約只有百分之十二有常態的世襲繼承；上三旗三十三個包衣佐領幾乎沒有世襲繼承的現象，沒有同一家族的名字重複出現或間接提及。[92]

這種狀況並不奇怪，這只是佐證了我們的論斷，包衣完全為他們的親王或皇帝主子所主宰，對於個人生涯並無置喙的餘地，而系出正規旗制的精英，他們會設法讓自家的權勢綿延。所以，對包衣家族而言，擁有官職就格外重要。曹爾正雖被革職，但他主掌包衣第五參領所轄佐領顯然是曹家得以發跡的關鍵，也反映了曹家的地位正在上升。這個職位在曹爾正之後經過兩人接掌，又落到他的姪子曹寅身上。[93]同時，康熙三十四年，包衣第五參領又增設一個佐領，十八世紀初接掌佐領的是曹寅的堂弟曹宜。[94]

曹家家勢顯然日益興隆：第一代無足輕重，第二代富裕、受人敬重，到第三代曹振彥的次子曹璽，曹家已榮華富貴。曹璽（崇禎三年，至康熙二十三年）在長子曹寅於順治十五年出世時，是在北京內務府當差，而他的織造生涯尚未展開；不過，曹璽結了一門親事，對於他日後的飛黃騰達多所幫助。

曹璽的妻子孫氏生於崇禎五年，[95]二十出頭就給皇子玄燁、即日後的康熙皇帝當保母。[96]孫氏因而可能出身滿旗，或許是上三旗包衣之一。根據順治十八年的清律，凡上三旗的佐領與內管領必須載明轄內滿十三歲的女子，[97]並且每年報知總管太監，再由總管太監奏稟皇上遴選。入選者進宮為宮女服侍皇上，有朝一日也有可能被皇上納為妃嬪。[98]宮女年滿二十五歲即被遣返回家。[99]皇子出世事關重大，總管太監會指示佐領與內管領上奏適合擔任乳母或保母名冊，以供遴選。[100]曹寅的母親就是保母之一。

假使孫氏二十五歲出宮，她應該是在順治十三年返家；不久之後與曹璽完婚，長子曹寅於順治十五年出世。[101]皇子玄燁小時候，有一段時日與保母們住在紫禁城外的內城家裡。[102]內城是滿洲旗人居住的區域，孫氏有可能在二十五歲之後，或者完婚之後，仍繼續照顧玄燁。皇子紹承大統之後，顯然還記得孫氏舊情，而特別給予關照。康熙二十三年，孫氏的丈夫辭世，康熙親自登門弔慰。[103]康熙三十八年，康熙第三次南巡，也特別召見孫氏。孫氏覲見康熙時，康熙脫口說出：「此吾家老人也。」[104]這種措辭類似我們所知他對孫氏的兒子所用的口吻。[105]這件事也許是虛構，但康熙確實親筆寫下「萱瑞堂」三個字，當時有不少人記載了這件事情，並認為是空前未有的天恩。[106]不過皇上對孫氏的情感不可能對曹璽於康熙二年署理織造有任何影響，因為當時的康熙年僅九歲，左右仍有輔政大臣決斷朝政。若留意曹璽爾後的生涯，以及兒子曹寅未來的一生，值得注意的是，曹家不光只是家勢得之不易的包衣，也是皇上寵信的心腹。

康熙二年，曹璽赴任江寧織造，根據新的律例，這個職位乃由內務府派人接任的。[107]於是，曹璽攜家帶眷徙居南京，直到康熙二十三年卒於江寧織造任內。[108]曹璽的職責包括督管城內三個官方的織場，採買生絲，運送定額織品進宮，而對這些職責的詳細考核，可見於康熙三十一年到康熙五十一年間他的兒子曹寅出任同一職位的任內。[109]現有的官方檔案，並未記載曹璽的政績，不過想必十分幹練，因為康熙六年，曹璽奉召回京覲見皇上，授蟒服，加一品。[110]康熙七年一月，他的祖父母同時追授二品官銜，他本人則授工部尚書銜，妻子授一品夫人銜。[111]這是曹家族人前所未有的殊榮。破格的天恩與尊銜，或許是出於對曹璽治績的認可，或許是獎掖他對內務府的貢獻；[112]不論如何，這個職位給曹璽帶來財富以及買來或掙來的聲望。

所以，曹寅自五歲即到南京，在此長大，他和弟弟（曹宣）幼承庭訓，接受嚴謹的經學教育。滿洲旗人和包衣的職責似乎已是遙遠的回憶，一段平靜時期的靜謐痕跡。[113]碩儒尤侗在順治十三年到康熙十七年間，[114]辭官賦閒二十二載，以彌補四年直隸知縣的宵旰勤勞。他對曹氏父子有如下的追憶：

司空曹公，開府東治；手植楝樹，于署之野；爰築草亭，欄干相亞；言命二子，讀書其下；夏日冬夜，斷斷如也。[115]

四十年後，曹寅在一篇文章中回憶童年與周亮工的忘年之交；[116]周亮工於崇禎十五年舉兵抗清，爾後在官宦生涯中兩度因受賄而入死罪，兩度又被赦免其死刑：

余總角侍先司空於江寧，時公（指周亮工）方監察十府糧儲，與先司空交最善，以余通家子，常抱置膝上，命背誦古文，為之指摘其句讀。[117]

滿族詩人納蘭性德，[118]在曹璽去世那年寫了一篇文章，記載他與曹寅的對話。措辭用語愁情真摯，但卻可見曹璽嚴峻的性格：

> 子清為余言：其先人司空公當日奉命督江寧織造，清操惠政，久著東南；於時尚方資黼黻之華，閭閻鮮杼軸之嘆；衙齋蕭寂，攜子清兄弟以從，方佩觿佩韘之年，溫經課業，靡間寒暑。其書室外，司空親栽楝樹一株，今尚在無恙：當夫春葩未揚，秋實不落，冠劍廷立，儼如式凭。嗟乎！曾幾何時，而昔日之樹，已非拱把之樹；昔日之人，已非童稚之人矣！語畢，子清愀然念其先人。[119]

就算這有稍許的美化，但仍可見曹寅所受的教育。曹寅接受儒學薰陶，對滿人也很了解，被送到京城內務府去當差。

內務府當差

曹寅可能是在十四或十五歲時北上內務府，指派給他適合的差事。康熙四十八年三月，曹寅也把自己的孩子送至北京，他在奏摺裡提到這件事，但心中顯然並未奢求天恩或美差。曹寅寫道：「臣有一子，今年即令上京當差，送女同往。」[120]

曹寅自五歲隨父離京後，就不可能再回京城。有許多跡象顯示，曹寅幼時曾在宮中當幼帝康熙的伴讀，這固然令人側目，並沒有進一步的證實；[121]曹寅晚年在一些奏摺裡提及他自幼即侍奉皇上，[122]但這也可能是指他十幾歲時就在內務府裡當差。

此時曹寅確切的地位很難判定。他的父母皆蒙皇上寵信，但並不表示子弟會有同等的蔭襲，雖然包衣也有此可能。譬如，曹寅的內兄李煦就有蔭襲，他與曹寅一樣都是正白旗包衣，不過短暫供職內閣之後，便外放廣東任知府。[123]我們無從知道究竟是透過什麼樣的途徑，曹寅最後入鑾儀衛的第六班（治儀正）。[124]

鑾儀衛稱得上是內務府裡的一個獨立小衙門，職司皇家的典器儀禮。曾任江蘇巡撫的張伯行，在曹寅去世後所寫的祭文裡（譯註：祭曹織造荔軒文），稱這是曹寅宦官生涯的起點。[125]祭文裡的幾句話就是我們現在所知在此階段的曹寅：

比冠而書法精工，騎射嫺習；擢儀尉，遷儀正，翼翼乎豹尾螭頭之恪謹，而軒軒然貂冠羽箭之高騫。[126]

儀尉和儀正是鑾儀衛中兩個低階官職的簡寫；或許可以把它們理解為第六班統領侍衛與協理統管。[127]這些官職沒有字面看起來那麼重要；其價值就跟侍衛一樣，可以因職務之便與皇上接觸，他們在任命時總能陛見皇上。[128]

明代也設有類似鑾儀衛的衙署。[129]鑾儀門之名最早見於順治二年，到了順治十一年，其官品職掌正式定制，基本上到清末都不曾更動。[130]鑾儀門的基本職掌與皇帝出巡的種種細節相關，職司皇家的威儀，「掌輿衛之政令，辨其名物，與其行列。」[131]它派出傳令向百姓宣達皇帝駕到，為皇后妃嬪備妥車駕隨從，並確保每個場合的儀仗合宜。若遇難題，則徵詢禮部、太常寺、鴻臚寺。律典對這個官衙的描述，盡是奢華的儀典，如皇上進出各色鑾車、馬匹、大象的靡麗彩飾、旗幟織繡，儀典使用的劍、弓、箭。[132]

皇家的四大巡行必須有妥適規畫：三大祀、祭祖、巡行皇城、巡行各省。[133]關於三大祀皇帝隨扈，有如下的描述：除了眾多侍衛和官吏陪同之外，還有五十八位將官下轄鑾儀衛的一千七百員部屬。[134]鑾儀衛高階將官的人選均由兵部向皇上舉薦；滿人多選自皇上的侍衛，漢人則多出身於各省軍伍。[135]鑾儀衛的所有開銷，小至養大象所需的額外支出，[136]則由戶部提撥給付。

曹寅能擔任儀尉一職，實在有幸，因為到了康熙二十三年，即他出任該職僅十年，典律規定只有世襲爵位的旗人或擁有武進士功名者，才有資格擔任這個職位。[137]曹寅身為儀尉，可能隸屬鑾儀衛轄下的任一衙署，因為「儀尉並無專司，各以其事隸於衙。」[138]儀尉須專注職責，出巡列隊時若有碰撞或差池之情事，依律扣罰俸給六個月；倘有遺失所管旗仗，依律扣罰俸給九個月；如有隱匿僱人頂替巡行情事不報，依律扣罰俸給一年。[139]曹寅顯然並無這類過錯，於是獲得拔擢。曹寅可能參加過鑾儀衛舉辦的特考，考試結果密轉兵部和吏部，再轉呈皇上。[140]

根據張伯行的祭文所言，曹寅可能任職鑾儀衛轄下的第三衙署，即「中所」，擔任治儀正，而中所下轄兩個衙門，職司掌擎鹵簿。[141] 這類儀仗即所謂的「幡」，由兩位治儀正掌擎四面龍頭幡與四面豹尾幡，入列三大祀隊伍，皇上乘坐玉鑾，有七頭大象為前導。[142] 光是「中所」就有五百名侍從，其職責是跟隨鑾駕，擎仗舉幡。[143] 張伯行所寫的或許是祭祠天壇的壯盛行列，二十歲的曹寅，氣宇軒昂，頭戴豹氈，背負羽箭，走在隊伍前導，旌旗於身後飛揚。

曹寅在鑾儀衛當差時，正白旗包衣第五參領第三旗鼓佐領被革職。[144] 這是曹寅的叔父曹爾正曾出任的職位，如今，曹寅奉命遞補這一遺缺。在清代，包衣旗鼓佐領歸隸內務府；[145] 不過在康熙十三年至康熙三十四年間，他們全由總管內務府大臣節制，[146] 曹寅因而成為內務府的官員。

曹寅餘後大半生都是在內務府辦差，不管是在直隸內務府裡的官衙，或者間接作為皇上的代理人，「內務府」一般英譯為Imperial Household，[147] 不過這種譯法並不夠貼切；更接近原意的譯法應該是Emperor's personal bureaucracy（皇帝私人衙署），因為這個譯法更能清楚傳達這個龐雜的職掌。就文意脈絡而言，「內」意指「與皇帝有關」，而不是字面上所指的「內部」，如「內宮」或「內城」；所以，內務府就是指「掌理皇帝差事的官衙」。這裡的「差事」當然遠遠不只皇帝身邊的家務事而已。

內務府為獨立運作的官衙：「掌內府財用出入，及祭祀、宴饗、膳羞、衣服、賜予、刑法、工作教習諸事。」[148]內務府轄下各司院；「掌上三旗包衣之政令，與宮禁之治。」[149]內務府遴選、擢升下屬，皇上拔擢內務府大臣，六部並無置喙的餘地。[150]

曹寅任職時，內務府轄下共有六大部，經手皇家銀庫、皮庫、緞庫；皇家狩獵；宮廷典禮和八旗圈地的牧廄；皇家土地出租旗人的收入帳計；皇家府庫的出納；訂定刑律。[151]康熙十六年，內務府各司重組，各司有其員額和司印。康熙二十三年，增設第七司（即廣豐司），主掌牛羊群放牧，此前該職責原有掌儀司兼管。[152]這個新增的司署一直維持著半獨立的狀態，直到雍正元年，才歸內務府節制。除了這個特例之外，康熙十六年重組過後的內務府，成為清代定制，儘管其間在人員的編制上迭有小變動。

內務府除了這些主要司署之外，另有院衙處辦專責事務：武備、牧馬、園苑、北京或熱河的各處宮殿、寺廟、御書房、御藥房、御茶膳房，以及奉天皇陵。[153]幾乎每個院署在組織和人事上都有不少更易，這顯示內務府時常受到考評。順治十八年至康熙十六年從順治帝崩殂到建立起有效的運行機制，是行政組織變動最為劇烈的時期。太監的權柄不復存在，取而代之的是由上三旗包衣占據底層位階，上層位階則由親王或侍衛統領。內務府的獨立性在康熙朝達到頂點；六部早在一七二〇年代就有意插手內務府的職司。[154]中國史學家孟森指出，康熙朝的體制與由宦官操控明朝的宮廷體制截然不同。滿人的內務府乃奠基於更早的部落架構之上，且往往由武人依軍事紀律統轄（除順治十一年至十八年十三衙門設立期間例外）。[155]

曹寅的包衣佐領新職，是孟森觀點的有力佐證。上三旗包衣在內務府的組織形態，於順治六年滿人入關後旋即確立。[156] 上三旗包衣中，每一旗皆設三個滿洲包衣佐領和四個旗鼓佐領。[157] 曹家即隸屬後者，曹家人日後還統領了其中一個佐領。「旗鼓」一詞似乎與官員的漢族血統相連的，因為檢視旗鼓佐領的名字顯視，幾乎都有漢人名字，而幾乎所有的包衣佐領都是滿族名字。[158]

旗鼓佐領不論下轄多少包衣，都還另外統領五十個「馬甲」。[159] 旗鼓佐領另有六名「領催」，[160] 協助整飭紀律。順治十八年，每一佐領另配有一名「護軍校」以為佐助。[161] 每位佐領還有來自「護軍」的十名兵丁。康熙十六年，內務府的旗制在組織上亦有重大調整，情形一如內務府的六大司。上三旗每一旗都分為五個參領，設二人統管。[162] 在曹寅出掌佐領的時候，組織形態依然簡單且實用。唯一可能影響曹寅的改革是在康熙二十三年，規定每一佐領下轄八十個馬甲。[163] 在一六八〇年代，閒差日增，統治集團膨脹現象才剛開始；[164] 而隨著王朝的發展，體制也日益不切實際而笨重。[165]

儘管旗鼓佐領看似軍事組織，但曹寅的工作純粹是行政性的。[166] 他必須檢核佐領內各戶的登載，甚至包括無定職的臨時僱工。收授、核發白米、銀兩，主持婚喪儀式。每月發放孤寡、無業無子家庭一兩白銀以資補貼，每季一兩白銀買米，佐領還必須核實是否貧困，並上報內務府職司衙署。曹寅還須核實各項設備清單，定期盤點武備，每五年接受皇上派員視察所轄佐領。曹寅還須妥善維護三百副水龍和其他救火裝備。[167]

內務府上三旗各旗每月輪流當差值班。未在宮內值班的這兩個月，曹寅則專注於佐領的事務。當他的旗屬輪班時，曹寅就可能得忙於與內務府相關的行政工作，或警戒宮內的轄區，陪同皇上巡行，或馴養馬匹、操演騎術。內務府這三個營各有不同的角色，其中各包衣佐領又各有所司，[168]所以內務府上三旗其實有九個不同的單位：因為營跨越旗的界線，而旗則輪流值差。

曹寅很可能隸屬第二營，即皇家侍衛的包衣護軍營，[169]守衛皇宮，扈從皇上巡行，充實侍衛的精銳力量。[170]由於曹寅的堂弟曹宜在同一營裡擢升為參領，[171]並且曹寅所屬佐領擴編後任旗鼓佐領，[172]該佐領有可能隸屬該營。

曹寅在該營也有機會操演箭法。滿人擅長騎射之術，甚至還特別設有學校，來磨練上三旗的騎射之術。[173]張伯行在祭文中提及曹寅善騎射，可能也是他受到擢升的原因。曹寅在護軍營裡也有機會參與皇家的大型圍獵，而康熙皇帝樂於把愛好圍獵的旗人帶在身邊。就如詩人所言：

秋冬校獵於塞上，甲卒將佐分番從駕校獵，暗寓營陣之法。174

滿清開國之初，精於騎射的八旗將官不太可能只從事行政工作。曹寅的早年詩作顯示他曾到過古北口，皇帝時常途經這座位於北直隸長城邊上的小鎮，前往塞外的獵場，有時康熙皇帝也會駐蹕古北口校閱部隊，射獵野雉、鵪鶉。曹寅在詩作裡，把晉北黃河支流邊以臥牛小鎮為代表的塞北風光，拿來與華中澶州的柔和景緻相對比：

〈古北口中秋〉
山蒼水白臥牛城，三尺黃旗萬馬鳴。
半夜澶州看秋月，河山表裡更分明。175

中國向來有「邊塞詩」的文類；文人安坐家中，歌詠從未親睹的山光水色。但曹寅以護軍營兼正白旗佐領的身分，扈從皇上北遊，可能在古北口寫下這首素樸的詩作。他可能自北京循陸路前往南京探望家人時途經澶州；或是在康熙二十二年皇上西巡時路過臥牛。曹寅對山色風光的喜愛是發自內心的；他的一首作品以率真的筆觸寫道：

塞山如娥眉，雨洗清蒙茸。
我宋值天月，石路盤高峰。
青風掃殘雲，明霞淨秋客。[176]

曹寅乃其旗屬的佐領，年少有為，康熙或許認識他，可能因曹寅在紫禁城內包衣衙門當差，[177]或他高超的騎射之術，或他擢升晉見皇帝時，或他的母親是皇帝想念的保母而認識他。這是曹寅一生中擺脫家奴身分的絕佳契機；儘管按理說包衣永世為皇帝或親王的奴僕，但皇帝或親王偶而也可能給予包衣自由。

包衣想要獲得自由似乎有三條途徑。首先，包衣佐領中的女性被皇上納為妃嬪，皇上為求回報，可能給予她的家人自由。這種現象曾出現在雍正十三年鑲黃旗包衣的高家，雍正十二年同旗籍的陳家。[178]十八世紀後期知名官員金簡除去包衣籍，部分是因為他的官聲卓著，不過有人揣測，金簡的姐姐為乾隆帝生了三個兒子才是主因。[179]

其次，明亡淪為奴僕者，可能基於人道的理由而重獲自由。這種現象明顯出現在最早被俘的許多漢人身上，他們被俘後淪為奴僕而被編進正規的漢軍。[180]十七世紀，有好幾道上諭諭令滿人的漢族奴僕恢復自由人的身分。[181]

第三，旗制內部人事重組時，許多包衣被重新分配，由於受影響的主要是旗鼓佐領，曹寅可能是以這種方式獲得自由的。清朝開朝的頭一百年，下五旗和上三旗至少分別新設八個和十個佐領，[182][183]其成員由各包衣佐領和正規旗內員額外的人共同組成，而新的統領通常是前包衣佐領。轉調正規旗內而被列名的十個包衣和旗鼓佐領，通常會在新佐領裡獲得一定的官位。[184]在遼寧任職滿三年的包衣佐領可得實授。[185]上三旗的六位包衣佐領，只說是「出包衣籍」。[186]

曹寅不像這類人是自包衣身分獲得自由，這可能得歸因於曹家有幸在最初就被俘，因為他統管的佐領並無冗餘之人，而他的母親雖蒙受皇恩，但曹家並無女性嫁入皇家。曹寅擔任包衣佐領之後，入內務府擔任另一項行政工作——慎刑司郎中。[187]慎刑司乃內務府六大司之一，職司上三旗刑罰案件。[188]我們也不清楚曹寅是在何時就任新職的，不過，大概不會晚於康熙二十六年，否則他就沒有時間在康熙二十九年署理蘇州織造這頭一件重要差事之前，展現他的行政長才。我們之所以知道曹寅接掌慎刑司郎中，完全是因為兩份史料剛好互為補充。張伯行提及曹寅任佐領後晉升「郎署」（部門主管郎中的辦公室）[189]，而地方志記載曹寅曾任「內刑部侍郎」[190]。內刑部意指內務府的刑部，顯然是指慎刑司。不過，侍郎是正二品的部級第一副部長，這顯然是不對的。於是，張伯行所說的郎中，即可彌補這個錯誤（郎中為正五品官）。

曹寅是慎刑司三郎中之一，郎中底下有六名員外郎和十四名筆帖式，[191]統管番役處，[192]以處理包括太監在內的相關案件。慎刑司的權力不大。凡刑責在杖打一百及以下的案件，慎刑司都可自行斷案並用刑；這類案件的執行由慎刑司的人員負責。慎刑司掌管的監獄關押犯行輕者，囚室則男女有別。[193]犯人的生活須有一定的額度，且公平分配；在酷暑季節，每名犯人除了糧食之外，每天還可分得兩塊冰。[194]此外，犯人定期檢查身體狀況，病情嚴重者由刑部派大夫治療。[195]

不過，若是情節重大，慎刑司必須請示上級。若有用刑拷問犯人之必要，須有刑部的人在場，亦由刑部指派仵作襄驗謀殺案。[196]死刑定讞的案件則移交三法司。所有案件的審理須與兵部、刑部的律例相一致。[197]

所以，慎刑司並無多少自主空間，甚至沒有繁重的職責，因而慎刑司內的幾個職位以冗餘而被裁撤。[198]所以，曹寅若真如張伯行所言，「勾稽出納之益虔」[199]，他還是有不少餘裕閒暇。而曹寅大部分的公餘時間多與北京的文友一同消磨。

第二章　京城與蘇州，詩詞與社交

曹寅以包衣身分供職內務府與鑾儀衛，在京城住了十五年。當差時，起居一如滿人，列隊皇家儀衛，隨皇帝騎騁，狩獵於長城之外；退班後，又承文人傳統，同一票漢人吟詩作賦，優遊鄉野林間。

這種迴然相異的生活型態，曹寅似乎一點也不覺困擾。滿漢之別並沒有讓曹寅進退失據，反而還能優遊兼容，一邊狩獵晏遊，一邊寫詩，能文擅武，令友輩讚嘆。有不少康熙十八年赴京應試「博學鴻儒」科的漢族文人與曹寅來往，他的年少才華，或許還有他父親曹璽的家財——曹家在京城裡有一座大宅子——都令他們心生好感。

曹璽在康熙二十三年辭世，曹寅的前程或生活似乎並未有所改變，甚至文名反而更盛。他請了當時最負盛名的文人、畫匠為文作畫，編纂成冊，廣為流通，以為紀念。所得到的迴響令人欣慰，曹寅收了許多康熙朝知名文人的詩文畫作。其中有些人雖非忠心耿耿的明朝遺民，但仍是心懷故國，拒絕出仕新朝。他們之所以應曹寅所請，除了交情之外，或許還有他的資助。

康熙二十九年，曹寅奉派南下接任蘇州織造，與江南鴻儒尤侗為首的文人頗有往來，飲酒作詩。其中有地方官員，也有無名文人，如今除了在詩文題詞得見其名之外，已經無跡可循。他們在興趣、背景、生活方式上有其共同之處，或許可稱之為「地方精英」。只消一瞥這群人，就知道這與一般對清朝社會的印象有多大的差別，譬如，旗人與漢人的官位分派，或是曹寅對「鄉紳」一詞的使用，又或是外放「監生」就職地方的數量。為了這個原因，或許就值得我們在細看曹寅在蘇州和北京的文化社交生活之前，先為當時中國的上層階級下個定義。

上層階級

一如其他社會，用來界定中國上層社會成員的標準十分廣泛，可以是擁有聲望、政治權力、個人影響力、重要職位、實質性的經濟資源、高階教育，或是從事文化消遣的閒暇。[1]這絕非否定官職在官場所扮演的重要角色，也非否定科舉考試的重要性。從這幾個標準來看，只要做了官，聲望、權力、財富、閒暇也就隨之而來，這人自然也就晉階為上層階級的一員，而在其他社會則不必然如此。

為了描繪中國的上層階級，我先引述理查．沈德思（Richard Centers）的定義：

階級（class）是「心理－社會」群體，其本質是主觀的，取決於階級意識（class-consciousness，也就是一種群體成員的歸屬感），而階級之間的區隔，可能未必符合社會學家所使用之客觀或階層（stratification）意義上看似合乎邏輯的界線。[2]

沈德思在此堅持階層（stratum）與階級（class）之間的明顯差別：

以職業、權力、所得、生活水準、教育、職務，知識或其他判準而區隔的社會和經濟社群及人群範疇，可用階層（stratum）與等級（strata）二詞加以表示。[3]

曹寅的生涯與前程無疑表明了這種「群體成員的歸屬感」；曹寅在北京的社交層面被某些人接納，一如日後他在蘇州接納別人一般，但在曹寅那個時代，中國雖然不是一個無階級社會，舉個極端的例子，貧農與大官各自活在天差地別的世界，一個顯然是下層階級，另一個顯然是上層階級，但很難清楚畫出一條線，界定某個小吏不屬於上層階級，或某個唸過幾本書的農夫不再是下層階級。我同意沈德思的觀點，階層通常適合用來指涉範圍較窄的群體：在中國的社會裡，考取功名，或年收入二百兩白銀，或是擁有官銜，也不足作為決定階級地位的判準。但另一方面，因為中國社會的獨特性質，某個層級之上的官位似乎在判別是否屬於上層階級時，具有決定性的影響。

正因如此，我把中國上層階級分為四類精英。精英一詞，用來特指「在一個社會中，在職務上，特別是職業上，擁有較高地位（不論基於什麼理由取得）的群體」，這個詞帶有優越之意。[4] 其中兩類精英是漢官精英與旗人，是按官職來界定；另一類是皇家精英，比較是從權力的面向來定義；至於地方精英的定義最廣，是從態勢來界定。

首先，我所謂的「漢官精英」不包括旗人，是七品以上的漢族文官武將。其次，「旗人精英」意指擁有「佐領」或七品以上的滿、漢、蒙古旗人文官武將。第三，「皇家精英」包括皇族、包衣、宦官，他們或出於皇帝的寵信，或受到特殊任命，而與漢族精英、旗人精英平起平坐。第四，「地方精英」，意指非屬漢官精英、旗人精英、皇族精英的漢人、滿人，他們與這些精英沾親帶故，或擁有資財，或別有專精，或通過科考或捐了個功名，或擁有世襲爵位，所以有能力過著相對安逸的生活，還可望從這些精英成員身上得到好處。在每一類精英之中，因為品秩、財富的差別，還有層級的差異。

用同樣的定義，也可將統治集團界定為由皇帝、漢官精英、旗人精英與皇家精英構成的群體。

曹寅雖然只是個包衣，卻也是上層階級的一員。這從他的生活形態、教養、交友和他的品味表露出來。他雖然沒參加過科考，也沒在正規的官僚體系任職；但是曹寅以他在皇族精英中的地位，也能躋身上層階級。他的孫子曹雪芹雖然家道已中落，官位盡失，而且也沒有功名，但也算是上層階級的一員。他的詩才、還有他在統治精英集團的有力朋友，得以確保他在地方精英階級中的地位。曹寅在京城和蘇州的友人圈，有一些是漢官精英，但大部分可能是地方精英。這是從他們的生活形態、而非其功名所做的論斷。何炳棣認為「生員」和「監生」只是平民裡頭的特權群體，[5] 並不會因為他們擁有功名就躍為地方精英的一員。這個看法沒錯，他們不會自動晉升為上層階級。不過，須在此一提的是，考上「生員」的上層階級家庭中的年輕人，就算沒有獲得功名，也還是屬於上層階級。

我們接下來要審視曹寅的一生，這正是一個在常規官僚體系以外擁有官職生涯的例子。身為皇家精英的一員，曹寅與漢官精英、旗人精英合力辦差，並在地方精英身上尋找社交的刺激。他的生活雖然引人好奇，又常涉及皇帝委派的祕密任務，或上呈密摺，經手寡占行業，但是不要忘了，曹寅是統治集團的成員，穩居上層階級。

曹寅在京城

從康熙十四年前後到康熙二十九年，曹寅一直住在北京，並未擔任要職，也沒經手有利可圖的皇差。但是他的祖父曾任浙江鹽運使，而父親做過江寧織造，積下的家財讓曹寅過著優渥的生活。

曹寅身為包衣，住在皇城、也在皇城裡辦差，這是內城的核心。皇城四周圍了高牆，而在皇城的核心又築有高牆，這是皇帝生活起居所在的紫禁城。曹寅當差的「慎刑司」就在皇城的北邊，位於太液池與地安門之間。[6] 內務府府衙則在紫禁城西側，[7] 而身為包衣佐領的曹寅，必須常到那裡走動。在外人眼裡，曹寅想必十分貼近權力中樞。

曹寅所屬的正白旗被安置在皇城東側。[8] 清律並未禁止包衣置產，曹家很可能以辦理鹽務和織造攢下的錢財，向窮困的旗人買下第一份家產。我們知道，曹家在北京至少有兩處宅邸，且全在內城。[9] 自順治五年之後，這裡只住了旗人，因為那年滿漢多生事端（包括殺人、搶劫），多爾袞於是下令所有漢官、商賈、平民一律遷往南城。[10] 曹家的宅子可能是前明皇族的府第，雖說早年旗人規定，宅邸大小依官職品第而定，[11] 但因為曹璽的財富與加正一品官銜，曹家也可能在此處擁有宅邸。曹宅十分氣派，庭寬而屋宇軒昂，門廊精雕細琢。學者周汝昌考據曹家各類文稿，推斷曹宅一處位於西北邊，鄰近紫禁城，一處在東南邊，緊鄰貢院。[12] 然而，可以確定的是，曹宅的庭院都很漂亮，而其中的「芷園」，園內有西堂閣，曹寅尤其喜愛。[13]

曹璽人在江寧（南京），而曹寅住在北京，有其他族人為伴，其中有他最親的弟弟曹子猷。有關子猷的資料很少，但曹寅曾為子猷寫過很多詩，情感真切。[14] 曹子猷生於順治十六年，卒於康熙四十四年，任皇家侍衛。[15]他有兩個別號，常用的是「筠石」，另一個以庭園為名，是為「芷園」。曹子猷也是個技法完備的畫家，名學者朱彝尊曾為曹子猷的一幅畫題詩，後來這幅畫輾轉為乾隆朝的書畫大家翁方綱所藏。[16]有關曹家的史料很不全，無法完整拼湊出曹寅的同輩族人；除了曹子猷，曹寅還有個弟弟曹宜。曹宜生於康熙十九年，供職於內務府，到了乾隆即位之初，仍擔任包衣佐領。[17]

當曹寅在鑾儀殿當差時，曹子猷任職御前侍衛，這甚至讓當時的人都誤以為曹寅也是御前侍衛。[18]如果曹寅真的當過這麼尊崇的職位，那麼像張伯行這樣的好友在為曹寅寫祭文的時候應該會公開提及的。[19]曹寅的弟弟出任御前侍衛，無疑更增家族光耀。

御前侍衛乃是萬中選一，較內務府或鑾儀衛的尋常官吏更貼近皇帝。御前侍衛僅有五百七十名，分為四等，[20]選自滿蒙上三旗的優秀青年，或從下五旗（包括漢族在內）挑選，他們的班表是在上三旗問掣籤分派。[21]御前侍衛的勤務是守衛紫禁城各大城門以及紫禁城內的皇宮；表現優異的就有可能奉調輪班衛戍皇宮。[22]他們陪皇帝出巡，現身朝覲、賓宴場合，隨同官員上呈奏摺，分班把守各大通道，並掌握可入內通行的官員和心腹名冊。[23]他們必須隨時在皇宮附近待命，我們可以從曹寅上呈的奏摺窺知梗概，這份奏摺是曹寅把女兒嫁給一名御前侍衛之後所擬的：「皇上左右侍衛，朝夕出入，住家恐其稍遠，擬於東華門外置房，移居臣婿。」[24]

曹寅、曹子猷兩兄弟，一為包衣佐領，一為御前侍衛，想必曾一起隨侍皇帝出巡。他們也可能曾與滿族詞人納蘭性德同行，納蘭性德的父親把員額之外的手下撥給他來管，並擔任康熙的侍衛。[25]納蘭性德是個文才出眾的詞人，不到二十五歲就譽滿漢族士林。我們不清楚他與曹寅何時論交，但可以確信他們曾問學於碩儒徐乾學。[26]兩人皆好填詞，在當時頗負文名。[27]他們也因康熙十八年博學鴻儒科而與清初各地一流漢族學者論交。康熙十七年詔令開博學鴻儒科，以廣納漢人賢才為滿人統治效命。[28]康熙十八年四月，開博學鴻儒科，約有一百五十名考生進京赴考。納蘭性德的父親明珠，當時乃權傾一方的大臣，對漢儒禮遇有加，而科考期間，納蘭性德以東道主身分款待不少漢儒。[29]因此，曹寅可能是透過納蘭性德的引介而結識了一些人。不過，大部分的友誼似乎都是無心插柳的結果。譬如，六十歲赴考高中的尤侗，就是在友人家裡與曹寅結織，並十分推崇曹寅的詩才。[30]本已歸隱的名士施閏章，奉召應試博學鴻儒科，他曾獨自低吟曹寅的詩作，尤其鍾愛「寒山見遠人」一句；後來曹寅還常拿自己的詩作向這位前輩請益。[31]學者顧景星進京赴考，卻因病未能就試，[32]他到了北京不久就認識曹寅，覺得此人「溫潤伉爽，道氣迎人。」顧、曹兩人一拍即合，顧景星還為曹寅的第一本詩集（譯註：《荔軒草》）作序，時為康熙十八年。[33]而顧景星也與施閏章私交甚篤。[34]

這個交友圈不斷擴展。到了康熙十九年，曹寅又與在博學科考表現優異的朱彝尊、陳維崧結交，[35]而朱、陳兩人皆授翰林院檢討。曹寅有一本詩集成於康熙五十二年，時人為之作序，在文中稱曹寅在宮中當差，執戟戴鶡頭，身著短衣縛褲，豹尾彯纓以射虎，「極手柔弓燥之樂」。公餘則邀這兩位文友一同賦詩、含毫、拈韻分題。[36]

儘管這段文字隱晦、複雜，且執筆之人不見得在北京就認識曹寅，但我們還是能領會漢族文人與曹寅交往所感受到的情愫在字裡行間迴盪。他們似乎很陶醉在滿人華麗奔放的生活。另一個友人在康熙十九年贈詩給曹寅，也有這樣的情景：

> 甘泉豹尾，從容躍馬奇杰。況復路入桑乾，平沙漠漠，擊草鷹必初發。萬騎回中從獵去，釃酒夕陽明滅。玉勒風嘶，琱弓夜吼，冷浸蕭蕭發。吟鞭搖動，驚飛烏鵲霜月。[37]

曹寅早年的生活與當差大致是以皇宮、旗人與狩獵為重心。而狩獵活動十分壯觀，有數千名旗人兵武參與；康熙皇帝幾乎每年秋天都會親自領軍出獵，挑一些軍士一起獵熊射虎，或由眾兵丁圍獵捕殺鹿兔。皇帝會執意坐在雨中，生火烤著剛殺的鹿肉，在簡陋的營帳中度過寒夜。他的隨扈想必也是如此。[38]對於曹寅的漢人朋友而言，這些情景必然讓人神往，因而筆下也恣情奉承他的威猛武勇。有些讚揚很可能是真有其事。百年之後，詩人袁枚仍流露出對這類張揚、英勇事蹟的敬畏欣賞，[39]而袁枚也得到滿族權貴友人的奉承以為回報。[40]滿漢生活的交流互動是清初最有意思的面向之一。

曹寅當差時似乎就是個真正的滿人，而公餘時又像是個道地的漢人。研究曹家的兩位大學者周汝昌、吳世昌都不強調內務府包衣的生活帶有濃厚的滿人色彩，說他們「不同於一般旗人」[41]、「歸化的滿人」[42]；不過這種看法似乎言過其實。在曹寅身上，滿漢文化達到一種平衡狀態。顯然曹寅熱切投入滿族軍旅那種豪邁的騎射生活，但他同時也是個對漢文化易感的詮釋者。北京的漢族文人想在政治上有所發展，或許可以寄望於明珠或納蘭性德，但不能指望曹寅，因為他雖然是富有的皇家精英，但並無證據顯示曹家具有真正的影響力，至少在所屬的包衣圈之外是沒有的。曹寅所能提供的是一個弱冠詩人在向長者請益時的誠摯建言，以及在北京宅裡的豪奢款待。

曹寅此時的生活迷人之處不在於他要分心認同滿漢文化，而是在於他如何成功融貫滿漢文化。曹寅在二十出頭所寫的詩就可說明這一點。他對皇帝雖然忠心，第二句卻是語意曖昧，可能暗指他十來歲（康熙十二至十三年）爆發的三藩之亂，但是狩獵的歡樂情緒還是貫穿了全詩：

少年十五十六時，彎弓盤馬百事隳。

不解將身事明主，惟愛射雉南山陲。
山南麥熟不得實，青黃初接已生摘。
山田久草無人耕，老雞叫媒白晝行。
隴頭峨峨行且舞，隴下絳冠力如虎。
不惜二雄為雌死，但言新試銅牙弩。[43]

曹寅並沒有留下描述北行細節的詩，只有這首詩描繪狩獵之樂。曹寅並未因襲邊塞詩的傳統（他基本上似乎忽略了這些主題），而呈現北疆帶給他的沉思與顫悚。這首〈古北口中秋〉可能寫於長城上的某處關隘，曹寅顯然很喜愛這片景緻，但語氣卻不露情緒。只有一回他在秋天自南京前往京城，思緒轉到皇帝曾經狩獵的北方：

行在天山外，西風玉帳寒。[44]

我們並不清楚曹寅是心懷愁緒，還是慶幸並未置身其中。

曹寅寫了幾卷詩，其中有數十首詩在往後的社交場合被傳唱，他也致力於寫詞（納蘭性德是一代詞家）。王昶在一八〇三年刊行的清代詞選中，就收錄了一首曹寅的詞。[45]

能被收入，就表示曹寅的詞受到肯定；但是只收了一首，也說明了他還稱不上是個大詞家。這闋詞調寄「洞仙歌」，題為「三屯道上題龍女廟」。46

> 層巒傳翠，盤曲遮行旅。野廟荒涼春不住；統平林，只有午尺游絲，縈晚絮，鳩婦陰陽呼雨。月明辭碧海，一墮紅塵；銷盡人間寒暑！別泪灑鮫珠。回首孤城，澹烟冷，照傷心處。都莫管興亡事如何，但助我乘風一鞭東去。47

這首詞譯成英文之後顯得很笨拙，也很難傳達乾隆朝文人在審視同朝詞人成就時所看到的韻味。不過，曹寅的一首少作就沒那麼隱晦；這首詞是行過元宵喧囂人群之後所寫，成於康熙二十一年，從題辭看來，曹寅有陳維崧作陪。而陳維崧是一代詞人，善駢文，48當時五十六歲，曹寅二十三歲。兩人都住在北京。

> 野客真如鶩，九逵中，烟花刺蹙，嬉遊誰阻。雞壁毬場天下少，羅帕鈿車無數。齊踏著，軟紅春土。背側冠兒捱不轉，鬧蛾兒，要到街斜處。捶遍了，梁州鼓。

一丸才向城頭吐，白琉璃，秋毫無缺，打頭三五。市色燈光爭快發（正映發）。平地魚龍飛舞。早放盡，千門萬戶。蠟淚衣香消不得，倩玉梅手捻從頭述。細畫出，脂胭譜。[49]

這對曹寅肯定是段好時光，他其他的詩詞更進一步勾勒了生活樣貌。某日退班，曹寅鬱悶不樂，在城內信步閒晃，驟雨突來，街上一片冷清，沒有朋友相伴。「一日休沐無所為，槽頭馬鳴草滿墀。一日休沐無所向。」正在家中愁坐，突然叩門聲響起；終於有朋友造訪，可以喝酒了，又是一片美好。[50] 他也會去拜訪顧景星論書，當然也不會忘記帶錢沽酒。[51] 或是結伴走到京西的慈仁寺，以寺內的參天古松賦詩。清初文人凡是自命文才，都會來此一試身手。[52]

這般愜意的生活，甚至並未因父親在康熙二十三年辭世而動搖。曹寅以令人讚嘆的方式表達了孝心，鞏固、確保他在當時漢族文人之間的名聲。

克盡孝道

曹寅在京城當差時，其父曹璽任江寧織造已久，自康熙二年就任，到康熙二十三年死於任內凡二十一年。[53] 曹璽的夫人曾是康熙皇帝的保母，兩人都有一品的封誥。[54] 康熙首度南巡，於康熙二十三年十二月抵達江寧，親赴喪家，賜御旨，遣侍衛尊奠。[55]曹璽入祀江寧縣學名宦祠，並由前內閣大學士熊賜履寫祭文。[56]

曹寅自然得南下料理喪事，到了年底，他已開始著手構思如何紀念父親。他廣邀當朝文人、畫官等名流為文，匯集成刊，名為《楝亭圖》。[57]此時，其父曹璽任江寧織造已久，自康熙二年就任，楝亭是在江寧織造署內的花園，由曹璽所建，有曹璽親手栽植的楝樹以為蔭遮。[58]曹家子弟在亭內秉承庭訓，[59]曹璽公餘喜在此休憩。[60]楝樹可長到十公尺高，樹冠延展亦可達十公尺；夏季開淡紫色花，結黃色小果實，風姿幽雅，散發異國風情。[61]楝樹串連父子之親，這套追思集子成為美談。這個構想開始落實，刊名選定之後，曹寅也把書齋的名號從早先的「荔軒」改為「楝亭」。[62]這套集刊要能順利進行，曹寅就需得到名家相助，這點做得相當成功。納蘭性德與曹家素有交情，他是最早撰寫詩文的文人之一。[63]在另一卷列名第一的作者是尤侗，他與曹寅在北京結識。尤侗寫了長篇輓詩，前頭還有序：

孝子奔喪之後，寄予畫冊，閱之乃一楝樹。司空所手植也……因題一律，以慰其蓼莪之思焉。[64]

此處提及的畫可能出自「清初六大家」之一的惲壽平之手，他尤其擅長工筆花蟲；「在此領域，時人無出其右者。」[65]這帖畫幾乎可以肯定是受曹寅之託而作的，因為惲壽平忠於前明，以賣畫養家。曹寅請了惲壽平作畫，可見品味卓然，因為惲壽平筆下枝葉栩栩如生，遒勁不失細膩，至今仍令觀者印象深刻，[66]他的許多畫作日後都入宮收藏，乾隆還曾為這些藏品作序。[67]然而，在受曹寅之託而作的畫中，惲壽平顯然盡情發揮，一棵蒼勁楝樹拔地而起，凌於茅草覆頂的小亭子，前有翠竹在風中搖曳。這幅畫並未題詞，只寫了「楝亭圖」和畫家落款。惲壽平只做最少的表示，視請託內容或畫酬而定。[68]康熙三十年，尤侗在另一卷集子裡寫道：

> 繪圖在右，陳詩在左。竭來吳門，卷頁盈把，謂「子賦之，以續《南》、《雅》。」予應曰：「諾」，援筆敬寫。[69]

到了此時，集子的篇幅愈來愈大，其中有許多畫作。有一幅係禹之鼎所繪，禹之鼎是御用畫師，他為朋友作畫，大概也是受託之故。[70]禹之鼎擅畫肖像，仕女畫尤為一絕，人物躍然紙上，娟媚古雅。[71]此外還有戴本孝的作品，他是「金陵八家」之一，其山水畫別有奇趣。[72]他為曹寅畫了斜阧亭閣臨溪，蔭蔽於新綠楝樹之下。有白鶴過得橋來，往涼亭而去；亭閣背倚湖石，遠處嶮巇石壁若隱若現。[73]程義是曹寅的好友，畫了兩棵參天巨木，有小亭立於其間，前有石砌小塘，後有籬笆矮樹。[74]或許，這最單純的構圖最接近真實。

尤侗、納蘭性德、程義都是曹家的朋友。惲壽平、禹之鼎、戴本孝可能是受曹家之託。而為這個集子為文作畫的第三類人則可能出於對曹寅想法的認同，而自覺應該有所貢獻，或是因為他們由衷敬佩曹寅的孝心，又或者因為當代俊彥都共襄盛舉，他們不想被排除在外。其中有兩人說得很白，自己為何為這個集子寫文章。

一個是葉燮，[75]他是康熙九年進士，知名文人、官員，後來也結識了曹寅。他在康熙二十九年寫道：

> 天子乃授司農公以公之官，而移府於蘇州，乃繪楝亭以為圖，於先澤三致意焉。海內賢大夫士名公卿至傳觀為盛事，咸作詩歌以稱述之。燮最後獲觀，樂其流風餘韻之必傳也，乃作而言曰……[76]

另一位是姜宸英，[77]此人是頗有文名的學者。他在略述曹璽經歷與栽種楝樹的來龍去脈之後，對曹寅的稱頌了無新意：

周覽舊署，惜亭就圮壞，出資重作，而以手植之楝扶疏其芳葉，遂名之為楝亭；攀條執枝，愾有餘慕；遠近士大夫聞之，皆用文辭稱述，比之甘棠之蘐舍焉。

（昔周公小憩於甘棠樹下，後來歌謠傳誦久遠。）姜宸英接著略述織造的沿革，並指明朝實亡於宦官濫權，然後又把曹璽的官場資歷和文人對曹寅的應和重覆了一遍，最後寫道：

辛未五月，與見陽張司馬并舟而南，司馬出是帖，令記而書之。舟居累月，精力刓敝，文體書格，俱不足觀。聊應好友之命，為荔翁家藏故事耳。[78]

姜宸英在這裡指稱張司馬而不是曹寅，這位好友的謙沖雖然可能真的是發自肺腑，但通篇卻有一種敷衍的味道，甚至有一絲慍怒。但後來曹寅與姜宸英還是成了好友。[79] 所現存集刊係出自五十四人之手，其中有二十六人未列名常見的清人傳記史料，所以不能說曹寅只找有名望之士；而在這二十六人當中，泰半可能是曹家的朋友，名並不見於經傳。其餘之人，可作為用來衡量曹寅在網羅名士方面成功的程度。

結論是曹寅的確相當成功，因為在這部集刊之中，有二十人以上是名重一時的學者、作家、詩人。韓菼是康熙十二年的廷試榜首；[80]王士禛是公認的清代第一詩人；[81]徐乾學是經師、官員；[82]宋犖以善於決斷疑案著稱；[83]《明史》的編修王鴻緒；[84]戲劇家顧彩。[85]曹寅延續他在京城的做法，這部集刊的作者除了早年友人之外，還有四人應博學鴻儒科中第：嚴繩孫、吳農祥、秦松齡及徐林鴻。[86]

有關這部集刊的作家，最耐人尋味之處在於除了納蘭性德之外，沒有一個是滿人。這些參加博學科考的人裡頭，有些人起初對清朝十分疏離，至少有四人仍忠於明朝：前面提過的惲壽平；毛奇齡是個難相處、不受歡迎的人物，[87]他曾加入明軍參戰，後來漂泊多年，最後參加博學科及第；杜濬曾為忠於明室的冒襄編纂文集；[88][89]以及陳恭尹。[90]陳恭尹的父親和三個兄弟於順治四年舉兵抗清，兵敗殉國，他在順治十五年放棄反清，此後歸隱山林，直到康熙十七年被控勾串三藩、為文排滿而入獄。出獄之後，陳恭尹第一次開始與新朝官員往來，但始終以「遺民」自居，心向前明，從未出仕。

我們難以得知，像這樣的人為何會應允為這部追思集刊題寫文章，曹寅又為何去找他們？當代有位作者推斷，他們其實是迫於無奈，因曹寅是內務官府的寵臣，大權在握。[91]但是並無證據顯示年輕時的曹寅有此能耐。較有可能的原因是曹寅拿錢出來，或是直接出資請畫家作畫，或是間接透過款待或協助那些寫文章的人。歷史學家周汝昌聚焦研究曹寅與杜濬、杜岕兄弟的交往。孤介峻厲的杜氏兄弟長曹寅四十歲，且一心向明。周汝昌發現答案在於曹寅天資聰穎，富有魅力。「他就是這樣的人」。[92]想當然爾，曹寅若不是與他們志趣相投，曹寅肯定跟他們處不來，而同樣有意思的是，他們在某些方面有著共通的背景。

無論曹家此時多麼風光，終究不能忘卻自身是滿人的俘虜，成了滿人的奴才。這對一個漢人家族來說，有時是奇恥大辱，就如同忠於明室的人會以替新朝效命為恥。我們知道曹寅不論是作為讀書人或醉心戲劇的作家，都對滿人主政隨之而來的問題非常有興趣。一個曹寅的友人和一位雍正朝的史家，都提到曹寅曾寫過名為《虎口餘生》的傳奇。這齣戲講的是明朝滅亡以及北京所發生的變化，尤其是一些明朝的文臣武將的效忠，叛軍李自成的肆虐蹂躪，以及一些變節官員的阿諛奉承。[93]曹寅內心敬重忠於前明的文人，但他很可能已經知道如何在私人情誼中找到調和之道，而不是被相互衝突的忠誠所折磨，一如在北京當班和閒暇時那般。

《楝亭集》彰顯了曹寅的孝心，其刊刻是一大成功。這套集子讓父親曹璽的名聲永垂後世，也拓展了曹寅的交友圈。集刊的內容大多引經據典，但偶爾也透露出關於曹家背景的有趣細節。其中只有納蘭性德這唯一的滿人，能料準曹璽的去世對兒子曹寅的前途所造成的影響。納蘭性德的文章寫於康熙二十四年，最後是這麼寫的：

今我國重世臣，異日者子清奉簡書乘傳而出，安知不建牙南服，踵武司空。則此一樹也，先人之澤，於是乎延；後世之澤，又於是乎啟矣。可無片語以志之？[94]

康熙二十九年，曹寅奉派南行，督理蘇州織造。兩年後，曹寅又遷任江寧織造，[95]而這個職位他的父親做了二十一年，責任重大，但曹寅在走馬上任之前，還有一次最後的機會遠離案牘勞形，愜意優遊於社交。

蘇州社會

曹寅署理蘇州織造近三年，從康熙二十九年春到康熙三十一年冬。[96]這段期間的記載未見有關曹寅的政績，但是關於他社交生活以及所處圈子的細節倒是不少。就如曹寅往來友人所寫的詩一般，這是一輪理想的飲酒吟詩之會，野遊點綴其間。於是我們可以看到曹寅凝視秋收，怡情冬雪，夏季遊湖，玩賞荷花，享受沁涼微風，憧憬漁人的簡樸生活，或是在春日出遊賞花。[97]每次出遊必有詩作，且時常以詩應答。

不過，即使是在此氣氛下，曹寅仍不忘精進騎射之術，而我們知道這類詩作只道出部分的事實而已。學人、官員韓菼最能捕捉曹寅自我營造的騎射美學形象，他在曹寅三十三歲生日時應當地文人之請，寫了一篇文章：

以為讀書射獵，自無兩妨；間騎快馬，拓弓弦作霹雪聲，差強閒著車中作貴人；而餘矢納房，與客酬對，捭闔古今，種別文家，源流高下，坐客默然無抗者……[98]

此時的韓菼已歸隱蘇州，時與曹寅寫詩互贈，[99]所以這番描述有個人私誼為本，應當屬實，而這已成為研究曹寅生平的可信材料了。[100]

與曹寅騎射是何許人，不得而知，可能是駐紮當地的旗營官員，也可能就是曹府內的人。不過，我們知道許多曹寅的文友，不只和曹寅為文唱和，也不光是官場上的同僚，或是同樣擁有功名而有類似背景的人而已。這些文友出身背景各異，但能一道出遊，把酒同歡，不過有時其他人無法配合，曹寅就得一人獨飲了。[101]他還得請朋友寬宥他為何獨樂：對於他們北人來說，「蘇州乃是天堂。」[102]這群朋友的往來相當密切，其組成分子頗值得細究，或許可增加我們對當時社會的瞭解。

曹寅不算的話，這個圈子至少還有十七人，而於康熙二十九年到康熙三十一年年間，住在蘇州一帶。[103]其中有六人是知名學者：尤侗、韓菼、彭定求、姜宸英、余懷及葉燮。尤、韓、彭三人皆出身蘇州府的長洲縣。尤侗為順治五年貢生，時年三十歲，然後授永平推官，在任四年。順治十三年，尤侗辭官，在蘇州住了二十年，博覽群經，文名遠播。康熙十八年舉博學鴻儒，授翰林院檢討。參與編修《明史》四年後，尤侗告老辭歸，不再出仕，卒於康熙四十三年，享壽八十四歲。尤侗好享受，深得康熙皇帝賞識，但在取得貢生功名後的五十六年歲月裡，他只做了八年的官而已。[104]

韓菼通過順天鄉試，並舉康熙十二年廷試狀元，時值三十六歲，官場資歷完整，供職翰林院、內閣十四年。他於康熙二十六年辭官，曹寅任官蘇州時，他也住在蘇州附近。[105] 彭定求是康熙十五年廷試榜首，時年三十一歲，之後在翰林院供職十三年，康熙二十八年父喪，辭官歸隱長洲三十年，直到辭世。[106]

另外三人之中，余懷曾是南京國子監監生，但滿人攻下南城後，余懷就歸隱下邳，之後又回南京居住、讀書。他寫了不少短論，但從未參加科考，也沒做過官。他是尤侗的好友，常去蘇州看他。[107] 姜宸英的學問很好，但是科考未能更上一層樓，在舉博學鴻儒科時又被遺漏。不過，他奉派協助編修《明史》，最後在康熙三十二年六十五歲時中了舉人。[108] 最後一位是葉燮，康熙九年進士，曾在揚州府任官三年，而後辭官遊歷著述。葉燮最後住在吳江縣，而吳江縣也隸屬蘇州府。[109]

這六人由於文學上的成就，全都列傳地方志與國史之中。而其他四人雖非名滿天下，但是其人其事的一些細節仍可查考。杜岕（萬曆四十三年至康熙三十二年）是明末生員，滿清入關之後即無意出仕。他的哥哥杜濬更富盛名，兄弟倆卜居南京潛心學問；

杜岕常去蘇州看曹寅，二人過往從密。[110]郭鑒倫生性嚴肅，是傑出的畫家，當時授業於崇明縣學；尤侗在曹府與他認識。[111]安徽人程義也是頗有名氣的畫家。[112]張純修是正白旗包衣，貢生，後擢為知府；工山水畫，藏書樓典藏甚豐。[113]

其餘七人幾乎無從稽考。只有董麒的名字出現在蘇州考生名冊中，並登科及第；他在康熙二十九年中舉，當時曹寅也在蘇州，十年後，董麒又考上進士，入國子監為庶吉士。[114]其餘六人既未列名蘇州的貢生名冊，也不曾在地方任官。他們可能是蘇州的秀才，或有功名，或來自鄰近府縣的胥吏，但也可能沒有任何官銜。[115]葉藩還有錢有閒，多次往來北京和蘇州，這可以從曹寅相關酬對的詩作窺知。[116]其他五人則無可考。[117]

我們無法確實知道，這個圈子究竟有多少人取得更高的功名。雖然他們大多數都已年近古稀，但顯然他們都自願提早辭官（或根本就不願做官），而蟄居蘇州一帶，由此可看出清初人才浪費有多麼嚴重。他們各有各的理由——杜岕心懷前明，葉燮好遊歷，彭定求則出於孝心，而尤侗就只是想過安逸的生活——但他們辭別官場也的確反映出當時的官僚體系存在某些用人的問題。

如何拔擢官員是清初幾位皇帝面臨的重大課題之一：為了確保新朝穩定，應該擢用哪些文官？他們的解決之道是在最高一層——即總督和巡撫——起用漢軍。[118]低於省級的層次則安置了為數可觀的旗人。省級官吏不像京城裡的六部、內閣的官員，滿人只需在既有的職位再增加員額，所以每個職位可由漢官精英和旗人精英同時擔任。而省級的官職是單一的，大多由旗人精英掌理，漢人精英是通過科舉考試而展開仕途，然而只有少數職位對他們開放。這種重要職位的短缺或許會令有心在官場上求騰達的漢官感到洩氣。這種情況可以從康熙朝江南（江蘇與安徽）省級在職官員窺知：[119]

官職種類	漢官精英	旗人精英
總督、漕運總督、河道總督　從一品到正二品	八	三十一
江蘇、安徽的巡撫　從二品	十四	十九
江蘇、安徽的布政使、按察使　從二品到正三品	三十三	三十九
鹽運使、漕運使　從三品到正四品	二十八	十八
江寧、蘇州、揚州知府　從四品	三十三	十七
江寧府七縣知縣　從七品	七十	十九

以上分配顯示，任官受到謹慎的控制，雖然不至於完全排擠漢人平民，然而旗人精英占據了多數高階職位；在中階職位，漢官精英與旗人精英其實平分秋色；而低階職位則大多由漢官精英接任，當然也並非沒有旗人精英。我們從省級官員的表列便可以看

出，這種平衡是一種明確、有意識的操控，但是方式略有不同。以江蘇、安徽為例（取康熙十九年到康熙五十四年間），江蘇、安徽兩省巡撫與布政使的人數列表比較：其中有二十年的滿漢人數均等，分別有兩名漢官，兩名旗人出任這些職位；有八年是由旗人出任三個、漢官出任一個職位；而在另外的八年裡，則由漢官出任三個、旗人出任一個職位。但沒有一年是由單一族群壟斷這四個職位的情形。[120]

在何炳棣對明、清時期社會流動的研究中，已指出康熙朝的社會流動性較低，在這段期間寒門取得進士非常困難。[121]何炳棣把這樣的現象歸因於新朝必須爭取既有官僚階級的支持。[122]這種狀態所帶來的挫折感，勢必會強化無力將功名轉化為高官的挫折感，初步分析康熙朝蘇州府官員的條件就能顯示，這種無力感是十分常見的。

不僅旗人精英占據許多要職，就算擁有功名的漢人發現自己往往也只能屈就低階官職。例如江蘇、安徽兩省七十二位按察使、布政使之中，中過舉人與進士的不超過二十四人，而在江寧府的八十九位知縣之中，至少有三十六位中過舉人與進士。[123]江都縣二十五個在職者之中，有八個舉人、九個進士擔任縣令；而同時，安徽與江蘇的三十三名巡撫之中，擁有進士或舉人功名的不超過十二人。[124]

旗人不僅以較低的功名出任高官，在康熙朝，地方官職常常授予只有監生資格的漢人，而使事情更為複雜；後來的監生並不具備任官的資格，[125]但是在康熙朝並非如此。

從康熙年間蘇州府的知縣和知府任官時的功名條件，應可印證上述觀點：

功名	蘇州知府		蘇州府的五縣知縣	
	旗人精英	漢官精英	旗人精英	漢官精英
進士	--	四	一	二十三
舉人	--	--	一	二十六
貢生	--	二	二	十九
恩貢生	--	--	--	二
拔貢生	--	二	--	六
歲貢生	一	--	--	二
監生	四	二	十二	十二
例監生	--	--	三	二
生員	一	一	--	--
蔭生	--	一	七	一
例捐	--	--	--	一
筆帖式吏員	--	--	一	一

就算不同名冊的記載有時有些出入，而且並非每一個官員的功名都有稽可查，這張表仍可顯示大致的趨勢。[126]此外，旗人精英任官的時間比漢官精英還長：整個康熙朝，旗人精英擔任蘇州知府的任期，平均是四．三年，知縣任期則是平均三年，而漢官精英在這兩個職位的任期，平均都是二．七年。

任官的不公自然不限於地方層級的知府與知縣。那七位漢人舉人想必很難認為眼前的狀況是公平合理的，他們長期擔任長洲縣學教諭（八品），而同時期蘇州知府的副職（五品）之中，卻有六位監生、五位貢生、一位蔭生，而僅有兩位舉人。[127]

旗人跟漢人一樣，也參加鄉試與會試，但旗人有自己的錄取員額，且員額數有很大的浮動。早在滿清入關之前，旗人已於一六三四年、一六三八年、一六四一年分別舉行過舉人考試。順治八年的舉人員額是滿人五十名，蒙古人二十名，漢軍五十名，而進士員額則是這些數量的一半。[128]旗人在這兩種考試占有十分有利的比例，而且在實際執行上還超過這個數。因為這個員額是用於「滿洲進士」科考，在順治九年、順治十年，共有五十名旗人考取進士。但這兩年還有五十六名旗人取得一般的進士，所以順治朝有九十八位滿人與蒙古人，五十八位漢軍考取進士；[129]就以全部員額數量來論，旗人組織已與較大省分相當了。[130]這種額外的旗人考試在順治十四年到康熙八年、康熙十五年到康熙二十九年兩度取消。康熙二年舉行特考，產生了一百一十八位漢軍舉人，除此之外，仍有九十五位滿人進士，四十七位漢軍進士；這兩個群組都維持著每三個舉人出一個進士的比例。[131] 即使某個漢族官員發現某個理應屬於他的職位卻被擁有功名的旗人所占了，他也會質疑這個旗人晉升之路的嚴謹度。更進一步說，取得功名的旗人和包衣被列在自己所屬的佐領名下；關鍵是他們的佐領是誰，而不是他們的出身；因此，很可能在旗人精英之間有一個人效忠的網絡，不受漢人進入官僚體系所受之「迴避」等約束制度的影響。[132]

因此，在康熙朝的地方治理中，顯然存在相當程度的複雜性，或許不在一般認可的清代行政管理系統模式之內：旗人精英與漢官精英之間的關係有時肯定十分緊繃，官僚晉升管道的標準也一定看似模糊不清。這類因素顯然與我們所討論的曹寅生活、任職所在的那個社會有關聯，值得我們去分析對當時社會所做的一些描述。

「鄉紳」以及相關用語「紳士」和「紳衿」，是一個用來描述這個地方社會結構的關鍵詞。當代學者對這些術語的定義和翻譯仍存有爭論；由於主題極為複雜，不易概括其間的爭論，但或許可概括描述：何炳棣是依據官員與可能成為官員的階級來定義這些術語；[133] 瞿同祖則指涉由官紳（official-gentry）與士紳（scholar-gentry）所構成的地方精英；[134] 張仲禮則是根據功名的等第畫分上、下兩級；[135] 羅伯・馬許（Robert Marsh）則指擁有功名的地方精英。[136] 他們至少都同意，若以官位和功名為基礎，是可能做出嚴謹的定義。

如果把焦點放在「鄉紳」這個詞，並讓曹寅和其妻堂兄李煦自己來分析的話，這個詞很快就會溢出我們的掌握。但李煦曾給過一個明確的列表：他把二十一人稱為鄉紳，其中兩人是翰林庶吉士，十人是四品到七品的退休官員，一人即將走馬上任職，六人是進士，兩人是舉人。[137]但在其他的場合，他與曹寅又以不同的方式使用這個詞，譬如他們在康熙五十一年上呈的一批奏摺裡，「鄉紳」一詞常常出現；這批奏摺的內容涉及康熙五十年的科場醜聞，以及皇帝所賜的親筆御書，兩人想要描述地方上對這些事件的反應。所以，曹寅與李煦應該對這些社會群體有清楚的認識，也沒有理由對相關情況撒謊。再者，兩人也十分熟悉當地社會：曹寅在南京、李煦在蘇州生活了二十年。[138]

其中一份奏摺撰於康熙五十一年夏天，曹寅奏謝皇帝恩賜御筆親書。皇帝恩賜御書的消息迅速傳開，曹寅寫道，「闔城進士、舉人、鄉紳、士庶，皆已周知。」顯然鄉紳是有別於進士、舉人與士庶。曹寅在隔一行又提到等第較低的鄉紳與士庶，他說翰林院的官員「率眾士庶」，而在兩行之後又說，「鄉紳士庶現在相度地形，遴選碑石。」士庶顯然是值得一提的群體之中地位最低者，他們肯定包括受過一些教育，獲准參加生員資格考試但未取得功名的童生。曹寅在奏摺的結尾還說，他會向揚州的「紳衿」出示皇帝的恩賜御書；不過，因為這個詞是單獨出現，無助於鄉紳的界定。所以，從曹寅的這份奏摺來看，我們並不清楚鄉紳是否包括官員，或者紳衿是否等同於鄉紳。[139]

但李煦在兩個月前所寫的奏摺裡，論及地方輿情對科場醜聞的反應，把「紳衿」和「士庶」視為不同的群體。紳衿顯然是個寬鬆的詞，只要在地方取得功名都算。[140]

另一方面，李煦使用鄉紳一詞又很嚴謹。李煦在恩賜御書的奏摺裡，先是提到「地方官員鄉紳求看」，稍後又說「地方文武官員、鄉紳及生員絡繹求看。」[141]綜合曹寅與李煦所列，我們可以將鄉紳定義為某種地方群體，不含文武官員以及擁有進士、舉人、生員三種功名的人，也不包括士庶和士民。

從這些列表來推斷，曹寅與李煦所謂的鄉紳不太可能只包括貢生與監生。這兩類通過考試的人是明顯沒有被排除在鄉紳之外，但是在此時的公私文牘之中，鄉紳與貢生、監生還是有所區隔的。[142]然而，如果不是如此的話，除了少數退休官員之外，曹、李所謂的鄉紳究竟是指哪些人？最有可能的答案是他們沒有明確的指涉，而是泛稱地方上有影響力的人，不過有時會特指擁有功名的人，尤其在他們採取一致行動的正式場合。換言之，對於康熙朝晚期公務繁忙的兩位官員來說，鄉紳一詞並不總是依特定品第或功名而清晰界定的。

曹寅有關科場案所寫的一段話支持了這個結論。曹寅在對科場案的輿情反映，以及可能是因總督與巡撫不和而各有支持者表達看法時說道，「鄉紳及地方有名者兩邊。」[143]

在曹寅的奏摺裡，「地方有名者」，以連接詞「及」和鄉紳連在一起，這段文字因而比曹寅、李煦依序排列各類群體，而未使用連接詞更有意思。曹寅認為皇帝對鄉紳和「地方有名者」的意見可能會感興趣，但地方上有影響力的人未必只有這兩類人；而曹寅也並未分說其功名品秩，因為無此必要，他與皇帝都知道指的是什麼人。

這些人是地方精英，沒有官位但在地方上具有名望。這些人對政治衝突的反應必須予以關注。誠如本章開頭所指出的，地方精英不是一個階級，而是漢族上流階級的一部分，透過與其他三類精英群體建立的特殊關係而躋身上流階級。地方精英的定義必然是寬鬆的；對階級的描述並不總能給出精確的定義，這是中國的制度特性之一，但至少漢官精英與旗人精英可以依據職責與品第加以清楚定義。雖然無法精準定義地方精英，但這還是可以用來代表「士紳」一詞，這不僅因為「士紳」一詞很容易與英文的gentry相混淆，[144] 而且「士紳」（gentry）一詞與「階級」（class）一詞緊密相關。傅里曼（Maurice Freedman）等人抨擊的正是把中國士紳（Chinese gentry）界定為一個階級的做法，「這是一個奇特的社會，除了皇族之外，人人生來都是庶民，唯有通過科舉考試或買官，才得成為士紳的一員。」[145]

把「鄉紳」譯為「地方精英」（local elite）並不精確，不論是依李煦較嚴謹的界定，或曹寅最含糊的用法皆然。在兩人於康熙五十一年所上的奏摺中，鄉紳一詞的各種用法顯示這個詞既無嚴謹的定義，又無法捨棄不用。我前面所界定的，「地方精英」包括一些（但並非全部的）退休官吏及可望任官的人、擁有功名的人、一些商賈與士庶，以及這些人的部分家人，還有某些在任官吏的家人。曹寅有時是從寬來使用鄉紳一詞，但有時又特別排除士庶或擁有功名的人。由於定義的模稜不定，把鄉紳轉為地方精英似乎也言之成理；但若其意義較窄，通常從上下文也能清楚看出。[146]

就曹寅而言，他在京城結交了這些廣義的地方精英，請他們為追思父親的集刊作畫賦詩，在蘇州與之論交。就算有些地方精英不願加入為滿人皇帝效命的漢官精英，或是重要職位已被旗人精英占據而認為升遷無望，又或懾服於某個皇家精英，但這並不是說他們就不能把酒言歡；儘管他們之間多所不同，但他們都同屬上流階級。

第三章　織造曹寅

康熙二十九年，曹寅奉派署理蘇州織造，兩年後調任江寧織造，他的父親曹璽之前久任此職。如今，曹寅在北京內務府擔任郎中之後，第一次獨當一面，要在地方證明他的能耐。

織造之職

清代共有三大織造，[1]分別設於江寧（南京）、蘇州、杭州，職司這三個地方皇家紡織作坊的署理，並將定額的宮內與官用絲織品運至北京。[2]雍正朝之後，織造的俸祿是每年一萬兩白銀，[3]這顯示織造（至少在收入方面）是與巡撫和布政使同一等級。[4]不過，織造不同於這類省級官員，並無固定品第，是由皇帝「特簡」出任的；[5]他們不是省級官僚體系，而應被視為皇家精英的一員，受自成之相互負責與監督體系之節制。就如皇帝於康熙四十五年所說的：

> 三處織造，視同一體，須要和氣，若有一人行事一不端，兩個人說他改過便罷，若不悛改，就會參他。[6]

明朝的織造一職由宦官把持。[7] 滿人定鼎之後未久，就不再起用宦寺擔任織造，這是因為閹官被視為明朝衰亡的禍因而遭到排斥。[8] 新朝最早任命的織造是順治二年的杭州織造、順治三年的蘇州織造，以及順治五年的江寧織造，他們或是滿人，或是入關之前就歸順滿人的漢人。除了一名宦官在順治十三年到順治十八年出任蘇州織造之外，順治與康熙朝的織造全由這兩類人擔任。[9]

蘇州與杭州的織造作坊在晚明就已沒落，清朝官員陳有明則讓這兩處作坊重新運作。[10] 當時有許多官員戮力把明末腐敗的官僚體系改造成新朝有效率的行政機器，這位為人所遺忘的官員必定是其中之一。[11] 陳有明在順治三年到順治五年這段期間至少上了四份摺子，詳論織造面臨的問題，但他也陳述了他所做的事，從中看到新朝開國之初的官員所展現的創新進取，是頗有意思的。杭州的作坊已經毀壞，陳有明重新組織了整個製造體系，將工人集中一處，而不是任其在家操作。如此一來，作坊可以立即復工，陳有明向布政使司匀借三千兩銀子。[12] 官絲的樣式與價格都予以標準化。[13] 他還組建了一套戒備的做法，來護送押運絲織品的船隻，並從隊伍中選出兩名幹練軍官來指揮。[14] 到了順治四年，陳有明已為杭州的織造業重新修葺了九十五座機房，造了七百五十公尺的圍牆，並在蘇州接管周奎所屬，有著一百一十間房間的宅邸，將之改建為織坊。[15]同時，他還在省屬庫銀上動手腳，把浙江的盈餘拿來填補江蘇的虧空。[16]到了順治五年，這些重建的織坊生產了一千三百四十卷誥軸織品，雖然品質受人非議，但產量則令人印象深刻。[17]

曹璽所接手的正是這種胼手胝足所重建起來的體系。曹璽在康熙二年出任江寧織造，而他的任命則標誌著曹家開始把持這個職位。而曹家的把持是無人能出其右的；後來的清朝官員在其他職位上的任職也很難與之相比。曹璽從康熙二年督理江寧織造，到康熙二十三年去世為止，他的兒子曹寅從康熙三十一年到康熙五十一年一直擔任江寧織造，曹寅的兒子曹顒則自康熙五十一年承襲此職，到康熙五十四年去世為止，而這個職位又傳給曹璽的繼子曹頫，直到雍正六年。[18]所以曹家人在六十五年中做了五十七年的江寧織造。

此外，曹寅從康熙二十九年到康熙三十二年還掌管蘇州織造，[19]而他的內兄李煦又接任，一直做到雍正元年。[20]曹寅舉薦孫文成（他與曹寅可能有親戚關係）出任杭州織造，從康熙四十五年做到雍正六年。[21]在康熙八年與康熙三十一年之間擔任杭州織造的金遇知，很可能是曹寅的姊夫或妹夫。[22]在康熙朝的後半，三大織造形同曹家的禁臠。

前面指出，曹家的優勢主要來自滿人反對宦官出任要職。康熙無意將織造這樣的特殊職位納入一般的省級官僚體系，但他又不信任閹官（他們在明朝向來是皇帝的心腹耳目，權傾一時），所以他拔擢自己人——上三旗包衣——出任這些職位。曹家與李煦都是正白旗包衣。[23] 杭州織造孫文成是正黃旗包衣。[24] 但是，被任命的包衣也不限於某個家族。在順治十三年到雍正十一年之間，除了四個曹家人之外，還有五個出身上三旗漢族包衣的人做過江寧織造。[25] 在蘇州，除了曹寅、李煦之外，還有四個上三旗包衣擔任過織造；[26] 此外還有一名鑲白旗包衣跟曹寅一樣，曾在內務府慎刑司辦過差，[27] 在雍正朝時，慎刑司也有一人出身正藍旗包衣。[28] 在杭州，除了孫文成之外，還有五名上三旗包衣做過織造。[29] 這些人都列名在滿洲族譜裡，係在入關前淪為滿人奴僕的漢人家族。織造一職由背景相同的一群人出任顯然並非巧合；這是清初滿人皇帝決定起用與內務府有淵源的人的例子，而他們作為皇家精英在各省的代理人，亦能與漢人共處。

康熙二年派任曹璽署理江寧織造的上諭提及「停差江寧、蘇州、杭州織造，工部揀選內務府官各一員，久任織造」[30] ——這意味著行政管理上的重大改變。先前織造任期三年，[31] 實際施行時雖不乏例外，但無人久任織造之職，自然也沒有人像曹家一樣久任專差。從工部官員改為內務府成員，這個改變也值得注意，因為織造的任命已由常規的官僚體系，轉到皇帝手中。雖然早在順治九年就有包衣接掌織造之職，[32] 但並未出現三大織造全由包衣署理的現象。

到了曹璽承命署理江寧織造時，他的工作細節都已確定。順治八年以降的規定決定了不同絲織造品的產量，用於各式誥命的顏色和絲線，誥命上滿文或漢文的確切位置，以及符合不同等第之卷軸的樣式。[33] 順治八年聖諭亦廢除舊制，舊制規定選定地方上的富室供應定額織品。這種「僉派」制度意味著「機戶」或「堂長」不再支付一半織品的金額，從而導致各種腐化現象；此後，織造以朝廷庫銀「買絲招匠」，支付相當的購絲金額以及織匠的高薪。[34]

在曹璽任職期間唯一的行政變革都是呈報定額之類的小事；因為某些品項生產過剩，因此須待工部另行下訂之後，才能生產某些品項的織品。在運輸方面的規定也有所調整；新制規定御用織品須循陸路運抵北京，而官用織品則走價廉但危險性高的水路。[35] 其中某些調整是採納奏摺中的建言，所以有可能是曹璽的意見；但是曹璽的署理並無明確記載。

官方的規定讓人有行政規定甚為完備的印象，曹璽與其繼任者似乎不必多加費心；但是在事關緊要的經費方面，記錄卻會造成誤導。陳有明在分析一六四〇年代的織造財務結構時，所描述的是一種從根就亂的狀態，而不只是宦官擅權的結果。除了得自布政使及各省調來的銀兩之外，他還必須從其他財源補足所需的銀兩缺口：造船經費剩餘的二千兩，各府庫存的三千五百一十一兩，得自關稅監督二百兩；[36] 其他方面的財源還有鬻爵、賣監生功名、舢板稅、鹽稅和其他的小額地方財源。[37] 浙江十府歲捐十五萬四千兩銀子給杭州的織造業，而江蘇七府歲捐五萬三千兩銀子給蘇州的織造業。[38] 不過，這些錢很難收到。如陳有明所言：「任職雨檄嚴催，而各府藐抗不應。」[39]

律例載明，順治元年朝廷決議，三織造府衙的花銷概由戶部支應；順治八年，三織造隸屬工部管轄，律例又做了更改；最終在康熙三年達成協議，由工部備料，戶部籌錢。[40] 而從陳有明在順治三年至順治五年的辛苦來看，由戶部依律籌錢並非事實，所以在看待曹寅和李煦的署理時，必須忘掉完善的法令規章。身為織造，就得時時創新，設法對付彼此牴觸的律例。若說這是個有巨利可圖的職缺，那麼這個職缺也可能累積龐大虧空；處於凶險之中，只能仰仗天生的機敏，而不是依賴法令。

織造曹寅

康熙三十一年臘月，曹寅離開蘇州，就任江寧織造新職。[41] 江寧的織機雖然最少，但三大織造中卻是以江寧織造為首，往往先在杭州或蘇州歷練，才接任此職。[42]

曹寅在江寧職司三大織坊。第一座織坊位於西華門前明親王的房宅，總計有五百五十五台織機，用來織細絲、綢緞，以及各款式的禮袍；第二座位於常府街的橋邊，共有四十六台織機，用於織絲絨和素色緞子；第三座織坊有織機六十八台，用以製作獎掖文武百官的「誥命」，以及皇室宗廟的「神帛」。或許是因為原料昂貴，又或者因為要防止這類貴重物品被偷，這些織機全都藏放在鄰近北安門的韃靼城（前明皇城）中。[43]

照料織匠是一大課題。律令明訂，除了內務府員額之外，其他織匠的薪俸全由工部支付，而織匠與學徒的薪俸無分夏、冬，都是固定的。[44]但是從地方官的奏摺可以了解，至少在雍正朝時，織匠與學徒的薪俸有時部分出自省級糧食的公款，或者由布政使撥付給織匠。[45]蘇州織造於雍正六年上奏，約有兩萬名織匠受僱於布商，在染坊工作，或者正在謀職，他們無處可謀生。[46]

根據官方造冊，曹寅底下有兩千五百名織匠。其中有兩千人在一般的織機做工，兩百人操作織綢緞的織機，三百人製作誥命。而這三群人之中各有縝密的專業分工，顯示紡織業的專業化程度之高：有人負責穿線、塗擦、染色，有人專門負責設計圖案，有豐富的技術經驗。除了織工、技匠之外，衙門的僕役織坊也都有：書記與倉管，轎夫與掌傘、馬車夫、信差以及哨衛。此外還有當學徒的孩子，他們一般都是受僱於官家作坊織匠的小孩。[47]

織匠與僕役的等級不同，薪俸也有不同，他們或是收到「口糧」，或是「工價」或

「工銀」，抑或兩者都有，而這些可能是按日、按月，甚至按年給付。一個熟練織工的月薪是一兩四錢，還有四斗米的口糧。我們可據此算出，曹寅手下優秀的老練織匠每年可掙得二十二兩銀子。技術較差的技匠，即使天天賣命，也只能掙得十兩銀子；而我們知道這類技術較差的技匠會遇到季節性的遣散，因此他們的生活想必是極度窮困。[48]

曹寅身為江寧織造，除了檢查織機、督導織匠之外，還身負各種例行業務，他與蘇州、杭州織造輪流，每三年就必須監督絲綢成品從織坊運至北京。[49]這些織坊也須維護修繕，有時得在荒地或御賜的土地上擴建作坊。[50]用來運送織品到北京的船隻亦屬於織造的業務範圍，必須維持船隻妥善可用。[51]而最繁瑣的業務當屬針對每年要生產各種織品的數量訂定配額。各部自然會給出哪種當織、哪種不當織的明確指示；但就曹寅於康熙四十七年上呈的奏摺可以了解，各部的指示並不總是可行的。曹寅與李煦自康熙四十三年起，就輪流出任巡視兩淮鹽課監察御史（譯註：簡稱兩淮巡鹽御史）的肥缺，[52]從鹽務的剩餘填補織造的虧空。[53]曹寅在一次覲見皇帝奏報織造的問題之後，[54]奉旨與工部商討配額與數量。他得到工部的答覆之後，上呈「題本」給皇上，因為他覺得再另呈奏摺是不當的。[55]由於這是曹寅討論織造問題僅存的摺子，在此我們做大段的引述。曹寅從工部的指令說起：

庫存大紅線羅二百六十二匹半，尚足十年之用。明黃線羅十四，尚足兩年之用。二項暫且停織，庫內用完之日，另行派織。制帛雖尚存庫五百八十二緞，止敷一歲之用，難以停織……至誥命一項，今部覆：凡遇覃恩，皆由吏、兵二部查明各官應領軸數，行文本部，方行派織，此係現用現派之項。現今誥軸俱不足應用，仍令該織造所派數目，陸續織送。其每年應用若干之處，似難懸定。[56]

曹寅並未公開批評工部編派的指示，但他明言這是不可行的，因為工部若時常隨興所至，或織或停，織坊便無法有效運作。於是曹寅建議，每年配額三千兩銀子的三十三台織機持續運轉，以備從一般的絲轉織鑲邊的絲之需，而每年配額五千兩銀子的三十五台織機，就一直織造誥命。訂量少時，就可把沒花用的銀子省下來，存在織造府衙，以備日後工部龐大訂量之需。

曹寅的建言，主要是著眼於商業效率。之後，他又基於對織匠的同情，提出類似的看法：

神帛、官誥兩機房，自順治二年間案經內院臣洪承疇經定。[57]除絲、顏等料照時採買外，其一應匠作工價，比因開織之初，惟期撙節，所訂工價甚寡，較之緞

四、倭緞，[58]僅十之二三。此各匠雖有工價名目，實皆民間各戶雇覓應工，迄今六十餘年。歷任織臣，無可動錢糧，惟一循舊例，若竟行革除，則窮匠星散，謀食不能，束腹以待欽工。[59]

歷代織造所遵循的「舊例」，顯然是指順治八年名義上廢止的舊僉派制度。這些織匠因為另有額外「奉獻」，所以他們的收入應該勉強只能餬口。光是禁止奉獻，並不能解決問題。於是曹寅請求准他調撥鹽稅剩餘，以維持織匠合理的薪資水準。曹寅還提到，即使各部沒有下訂單，也應該支應織匠的生活。

曹寅最後提到，有三百七十名織匠負責織誥命與特殊的絲綢，他們每年的生活花銷是二千七百兩銀子，[60]並估算這些熟練織匠的薪資和原料的費用是一年一萬二千六百二十兩銀子。這筆錢日後會從鹽稅的剩餘支付，另外，維持江寧、蘇州織坊的運作需要一千兩銀子，運輸船費用二千兩銀子。

像這樣一份奏摺的存在雖然能讓歷史學家超越律令去了解度支的細節，但它也只說明了部分的梗概而已。康熙皇帝接納了織造的建言，自康熙四十七年起以鹽稅剩餘貼補織造的用度。[61]但曹寅在這份摺子裡所提到的數額——給蘇州、江寧的二萬兩——只是貼補部分花銷而已。從另一份摺子可見到除了這二萬兩之外，[62]巡鹽御史還給這兩大織造府衙各十萬零五千兩（這筆錢在十七世紀時是由省庫銀支應，後來改由工部和戶部提撥）[63]。換言之，在這段期間，這兩大織造府衙的營運花銷每年約須二十三萬兩，而康熙四十七年之後，這筆錢全來自鹽稅。

現存有關曹寅執行織造職務的史料多為例行公事，但他也得懂得隨機應變。唯有曹寅接任巡鹽御史，取得額外的銀兩，用支的問題才能得以解決。皇帝對此顯然很滿意，但這也顯示即使在前朝的違法亂紀被認為已經根除、新朝的運作已步上正軌的時候，織造府衙仍有挪用銀兩的弊端。

儘管在花銷上有諸多問題，但曹寅無疑是個幹練能臣。在曹寅的署理之下，所織就的龍袍質地都很精美，呈現出「剛勁但不複雜，圖案素樸，色彩鮮豔」。[64]曹寅的行政手腕無疑頗為高明。為曹寅寫祭文的張伯行盛讚曹寅的治績，[65]但他的看法也顯示他很清楚曹寅在康熙四十七年的革新：

> 初蒞姑蘇，則清積弊，節浮費，其軫匠而恤民者，蓋頌聲洋溢而仁聞之昭宣。繼調江寧，則除幫貼之錢，使民不擾；減清俸之入，俾匠有資；[66]其採辦而區畫者，尤公私兩便，而施恩用愛之無偏。[67]

曹寅的行事作為似乎符合一個好官的傳統形象。因為當他離開蘇州時，當地百姓為表示對他的感念，而在附近的虎丘勝地立了一座生祠。曹寅的友人尤侗於康熙三十二年為這座生祠作「記」（譯註：即《司農曹公虎丘生祠記》），生動記錄了曹寅這段期間的生活。[68]對曹寅性格與職務的描述，難免會摻雜了一些頌揚好官的陳腔濫調；但因為這是這類文章中寫得最好的一篇，所以值得摘錄。

司農曹公之駐節吾吳，自庚午四月，迄壬申十一月，奉詔移鎮於江寧；計前後二載有八月，歷年未久也。且公所職者，為天子主衣裳之治，非若督、撫、藩、臬，暨郡、縣有司，朝而錢穀，夕而獄訟，日與百姓周旋。

偶然相遭，如賓客然，夫豈有赫赫之名，煦煦之惠哉？然後公之來也，人皆喜而迎之；其實也，人皆悅而安之；及其去，莫不去而留之；留之不得，莫不謳而思之；思之不已，則相與廟而貌之，尸而祝之。

公何以得此於吳民哉？吾觀公之為人，固以至誠格物者也；每發一言，制一事，油然自中而出，未嘗矜情矯飾，好大強為；其御下寬簡，百執事之在公者，鞭

> 樸不施而工程辦；既稟常給，而當牧有餘，公私便之；然嚴於律己，絕無苞苴請謁入台使之門，號令所至，雖馬當鈴走卒，無敢過市廛而問酒食也。
>
> 即吾儕小人，聚廬馬足之下，但見早衙晏罷，有聞無聲，若未有憲府之署存焉者。是以家被其德，戶服其教，樂公之來如樂歲焉，思公之去如思父母焉。
>
> 惟上以誠感下，故下以誠應上；至誠而不動者，未之有也。蓋公之學問優裕，意思深長，亦於此見一斑矣。公之移鎮江寧也，天子以公乃父，宣力斯土者，二十餘年，功績猶著人耳目間，故俾公嗣服，克成厥終。吾知公在金陵，一以治吳之道治之，方沐浴咏歌之不暇，而抑知吳之人思公者，流連不忘，至於此極也？
>
> 今從與人之請，建生祠於虎丘。虎丘者，一人萬歲樓在焉，公宜扈從於茲，而又三年以來，春秋暇日，公與吾輩一觴一咏之地也。倘亦公之所低佪不去者與？[69]

這篇文章頗為誇張，不過它畢竟是好友為曹寅生祠所寫的記。而它也清楚說出織造的地位，雖處於省級官僚體系的邊陲，但卻有權有勢。曹寅的友人葉燮說織造一職「以佐天子垂裳黼黻之治；位近而清，尊而暇」。[70]

清初，織造常為文化高雅之人。譬如，袁枚稱許江寧織造劉芳的睿智與詩才，[71] 對另一位江寧織造託雍的涵養讚嘆不已。[72] 或許是感念情誼，才使袁枚如此描繪曹寅：

康熙間，曹楝亭為江寧織造，每出，擁八騶，必攜書一本，觀玩不輟。人問：「公何好學？」曰：「非也。我非地方官，而百姓見我必起立，我心不安，故藉此遮耳目。」[73]

就算曹寅一生或許都在努力維持這種做作的形象，但他也戮力處理新職上碰到的問題。曹寅無疑是受聖眷賞識而被拔擢，也許就如詞家納蘭性德猜測，曹寅可能「踵武」父親的職位，因為曹璽幹練，而其子也有相同的潛質；[74] 或者因為年輕的曹寅，在內務府慎刑司任郎中時就證明自己的才幹（鄂爾泰就是發跡於此）；[75] 又或者曹璽的母親曾是皇帝的保母，而將保母之子擢升為織造有時是一種獎掖；[76] 也可能只是因為皇帝了解、賞識他。曹寅因聖眷而獲拔擢，但這個職位並非閒差，除了得應付棘手的日常公務之外，度支的手腕也要靈活，而具備這個能力的人也會得到額外的好處。

織造的額外收入

曹寅是在康熙四十三年開始以鹽稅貼補織造的開支，結束於康熙四十七年，但或許可以假定曹寅任江寧織造的前十二年，也就是從康熙三十一年到康熙四十三年，他是依常規，用戶部和工部的銀子來運作織造府衙。[77]在這段期間，清算帳目肯定較康熙四十三年之後來得嚴謹──這時他與李煦兼任巡鹽御史與織造，就某個意義上，曹、李是中飽私囊，但是在這兩個階段，曹寅不必循粗糙的貪汙手段，顯然就有好些管道可以從織造一職積累財富。

其中一個管道就是透過操縱收購生絲的價格，曹寅在康熙四十七年的摺子裡提到，「色絲等料依時價購得。」當地家庭作坊先將生絲織成絲線，再由織造買斷，接著又由官府的織機織成絲布。[78]雖然採購的總數項不變，但「時價」卻是波動劇烈。李煦在任時奏報的部分價格是：康熙五十一年，上等絲線是每盎司八分四厘；康熙五十二年是八分九厘；康熙六十年，是七分二厘；康熙六十一年，是七分九厘。同樣的時間點，次級絲線分別是七分五厘、七分八厘、五分八厘、以及六分三厘。[79]若遇價廉的年分，他們就有可觀的利潤可圖，或是支出部分款項以符合官方所訂定的額度，然後留存剩餘的款項；抑或生產高於官方定額的數量，然後將超額的絲線另行賣出。現價的估算取決於織造核對部僚的報價──而部僚自然會像曹寅欺瞞皇上一樣對他謊報，也可能在織匠的數據上動手腳。曹寅曾提到要阻止衙門胥吏壓榨織匠是何等困難。[80]但織造要大幅操縱價格的空間是有限的，因為清朝開國頭一百年的絲價似乎非常穩定（絲價在十八世紀中葉開始走揚，到了十九世紀末，漲了三倍）。[81]

織造除了可從絲價變化趨勢套利之外，還可在適當時點買進賺錢。李煦在就任新職三年之後，曾在康熙三十四年的奏摺裡透露了一種手法。李煦在向皇上解釋如何操作時，態度一如康熙四十七年時的曹寅，並未嚼舌根，也沒有故示大方。李、曹二人都向皇上展現了他們的能力。兩人都在努力為朝廷撙節開支。

李煦在康熙三十四年上的奏摺，重點是：他接獲戶部要購買三十萬匹的藍棉布，他認為這件差事要在織工無事可做的時節來做，這會讓價格下降。李煦寫道：

> 但此項布匹出在上海一縣，民間於秋成之後，家家紡織，賴此營生，上完國課，下養老幼。若於歲內預將銀價發給，則百姓樂有資本，比臨時採買可賤數分。[82]

李煦繼續說道，關鍵在於一般是在春、夏、秋天採買，百姓會要求高價，以彌補他們在農事上的時間損失。這個辦法讓百姓在要用錢時手頭有錢，度過寒冬，然後在來年春耕前把工作做完。李煦還說，此舉也能避免地方官亂收購，並杜絕中間人抽佣。藉此，每匹布可省下六分錢，三十萬匹定額總計可以節省二萬兩銀子。

能精算到六分錢著實令人稱奇，可見這個方法李煦已經試過了。如此操作或許能創造龐大利潤，但風險也很高。在檢視賈寅後來的官場生涯時應當謹記，他從每年的鹽稅盈餘中借支了二十三萬兩銀子，以支付織造府衙的花銷，因而獲得更大的利潤。這是一種極為投機的做法，只要現況稍有變動，後果不堪設想。曹寅的確有能耐維持運作順暢；但是他在康熙五十一年夏天猝死，織造府衙的款項已經支付，而他任巡鹽御史的鹽稅盈餘尚未收到。結果就是他留給兒子一筆虧欠官府逾三十七萬三千兩銀子的債務。[83]

李煦的一番盤算在康熙四十四年失敗。他每年自布政使得到十六萬兩白銀以購買藍布，而如他所言，他年年都將這筆錢提前支付給織匠。而織匠或是投機炒作原棉價格，或是碰上短缺而造成原棉價格上揚；總之，他們延後交貨，並向李煦預支來年工資購買原棉，才能把足額棉布交給李煦。康熙四十四年，由於朝廷的庫存藍布仍未用罄，戶部下令等到藍布用完再織。但是李煦已預付了工資，拿不回來了。李煦不能再採購藍布，因而織工也就沒有錢可還李煦。這番意外讓李煦損失近二十萬兩銀子。[84]

李煦的盤算以及曹寅在康熙四十七年的計畫（這可能意味他在上頭沒有購絲訂額

時，將織造府衙的公款挪為私用）都可稱為半官方性質的投機行為；只要各織造能節撙庫銀，皇帝就能睜隻眼、閉隻眼，默許他們操作公家銀兩。

而官府也扮演放高利貸的角色，縱容省級官員進行私人投機。曹寅在康熙四十年向內務府借了三萬三千三百三十三兩銀子，[85]八年後悉數還清，顯然並未支付利息。[86]康熙三十九年，李煦向內務府借支十萬兩銀子，作為個人花銷之用，這筆錢李煦每年還一萬一千兩銀子，分十年攤還——換言之，利息是百分之十。但皇帝對這類事情並無興趣，因為李煦在探詢他究竟應該把錢銀還給內務府或江蘇府庫時，接到皇上以滿文所寫的辛辣批文：

> 內務府大臣事件，應呈內務府大臣，而三處合議。[87]

這裡的「三處」，當指蘇州、江寧、杭州三大織造。

鈔關

織造的另一項財源來自署理或部分署理長江和大運河上的重要鈔關。康熙皇帝往往指派上三旗的漢人包衣掌理這些鈔關，以確保他能掌控這重要的歲入職位，讓銀兩流入內務府。[88]粵海關監督也多由漢人包衣擔任，其中包括曹寅的友人孫文成。[89]

最富有的鈔關之一是鄰近蘇州的滸墅關。滸墅關的每年稅額是十九萬一千一百五十一兩銀子。[90]滸墅關在雍正朝額外貼補蘇州織造，而這兩個職位前後由胡鳳翬、高斌、李秉忠同時兼任。[91]雍正四年，高斌將盈餘捉高為十二萬零一百八十八兩，得到皇上的稱許；雍正七年，儘管二個月間水位低下，沒有船隻行駛，李秉忠還是將盈餘提高為十六萬八千三百九十八兩。[92]除了這些公開的盈餘之外，未公開款項想必相當可觀，使得鈔關的肥缺令各方覬覦。[93]李煦就曾三度想要拿下這個位置。李煦在康熙五十五年第一次嘗試合併這兩個衙署，理由是兩者的工作關係密切。李煦提到，織造衙署的「烏林達」接管鈔關衙門的「筆帖式」，由他們管理稅款十年，並將鈔關的盈餘以銀兩，而非先前官府徵收的糧米來支付給織匠。「在織匠按月給領，甚屬妥便」，李煦寫道，「而每一年又可為朝廷節省糧米九千餘石。」可惜李煦訊息錯誤，康熙僅批了幾句：「各關筆帖式都裁了，此議無用。」[94]康熙五十九年，李煦又再度嘗試，提議每年發放全部定額十九萬兩銀子，加上最大額度的盈餘。但皇上竟然不置可否，僅說現任監督皆有繁重公務在身，李煦應該安心養病，無需承擔新責。[95]監督一職於秋天出缺，李煦不但沒有得到這個職位，還奉命轉傳奏摺給處理關務的新任監督，[96]此舉無疑是在李煦的傷口上灑鹽。康熙六十一年，李煦三度叩關，提到他若接掌監督之職，會挑選織造府中的衙吏出任鈔關較低的職位，除了清償織造府衙的虧空之外，每年還上繳五萬兩銀子。[97]但康熙並無批示，此事自然不了了之。[98]

但是曹寅就比較走運。如他所言：

> 緣於康熙四十年啟奏，情願承辦各關銅觔，為皇上節省，以效犬馬之力。蒙聖恩賞辦龍江、淮安、臨清、贛關、南新五關銅觔，共一萬一百擔零。[99]

因為在這段期間的銅價每擔介於十兩與十兩五錢之間，[100]這意味著曹寅每年須額外經手十二萬五千兩的官銀，以購買京師鑄錢局每年四分之一用量的銅。[101]

曹寅提到的這五處關衙屬華東地區十四大鈔關。[102]龍江關年收四萬六千八百三十八兩稅銀，[103]有時由江寧織造兼管。[104]淮安的定額則有二十四萬五千四百七十九兩銀子，清朝中葉又增加了十二萬一千兩銀子；所以，淮安關每年可望供應三千零七十六擔又九十斤的銅。[105]臨清關可收三萬七千三百七十六兩銀子；[106]而臨清關位於山東，曹寅不易抵達，但輪到他押送運絲船循大運河北上進京時，大概都會經過臨清關。[107]贛關可收四萬六千四百七十一兩銀子，[108]南新關（後來由杭州織造兼管）可收三萬零二百四十七兩銀子，[109]而用於購銅的金額是三千零七十六兩又九錢銀子。[110]這些關衙的稅收是來自通關的船舶，各船依大樑寬度、船身長度、貨物的重量和性質，運行方向等各種標準課稅。

這五大鈔關的稅額總計約為四十萬白銀，而曹寅並非這五大鈔關的監督，所以他沒有必要提高賦稅。曹寅形同官府購銅的中間人，運用鈔關的種種資源與便利條件購銅。朝廷為了鑄錢，一直很需要銅，滿清入關以來銅料即告短缺，到了康熙三十九年已達危機爆發的程度。[111] 清初法令，准於某些鈔關每年自稅收中提撥一萬兩銀子購買銅料送至戶部。由於這筆款項並不夠，所以康熙三年，從蘆床稅另外提撥十六萬四千五百二十兩銀子，到了康熙十八年又從鹽稅追加了六萬五千兩銀子。[112]

曹寅接管購銅事務時，雖然大幅增加自日本進口的銅料，[113] 但銅料持續短缺，使得戶部放棄了原有的金屬純度標準，允許曹寅將含鉛量高達百分之四十的舊銅器上繳。到最後甚至連舊「版塊」也准拿來充數。[114] 這麼一來，曹寅有了各式來源的資本供他調度，也有相當程度的變通空間，購足他的定額。他買的銅價越便宜，收益當然也就越多。康熙四十八年，曹寅奏報皇上他的經營之道時，語帶自滿地說：

除按年數辦解交部無誤外，每年節省銀三萬九千五百三十兩，內除贛關少辦一年，八年共交過節省銀三十一萬二千七十兩。又自康熙四十五、六、七年奉旨，將各關銅觔銀兩改歸藩庫支領，共交過節省腳費銀八千四百七十兩，俱已解交內庫訖。[115]

曹寅所說的「節省」是指他以低於撥款總款項的金額，購買定額的銅料。他回報康熙的是這個差額。至於他中間賺了多少，我們不得而知。康熙也許對這個數字感到滿意，但曹寅在同一份摺子裡，試探性地請求再給他八年任期，康熙並未應允。

從這件事可見康熙牢牢控制省府財政。康熙三十八年的法令賦予內務府向商人購銅的權利，而不是把這些權利交給民間商人，這正如論者所言，此舉「目的顯然是要由官府牢牢控制銅的採購」。[116] 但讓人意外的是，購銅的權利不僅給予受內務府所控制的商人，同時也給了江寧織造，而他是皇上的心腹包衣。

穩定米價

康熙朝的織造都是包衣，他們是皇帝的人，而不是一般的官僚。而且，幾乎可以肯定的是，正因為曹寅的身分是包衣，才能得到五大鈔關的購銅權利。康熙一旦把他的包衣安插在有責、有利的省級職位上，而要包衣經辦一些與其官職沒有明顯關係的額外差事，也就不足為奇了。

曹寅署理江寧織造期間，承辦最重要且最費時的額外差事就是查核、穩定米價。在這方面，就如曹寅在奏摺裡所說，他一方面代表皇帝，一方面又要與省級官員合作。

順治十七年的法令確立了糧倉的基本國策。秋、冬兩季購米，當春、夏兩季米糧供應不足時，再以限定的價格售出。此舉既是體恤民瘼，也是有利可圖的投機；就如法令所示：「平價生息，務期便民。」但是若遇災荒，則須開糧倉以賑饑民。到了康熙三十年又進一步修法，曹寅就是按新法來行事的。大縣儲糧五千石，小縣則是三千石。到了三、四月（即晚春、初夏），餘糧皆以當時的市價出清；然後在九月，縣府官員須購新糧儲存糧倉。[117]

這些業務都是依戶部指示由省府官員辦差的。[118] 但是法令的敘述太過簡要，容易引起誤會。其實，內務府與皇帝的代理人在維持這繁複的體制有條不紊地運作，扮演吃重的角色。

織造的基本職責之一是隨時讓皇帝了解當前的米價，而且他們幾乎是每個月上奏摺呈報米價。[119] 這些奏報無疑能讓皇帝核對巡撫循常規管道呈報米價的真實性。儘管一直要到乾隆元年，巡撫才正式承擔負責奏報米價的責任，[120] 但康熙常催促個別巡撫奏報米價與天候。[121] 而織造也會按月奏報氣候狀況。[122]

除了上奏米價、天候之外，曹寅身為江寧織造，還要投入賑濟災荒。康熙三十六年，冬天氣候異常惡劣，曹寅奉內務府大臣之命押運四千石儲糧前往淮安，並親自移交給漕運總督桑格。[123] 在與桑格估算受災範圍之後，曹寅上了一份摺子，並著手分發米糧：

> 桑格遴委勤慎官員，臣寅復僱本處船隻分載，按地發遣。漕臣桑格嚴行誡諭，載米到彼，只許升斗零星糶與貧民，不許求速躉售，滋販賣之弊，以負皇恩。

因為許多老百姓連每石米現價八錢都付不起，所以曹寅將這及時米的價格訂為每石四錢八分五厘。如同曹寅的奏報，這個價格非常便宜，百姓同聲感恩戴德。[124]

在採購、賑濟等事情上，康熙給予曹寅很大的裁量空間。康熙三十八年十二月，曹寅接到買米的諭旨；但因南京雨雪交加，糧船無法從江西到湖廣，他便上奏說等待天候好轉、米價下跌再行採購。[125]

康熙四十三年四月，曹寅奉內務府之命趁低價購買湖廣、江西的米；他須與總督阿山配合，從織造府庫裡取出一萬兩銀子購米。但曹寅在隔月向皇上奏報，湖廣、江西兩地的米價確實便宜，但消息迅速傳開；無數山東商人蜂擁而至，米價又漲回每石九錢二兩。所以他要等到下次收成再行購買。康熙以慣常的和靄語氣硃批，問他問題，提出意見，並下達指示。康熙的硃批是這麼寫的：

> 知道了。今歲春麥收成如何，速速報來。京中春景是好，但病多些。[126]

稻米收成後，曹寅依約回奏。他已派人前往漢口，以每石六錢三分的價格買到米；他語帶自豪地說，他以一萬兩銀子買到一萬五千八百石米（假使四月買的話，就只能買到一萬一千石米）。如何運用這次購買的米，是皇上與其代理人之間私下討論的問題。在奏摺的結尾，曹寅問道他該如何處置剛買到的米。「此米原欲為山東之計，」皇上回說，「今東省大熟，無處可用，到明春再奏。」[127]

表面上看來，這件事顯示曹寅在商業上的精明，以及對在地米價的靈通，替皇帝獲取利潤。不過，唯有深入表象，才能看清這類操作手法能為織造本人帶來多少好處。以這個例子來說，從播種到收成這幾個月，曹寅帳下多了一萬兩銀子；這個節骨眼正是老百姓缺糧缺錢的時候，若在此時從事短期放貸，就可能獲取暴利。這也有可能只是不老實而已。李煦至少有一回私吞了賑米的款項，而在雍正元年經查屬實。審訊官員奏報：

> 李煦於康熙二十三年內奉內務府行文，著動備用銀二千兩買米四千一百餘石，

> 此項動用銀兩已經報銷訖，所買米石並無存貯在倉，明係虧空。[128]

如果監管鬆懈，又放任織造自行其是，就容易腐化。

若是在荒年，曹寅便喪失了裁量權，僅能充當省府官員與戶部自京城派來欽差的協調人、聯絡人。康熙四十七年即有一例。去歲，江蘇大旱，米價逐漸攀揚。[129]及至康熙四十六年十二月，米價漲至每石十七錢，[130]超過正常價格的兩倍。康熙四十七年三月，曹寅隨同六名平抑米價的欽差官員自京城南歸。曹寅奏報，朝廷平抑米價的消息驚動米商，那些囤積米糧的商人立刻拋售米糧。曹寅亦奉命與漕運總督桑格商議應對糧船未到的狀況，並把康熙的指示轉達給總督邵穆布。[131]

爾後，曹寅上呈為官生涯中分量最重的奏摺之一，描述如何因應大旱的措施。四月六日（陰曆三月十六日），曹寅奏報，桑格決定截留備用的漕米，糧船很快就會自江西、湖廣抵達，而六位平抑米價的欽差官員正在訪查民情。[132]七日之後，桑格截留漕米十萬石，停泊各口岸，而曹寅正在等待米價的議定，再行釋出儲藏在織造府衙內的米。康熙顯然對事態有所顧慮，要曹寅俟六位平抑米價的欽差官員一有決定，便速以密摺奏報。[133]五月二日，曹寅自做主張，以每石八錢售出儲糧，低於市價兩成。兩週後，總督將米價訂為九錢；曹寅奏報平抑米價的欽差官員濫權欺瞞，但他又說彼等所犯之錯並無大礙。然後，曹寅又呈了更多的摺子：六月一日，奏報米價跌至八錢；六月四日，奏報儲糧已告用罄；七月五日，奏報所有的平價米都已售出，且江西、湖廣各口岸已禁止米出口到江蘇，所以米價再度上漲。而在這份摺子，曹寅也指出他的處境左右為難：

> 臣無地方之任，惟諄諭州縣官呈文督撫，一面曉諭客商，一面移文江廣開禁，自可接濟無虞。[134]

曹寅於七月十二日奏報禁令已除，逾兩百艘商船泊靠各岸，而總督、巡撫亦下令購買來年儲糧，可見江西、湖廣官員顯然也承受了壓力。[135]

於是，同樣的情事再度上演，不過這顯然是個警訊，集各省、織造及漕米的數量，還是無法支應江蘇一省超過一年的糧食需求。但曹寅的作用不容小看。康熙四十七年十月二十三日，朝廷敕令，命曹寅親自押送揚州、淮安等三地的米至京城。起初督導米價穩定只是臨時派差，如今卻成了固定職，以穩定官府歲入，而包衣也證明了有其輔佐省級官員的價值。[136]

這種臨時派差既可樹立威望，又能帶來好處，不過也會製造額外的工作負擔，甚至有可能帶來災禍。曹寅號召在地鹽商，以未雨綢繆：

同李煦、運司李斯佺商量，公同捐貲買米往來平糶。兩淮商人亦感沐天恩，情願於江、廣賣鹽買米，載平回糶。[137]

由此可見，官員搶先鹽商自願捐貲買米；不過，來年因暴雨再起，造成江蘇米價漲到十四錢，官商之間的合作有了好的結果。因為這回已有儲糧，風向轉變、船隻可達，最後當地米穀亦告豐收。[138]

終康熙一朝，再無如此重大災情。情勢雖有告急之時，但是並沒有出現饑荒或大範圍的災害，這當然得歸功於織造、省府、官員、平抑米價的欽差官員以及漕運總督擬定有彈性又廣泛適用的策略，在康熙的關注之下，或多或少共同合作。皇帝迅速而公開地扮演護民的角色，但他只有在耳目暢通、命令貫徹的情形下，才能扮演這樣的角色。

辦皇差

曹寅身為織造、介入購銅、協助賑濟米糧，而涉入一般官僚體系的運作，以及省府的日常業務，但他實為替康熙辦差。此外，他和其他織造還要替康熙辦一些與省級官府無涉的差事。

其中一件差事就是為康熙蒐羅珍品。李煦進獻了不少罕見物品給朝廷：外國的漆器盒子、碟子、筆筒；鑲金嵌銀的珠寶盒；各色的檸檬、荔枝、木瓜、肉桂油及玫瑰油；剛摘下的早春新芽或冬蔬；衣領、袖口鑲刺華麗的芍藥圖案；蜜餞水果；珍稀書籍。[139]有一回，康熙告誡他的奢華揮霍，但也特別褒揚他的精緻物品。[140]

有時，康熙會對這類事情有特殊的興趣。譬如，康熙三十二年，李煦「尋得幾個女孩子，要教一班戲送進，以博皇上一笑」。康熙聽說之後，派出宮中知名的音樂教席葉國禎南下教唱。[141]康熙告訴李煦與曹寅之子曹顒，說他有一回還親自教授絲竹樂理：

> 但令做器好竹，爾等傳於蘇州清客周姓的老人，他家會做樂器的人併各樣好竹子，多選些進來，還問他可以知律呂有人一同送來。但他年老了走不得，必打發要緊人來才好。

李煦回說他已找到這人，名叫周啟蘭。可是他年紀太大，無法長途跋涉，於是推薦了兩個人，今已護送他們進京。「好竹」產自浙江，最好能在冬季砍下，不過，今歲好竹已售罄，不過一旦新竹砍下，他會即刻採購。[142]

有一次，皇上諭令三織造遴選合適人選，前往東瀛訪察。他們從杭州織造府找了一位「烏林達」，他是漢族包衣，名叫莫爾森。[143]後來，聖芳濟各會修士康和之

（Franciscan della Chiesa）說莫爾森是「有遠見的探險家」，或許是溢美之詞。[144]當他們回報已經準備就緒時，收到批示：「千萬不可露出行跡方好。」[145]康熙四十年七月九日，莫爾森扮成商人，祕密自上海乘船出發。十一月，莫爾森返回寧波，隨即動身北上進京，向皇上奏報。[146]二十七年後，雍正還想起莫爾森這趟東瀛使命。莫爾森的奏報多有不實，說日本人「軟弱而順從」，但他這趟使命拓展了中國人對外國的了解。從硃批來看，莫爾森顯然觀察過日本的海運和貿易活動。[147]

康熙三十四年，曹寅向朝廷進獻一錠墨（譯註：即蘭臺精英墨），為罕見精品，[148]除此之外，沒有記載曹寅曾獻禮給皇帝。但是曹寅的孫子曹雪芹在《紅樓夢》中多處提到西洋物品，史家推斷曹寅可能與洋商時常往來，也可能曹寅身負向朝廷進獻罕見洋貨的任務。[149]賈府所使用的洋貨有令來訪村婦大驚失色的大鐘，[150]精雕細琢的鼻煙盒，上頭飾有「黃髮赤身女子，兩肋又有肉翅」。[151]

《紅樓夢》有一段似乎指涉曹寅是為皇上採買西洋奇貨的總代理。要是認為曹雪芹筆下的情節都是取材自曹家的往事，恐怕會有貽笑大方之虞，[152]但這段情節可能是真有所本。曹雪芹提到甄家曾四度接駕，這顯然是指康熙南巡時曹寅曾接駕四次；[153]而且《紅樓夢》裡重要的情節鮮少與甄家有關。與曹雪芹同時代、學識最淵博的評論家脂硯說書中所提涉及甄家的事是「真有是事」，[154]並說底下這段說的是真的、且極為重要的。[155]家裡的趙嬤嬤在此說道：

還有如今在江南的甄家，哎喲喲，好勢派！獨他家接駕四次，如不是我們親眼所見，告訴誰誰也不信的。別講銀子成了泥土，憑是世上所有的，沒有不是堆山填海的……

王熙鳳回說她也聽說了，但始終不明白甄家為何如此富有。

告訴奶奶一句話，也不過是拿著皇帝家的銀子往皇帝身上使罷了！誰家有那些錢買個虛熱鬧去？[156]

「虛熱鬧」是指洋貨。就在上述這段話的前面，這幾人也提到南巡。王熙鳳先說：

我們王府也預備過一次。那時我爺爺單管各國進貢朝賀的事，凡有外國人來，都是我們家養活。粵、閩、滇、浙所有的洋船貨物都是我們家的。

趙嬤嬤回說：

那是誰不知道？如今還有個口號呢，說「東海少了白玉床，龍王請來江南王」，這說的就是奶奶府上了。

另外還有四項證據顯示曹寅與洋人有相當的接觸，而充當皇帝與洋人的中間人。第一，江寧織造衙門旁邊就是基督教堂。[157] 第二，康熙至少有兩次南巡在作為臨時行宮的江寧織造衙門召見傳教士。[158] 第三，康熙皇帝特別諭令包衣要習於陪同洋人，[159] 而織造也被召來與洋人商議。[160] 第四，與江西傳教士有不少餽贈往來，主要品項是葡萄酒。[161] 這種狀況大概在江蘇也很盛行。

不過，曹寅的奏摺裡並未提到洋人。後人所知曹寅最不尋常的差事，就是把御賜禮品分送給佛寺。有時三大織造會一同行事，在康熙四十七年送了一尊佛像給普陀山就是一例。李煦與曹寅護送佛像至揚州，然後曹寅再親自護送佛像到杭州，交給杭州織造孫文成。經過一番討論之後，孫文成先啟程前去普陀山準備安置佛像事宜，然後曹寅的堂弟曹宜再護送佛像循海路運至島上的寺院。[162]

這類事情通常是由曹寅親自安排的。他們經手的大批御賜禮品大多是送給鄰近揚州的金山寺和高旻寺，康熙特別喜愛這兩大寺廟，甚至在南巡時以這兩處寺廟作為駐蹕的行宮。[163] 金山寺位處鎮江府附近的島上，房舍錯落岸邊，後有巨大石階通向十層寶塔。[164] 高旻寺則在揚州南方十五里處，建在林木蓊鬱的崖岸之上。寺院裡祭拜三世佛，並特闢新殿供奉康熙御賜的金佛。[165] 天寧寺位於揚州西北方，該區以花市、茶坊聞名，[166] 寺內供奉阿彌陀佛，御賜的禮物通常是由李煦處理，李煦甚至還向當地商人募得一萬四千兩銀子的「善款」修繕天寧寺。[167]

康熙四十二、四十三年，曹寅齎御筆親書至金山寺。[168] 如果這些字真的都是康熙所寫的，那麼這僅僅花費他的時間和紙張而已，但曹寅付出的代價則相當可觀。他先要將御書摹印在匾額上，掛在寺內供人瞻仰，然後再刻在石頭上，並公開展示。[169] 康熙四十三、四十四年，皇帝欽賜高旻寺御書；[170] 皇帝特別指示曹寅速速進呈康熙四十三年御書的碑文拓墨，[171] 這或許是皇帝想要瞧瞧自己碑文摹勒的功力。

遞送皇帝的欽賜御書和其他禮品多是例行公事。[172] 但是也有例外。康熙四十三年冬，康熙欽賜高旻寺一尊金佛，曹寅必須入山帶回一位頑固的隱僧。曹寅奏報：

但寺內無僧主持……訪得馬迹山有臣僧紀蔭，避世焚修，可以勝任。臣寅會同臣李煦率揚州文武官員商民人等，具啟延請，臣僧紀蔭再三固辭，隨又敦致高旻寺

> 乃皇上臨幸之地，且賜有金佛，關係重大，主持必須得人，此正和尚報恩之時等語。臣僧紀蔭遂欣然就道。

而今，一切安排就緒，「晨鐘暮鼓」，而曹寅或代表僧眾向皇上謝恩，或奉皇上之命要僧眾自行謝恩。[173] 但這位隱僧卻自有主張：

> 今臣僧紀蔭具摺謝恩，據云昔曾見駕，蒙恩准其具摺奏聞。臣寅不敢壅於上聞……[174]

曹寅會感到心煩並不令人意外。得知深山隱僧竟得皇上恩准，可以上呈有關他的密摺，曹寅肯定感到沮喪。然而，不到四年之後，曹寅也獲准上密摺奏報他人之事。這段期間，康熙南巡，曹寅奉命接駕，又署理巡鹽御史，他的聲望與財富都平穩攀升。

第四章 南巡

康熙皇帝於康熙二十三、二十八、三十八、四十二、四十四、四十六年，六次南巡。[1]曹寅以江寧織造的身分，接駕了後四次的南巡。根據曹寅相關日記康熙四十四年那次南巡的記載，以及曹雪芹《紅樓夢》裡的刻劃，是有可能為曹寅奉命接駕所帶來的回報與負擔勾勒出一幅清晰的圖像。

康熙皇帝六次南巡

在正史裡，南巡主要是為了檢閱河工，史書寫的大多是河道整治的爭議與諭令。省級官員定期覲見皇帝，而皇帝則是興致勃勃地與官員或當地文人交談。尋常百姓只會出現在「歡聲雷動」或懇請皇帝留駕的畫面中。不過，十七世紀的洋人是不會看到南巡的行政管理面向，而把焦點放在皇帝愛民的一面。對洋人來說，南巡是要讓皇帝能親自與窮苦百姓交談，聽取冤情，懲治貪官汙吏，伸張正義。[2]在敘述康熙南巡時，一定要兼顧這兩個面向。皇帝的日常政務勢必大多只和文武百官接觸，南巡讓皇帝有機會親自考核官員；我們在後面也會看到，皇帝有時的確接見了百姓。

第一次南巡其實是在康熙二十年，彼時三藩之亂剛平定，康熙巡視全國各地。如同後來一名漢人筆記作家所說的，康熙初年，國事蜩螗，皇帝幽居深宮不出，待天下安寧，他便四處巡視。[3] 康熙二十二年，皇帝與皇太后巡視山西，這是康熙的第一次西巡。[4] 康熙二十三年，皇帝接著北巡，九月九日返京。[5] 然後便宣布東巡，所以康熙這時很可能正在計劃巡視四方，但光是巡視山東，大概意義不大，所以就將之納入南巡之中，而不稱為東巡了。[6]

康熙二十三年開始南巡之前，下了多道諭令，嚴禁趁機濫權。沿途供用預先儲備，戶部備妥草秣，工部貯藏木炭，光祿寺負責必要食材。[7] 嚴禁沿途官吏借名攤派，所有供用事先精算，以時價購買。[8] 而隨行扈從規定如下：陪同皇帝的有親王和皇族、侍從、侍衛、軍械士、上駟院與鑾輿衛人員、京城八旗兵丁；跟隨在後的有衙門侍從官，從內閣大學士、翰林院、各部尚書、各司郎中、監督、御醫、起居注官員遴選九十人，再由小吏、雜役輪流陪同這九十人。[9] 總人數必定上千，而曹寅很可能列名其中。[10]

皇帝所到之處想必有官員和百姓群集。根據康熙十四年的規定，皇帝凡有出遊，百里內的官員都須前來迎駕；若有違者，初犯罰一年俸祿，再犯貶降兩級並調職。[11] 康熙二十三年，鴻臚寺官員遵守律令，先行騎馬指揮百里內的官員，召集當地鄉紳和士民，跪迎皇帝駕到與離開。武將與兵丁亦同。[12]

康熙二十三年十一月五日，皇帝與扈從離京，循陸路南行，途經永清縣、任丘縣、獻縣，十一月十日渡阜城縣大運河。翌日，山東省德州官員跪迎皇帝聖駕。接著皇帝登泰山，在山頂的寺廟題字。官員以康熙二十三年乃大吉之甲子年，奏請康熙以此年為新紀元之始，結果為康熙所拒。[13]康熙繼續南行，過新泰縣和沂州，十一月二十四日抵宿遷縣大運河。隔日，康熙在桃源縣登船順大運河而下，過長江於十二月二日抵達蘇州。十二月七至九日，康熙駐蹕江寧，並自江寧循水路回桃園縣，再走陸路返德州，然後再依原路線返京，而於康熙二十四年一月三日，歷經六十天的行旅回到宮中。[14]

康熙這趟南巡無疑是要衡量這些重要省分對滿人統治的態度，所以審慎安排巡行路線。譬如，康熙南巡便繞過順治二年清兵屠城的揚州，[15]他也沒前往經歷慘烈戰況的杭州，明朝遺民冒襄（此時仍健在）曾在此親眼目睹滿門僕役全遭殺害，家產被洗劫一空。[16]南京曾是明朝的國都，與前明有深厚的淵源，如今則是明朝遺民抗清重鎮，康熙很注意當地百姓的感受。十二月七日，康熙先是遣內閣大臣至明太祖陵致祭，後來又決定親謁明陵。[17]江寧知府于成龍因治績卓著而特受褒揚；此舉既有助於抬高南京的地位，也因于成龍是旗人，而提振了滿人治理的威望。[18]皇帝還特別提到自己在學漢語，並告訴名士高士奇，[19]他自八歲登基，但是讀經不輟，至今每晚仍必讀《史記》到深夜方休。[20]康熙到了江寧城外的句容縣，還停下隊伍，詢問當地知縣莊稼收成的情形，並敦勉知縣要愛民如子。[21]這類的垂詢建構出聖君的形象；這件事在民間傳開，變成皇帝快馬馳入知縣衙門，突然緩轡勒馬，垂詢民間疾苦。[22]皇帝甚至稱許當地舟船的精緻。[23]康熙雖然刻意要營造受愛戴的形象，仍然處處小心，實事求是，與韃靼將軍駐蹕在江寧防備森嚴的滿城內。只有在後來的巡視，康熙才冒險進江寧城，駐蹕在織造衙門。[24]

在某種意義上，第一次南巡是康熙的一種遠行巡察，他雖然關注河工，[25]不過一直到康熙二十八年第二次南巡才嚴肅面對這個問題。康熙在第二次南巡出發前，下了一道諭令，他決意順應民情，親自督察河工。他一再重申，南巡花銷不得額外向百姓徵稅，所有供用都須依市價事先備齊，地方官員不許餽贈隨行扈從。[26]每次巡行都會反覆下達類似的諭令，說明了百姓深受地方官員騷擾。官員深恐自己不能給皇帝好印象，擾民之舉被告發反而是次要的。

康熙二十八年一月二十八日，康熙在皇長子胤禔與于成龍（康熙二十三年深獲賞識，當時署理直隸巡撫）陪同下，循陸路南行抵宿遷縣，這是黃河與大運河匯合的樞紐。在此，康熙開始認真督導河工；根據《實錄》（康熙朝）的記載，他「下馬，坐堤上，出河圖，指示諸臣」[27]，皇帝的做法非比尋常，《實錄》（康熙朝）的措辭也異乎尋常。之後針對河工進行漫長的討論，康熙便乘船巡視清河縣，[28]繼而順大運河而下，過長江，兩天後至蘇州，二月二十八日抵達大運河的終點——杭州。[29]

康熙本想繼續南行視察河工，不過到了杭州東南方數里處的蕭山縣時接獲奏報，水位太淺，舟船無法通行，而陸路也極為難行。不論奏報是否屬實，或是官員惟恐皇帝知情太多而捏造的，康熙接受奏報的說法，在杭州多待了兩天，然後啟程北行。[30]三月十六日到二十一日停留江寧，三月二十三日到二十四日，駐蹕楊州。然後即刻循大運河北上，僅花兩天檢閱河工，四月七日即抵達天津，因為這天是康熙壽誕，皇太子胤禔率諸皇子、滿朝文武出京迎接，護送皇帝回宮。[31]第二次南巡總計花了七十天的時間。

這次南巡顯然比第一次更加不正式。上回的扈從陣仗龐大，這次南巡則縮至三百人，[32]儀仗亦較少。但非官式的迎接則較少受限。街頭七彩旗飄揚，夜晚點亮各色燈籠。[33]第一次出現了百姓群集行宮，懇請皇帝留駕的景象；[34]後來留駕成了慣例。皇帝巡視雖然確實會擾民，但在康熙二十八年這次，百姓或許是真心懇請皇帝留駕。康熙二十三年，皇帝展現出嚴肅學士之姿，而這回則凝視早春盛開的曼妙梅樹，以手輕觸，流露出對美之敏銳感受的面貌。[35]稅賦減免，輕罪獲赦免。[36]就連商賈也大受鼓舞，因為皇帝通過漕關時得知商賈付清稅款後仍被扣留；皇帝諭令商賈付清稅款即應放行。[37]

第三次南巡是在康熙三十八年，陣仗龐雜，康熙不僅有皇太后陪同，還有至少七位皇子隨行：皇長子、皇三子、皇五子、皇七子、皇八子、皇十三子以及皇十四子。[38] 康熙一行人於三月四日起駕離京，但隊伍移動緩慢，康熙因而前行前往視察河工，三月三十一日再與家人會合，陪皇太后過黃河。然後，皇帝再次獨自行動，乘小舟仔細視察堤防，再回頭繼續悠閒的行程（這次巡視過後，康熙針對河道應維持之水位，下了詳細的指示）。[39] 南巡隊伍駐留蘇州六天，在杭州、江寧各待了七天，然後仍是緩緩北歸，於六月十四日抵達北京，這趟南巡總計花了一百零二天。

康熙這趟南巡，對自己的滿人身分安心了許多，他不再引經據典，也不用故示美學素養。康熙這趟巡行的主要形象是善騎射的勇士。先前幾趟的巡行，康熙已牛刀小試箭術，幾次親自彎弓射箭，[40] 但在康熙三十八年這一次，他首度展現騎射之術，意在給武將看看，但顯然也讓文官十分嘆服。四月二十六日，皇帝抵達杭州，皇子與箭法最精的侍衛跟著康熙一起拉弓射箭，領著他們騎馬射箭。康熙一箭就命中目標，然後挑戰難度更高的練習：他鬆開韁繩騎馬瞄準靶子，正當準備射箭時，坐騎突然受驚向左扭。康熙改變握弓，將箭射出，命中靶子。[41]《實錄》（康熙朝）在描述這段插曲時，很不同於一般僅一筆帶過「上初騎射中的」，顯示康熙的表現令人側目。皇帝這次顯然是有意露一手，而他化險為夷，更贏得美名。

也有證據顯示，康熙三十八年這次南巡，皇帝曾丟下隨扈，幾乎是獨自與百姓交談。四月三十日和五月一日，皇帝駐蹕蘇州，五月五日到望亭。但是二、三、四日，這三天的時間，《實錄》（康熙朝）完全沒有任何記載，甚至連日期也沒有提到。[42]這塊脫漏只有筆記來補，上頭提到五月二日康熙離開蘇州，遇見幾個漁夫，親自釣了幾條魚，獨自與巡撫宋犖上了兩艘木舟。上岸後，兩人與鄉民話家常，聊到莊稼與當地的困難，康熙說道：「凡事必親見也。」[43]這段情節或許純屬虛構，是以聖君形象塑造出來的，但這位筆記作家利用正史的空白，以支持他皇帝微服出巡的說法。但這段空白也可解釋為沒有起居注官在場，而朝廷史官也樂於忽略皇帝在沒有官僚在場的情形與民親善的例子，而筆記作家則抓住這點大作文章。

康熙四十一年，皇帝四度南巡，在十一月十四日偕同胤禔（太子），胤禛（日後的雍正皇帝）、胤祥（皇十三子）離開京城。當一行人抵達大運河畔的德州時，太子身染重病。康熙留在此地，等太子康復，以寫字、射箭打發時間，處理政務。太子病了超過十餘日，復原之後，康熙決定中止南巡返京。[44]康熙顯然樂於扮演慈父的角色；就如他寫給耐心候駕的李煦所寫的硃批：「不意皇太子偶感風寒，病勢甚危，幸而朕留心多方調整，以致痊癒。」[45]

第四次未竟的南巡於來年完成，三月三日，皇帝與上回隨行的三位皇子離開京城，匆匆巡視，前後只花了五十八天，走陸路往桃園縣，西循山路抵揚州、蘇州、杭州、江寧，然後折返天津。這趟巡視除了幾件小事之外，並無留下任何記載，例如：皇帝派侍衛到一個窮村滅火；針對河工下達了幾則簡短諭旨；送了幾名女子給高麗國王當妃嬪。《實錄》（康熙朝）裡對這次南巡草草幾筆帶過，或許是因為日後登基為雍正的皇四子在場的緣故；雍正出於後世所未知的原因，後來有可能把這趟南巡與他接觸官員的相關內容予以刪去，只留下大略。[46]

最後兩次南巡是在康熙四十四年、四十六年，兩次都很悠閒，分別花了一百零八天、一百一十天。[47] 康熙這兩次南巡都走水路，循大運河和南方河道，因為他認為走水路最經濟。[48] 前四次南巡留下了巡視路線與停留地點可遵循，看來康熙也無意更新。他召見地方官員，視察堤防、討論地方狀況，諮諏歸隱名士，減稅赦罪，操演騎射，加開科考，犒賞扈從與在地駐軍，若有百姓祈請，則照例留駕一天，而百姓幾乎總會祈請留駕。仁君的形象容易深入讀者心裡，所以值得稍加敘述一件事，呈現康熙的另一面。

話說康熙四十六年三月二十三日，皇帝視察河工，鄰黃河與大運河的幾處湖，水位較高，河道總督張鵬翮建議以開鑿之法來降低水位。康熙不滿意，視察之後諭令所有扈從、隨行文武官員、地方各級官員，以及張鵬翮和其治河下屬，跪在行宮之前。康熙問張鵬翮，開河是何根據。張鵬翮並未直接答覆，而是說：「我皇上愛民如子，不惜百萬幣金拯救群生，黎民皆頌聖恩。」康熙一聽到話，更是責罵張鵬翮，提醒他援筆虛幻與操持實務大不相同，最後說道：「河工係爾等專責，此事不留心，何事方留心乎？」張鵬翮無言以對，伏拜在地。[49]

兩天後，康熙又再度斥責，諭令所有官員列隊跪在岸邊，聽他自舟上訓誡。康熙又再次責備張鵬翮無能，要他說出個道理來：「今大小臣工，齊集於此，有何說，可於眾人前直陳。」張鵬翮摘去頂戴，祈請皇帝降罪。康熙還是不肯饒過張鵬翮，繼續滔滔不絕，譏諷他會說漂亮話，然後要張鵬翮自行解決。最後，康熙說道：「著張鵬翮率領在河能員，確看，定議具奏。」[50]根據《實錄》（康熙朝）記載，曹寅當時也在場；[51]這件事一定是個有用的提醒，康熙要的是精準的資訊。

南巡顯然是康熙個人治術的一環；就跟包衣與奏摺的作用一樣，南巡讓康熙既能監控，又能繞過常規的官僚體系。不過，南巡既費時又累人。康熙四十六年最後一次南巡後，皇帝回程速度極為緩慢，頻頻停下來休息。當時康熙已屆五十三歲，顯然難耐南方的酷暑；[52]或許正因為康熙已意識到自己無法再親自南巡，才讓曹寅從康熙四十七年之後上呈密摺（後面將會詳述）。所以，從可信的管道取得訊息就變得愈來愈有必要了。

康熙與耶穌會修士

南巡是康熙個人治術的一環，這一點可從他利用南巡的機會保持與華中的天主教傳教士接觸而得見。到了十七世紀末，中國已有許多傳教士，但並無專責機構與之往來。透過定期召見傳教士，康熙能與傳教士維持非正式關係，而不必正式承認傳教士的地位。反過來說，傳教士又因受康熙關注而洋洋自得，而幾次南巡也讓傳教士為康熙塑造出討喜的形象，並將之傳回歐洲。

康熙二十三年，皇帝駐蹕江寧時召見汪汝望（Valat）與畢嘉（Gabiani）這兩位耶穌會修士。康熙以「韃靼人的方式，盤腿坐在王座上」接見他們，垂詢其姓名、年紀，在中土待了多久，是否研究過哲學，能否說出最近出現的新星。康熙御賜一杯京城裡耶穌會士釀的酒，他們跪在皇帝面前一飲而盡，旁邊還有賜給他們的綢緞與黃金。這兩位傳教士向康熙出示十字架，皇帝禮貌性地表示感興趣。還有一次，康熙派人到汪汝望家裡探病（他犯頭疼而病倒了），後來皇帝經過江寧街頭，還停下來與「依民間的方式，於皇上必經之路擺好案頭並熏香」的汪汝望說話，[53] 皇帝在路上也探詢其他教派。在江寧城內，除了耶穌會士之外，當然還有聖芳濟會和多明我會修士；耶穌會士引介聖芳濟會修士覲見皇帝，令他們心懷感謝。[54]

耶穌會修士洪若翰（Jean de Fontaney）留下康熙二十八年皇帝江寧之行的見聞，顯示耶穌會士迎駕的方式與地方官員是一樣的。三月十五日，即康熙抵達江寧的前一天，洪若翰與畢嘉走了約六哩路到城外去恭候聖駕。

> 次日，我們見到皇上經過；他仁慈駐足，並用世上最親切的口吻與我們交談。他坐在馬背上，後頭跟著侍衛和兩、三千名騎士。全城以旌旗、旗幡、高台、華蓋，以及不計其數的裝飾品來迎接他。每隔二十步就在道上豎立一道牌樓，上頭包覆織錦，並裝飾旗幟、緞帶、絲結，皇上從底下通過。街上萬頭攢動，但他們深懷敬意，安靜得聽不到一絲聲響。[55]

根據畢嘉的說法，他們每天去行宮覲見康熙，並在他們的提議下，在黃昏時分前往古觀象台觀看卡諾帕司星（Star Canopus，老人星），皇帝派人前往他們的住處，他們給皇帝送上溫度計和氣壓計。[56] 傳教士為皇帝送行，禮儀恰如其分：

> 他在三月二十二日離開江寧返京，基於職責，我們陪他幾天，隨他走了約九十哩，然後我們在岸邊等他（皇帝去探訪金山寺）。他看見我們，要我們的小船靠近。他坐在台上，先看了我們的奏本，我們依中國慣例，以書面表示謝意……。他問我們如何過長江，以及他會不會在途中經過我們的教會。他給我們看幾本他帶在身邊的書，並在我們的面前諭令他所召見的官員；他要人把桌上的糕點和各式食物放到我們的小船上，周到地把我們送走。[57]

康熙與耶穌會士的接觸模式成了慣例。康熙三十八年，白晉（Bouvet）自法國返回中國，直接從廣州前往揚州，當時正是皇帝第三度南巡。白晉與張誠（Gerbillon）引介新來的傳教士，他們獻上各種奇玩，輪流被召到龍船旁與說幾句話，然後皇帝將桌上的佳餚與銀兩賞賜給他們。白晉兩度獲召見，奉命隨同康熙返京。[58] 耶穌會士自然會在寄回歐洲的信裡大書特書與皇帝會晤的情景，而這類未經事先安排的巧遇確實發生過。譬如，康熙第五次南巡時，隨行漢族官員在日記中提及在江寧的一次事件，時間是在康熙四十四年三月十八日：

> 皇上行在碑亭巷，有天主堂門首恭進西洋字冊頁，履歷黃摺。欽奉皇恩停車顧問良久，又御試西洋語文，龍顏大悅，隨命御前太監李某帶領，隨駕入行宮。[59]

傳教士十分重視這類覲見，因為這是康熙公開表達聖眷。就如洪若翰所言：

> 聖恩垂顧，令吾等甚感榮幸，皇上當著滿朝文武和鄰近省分官員的面表達關切，彼等受此影響之後，會澤及吾教聖律與宣道士。[60]

同時，康熙南巡時注意傳教士的密切程度也超乎他們設想。雖然康熙認為洋人基本上品性端正，[61] 也討他歡心——「只要我在位，就不必擔心他們；我善待他們，他們愛戴我，尊敬我，設法取悅我」[62]——但康熙對他們仍有所提防。康熙四十二年第四次南巡，皇帝碰見了許多傳教士，他不知道有這些人存在，十分震怒，一來擔心醞釀政治活動，二來擔心傳教士隨意來去。久居中土的傳教士閔明我（Grimaldi）只能安撫康熙，同意將所有耶穌會士的人員與財產編目造冊，並為其他修會切結保證。[63] 康熙四十六年最後一次南巡，皇帝又仔細核實江寧城內的傳教士是否登記在冊並領「票」，承諾遵循利瑪竇的做法；若有拒絕情事，將會被逐出中土。[64]

對南巡的描述中所具有的元素，也可在康熙處理耶穌會士的方式中看到——在慈祥和藹之中透著精明幹練，若對皇權有任何威脅，不論是真有其事或出於想像，那種閒適馬上就消失無踪。

曹寅與南巡

負責料理南巡諸般事宜可不是一件輕鬆的差事，而這就是曹寅於後四次南巡期間在江寧所必須執行的任務。他之前在江寧就見過皇帝了，因為他的父親曹璽自康熙二年起即署理織造，直到康熙二十三年七月死在任上。如前所敘，皇帝在十二月抵達江寧，親臨撫慰喪家，特遣內大臣以尚尊祭奠，並欽賜喪家御書。[65]曹寅身為曹家長子，主持治喪事宜，應該接待過康熙。

十五年後，康熙三度南巡，由曹寅接駕。曹寅視事江寧織造，織造衙門和宅邸被移作行宮。皇帝第一次駐蹕織造衙門是在康熙二十八年，當時是桑格擔任江寧織造，往後四次南巡，均以此為行宮。[66]康熙三十八年，皇帝駐蹕江寧一週，[67]就是在這次巡行時，康熙召見曹寅寡母，親切話家常，並御書「萱瑞堂」三字送給她。時人視之為浩蕩天恩；年邁老母常奉召覲見，並得到皇帝稱許，甚至御賜綢緞；而老母得到皇帝欽賜御書，更是無上恩寵。皇太后亦與曹母交談，更增殊榮。[68]

康熙在這趟巡行交待曹寅一件特別的差事。康熙三十八年五月十四日諭旨提到皇帝親祭洪武陵寢時發現牆垣多傾圮，命江蘇巡撫宋犖與曹寅會同修繕。康熙還御書「治隆唐宋」四字，命曹寅製匾勒石。[69]曹寅在六月二十三日的摺子裡奏報，他與代理總督陶岱、宋犖及地方大小官員踏勘，並預估所需工料，委派江防同知丁易監工，共同議定動支「官吏俸工」銀兩進行修繕。不過，因為這年夏天多雨水，要等到秋涼時節才動工興修。俟修繕完竣後，即將御書製匾勒石。[70]曹寅分工委派相關官員，動用公共銀兩支付，整個任務籌劃得十分俐落。

南巡結束後，曹寅又上了兩道奏摺，一則恭謝天恩，軫恤百姓，一則代表母親感謝皇恩，寫道：「臣寅母子焚頂捐糜，難以上報。」[71]康熙針對這兩道奏摺並無特別指示，不過在康熙四十二年四度南巡之前，皇帝下了一道指示：

朕九月二十五日自陸路看河工去；爾等三處千萬不可如前歲伺候。若有違旨者，必從重治罪。[72]

由此可知，康熙三十八年的那趟巡行，曹寅的接駕安排奢華鋪張，康熙並不認同，而在密摺裡表達此一意見，很可能是真心反對。康熙三十八年的南巡確實很奢華——「視甲子（指康熙二十三年那次的南巡）已逾十倍矣。」[73]不過，康熙四十四年這趟南巡時，曹寅已位居要職，又接任兩淮鹽巡鹽御史，而康熙顯然已經精於品味，也樂於接受曹寅的奢華款待。這趟南巡可以特別仔細研究，因為一位無名氏——顯然是扈從之一，或是深知內情的人士——留下一份關於這趟南巡的記錄。[74]如果再輔以大學士張英的回憶，我們便能相當詳細地勾勒出康熙四十四年曹寅的行跡。張英曾於康熙二十八年隨同南巡，並留下他沿途吃足苦頭的有趣描述。[75]

康熙四十四年三月三日，皇帝離開京城，三月二十五日抵達魯南大運河畔的魚台縣。[76]江南文武百官在此恭迎皇帝大駕。諸臣之中有自江寧兼程趕了兩百五十哩路來接駕的曹寅。顯然康熙的每一次南巡，曹寅與江南的文武百官都得這樣千里跋涉，而且一定也所費不貲；而且，他們還得比皇帝早到——他們在魚台縣已經等了十天，皇帝才終於現身。[77]百官接了駕之後，便隨皇帝南行，原本就已可觀的扈從隊伍更形龐大，造成相當的混亂。這就是張英在南巡時晚上就寢時所碰到的問題：

余先一日曾遣輜重、僮僕、帳幕至宿處相候。此時昏黑中見家人來迎，深幸有即次之安。俾其指視，而彼已恍惚不能記憶原處。蓋于幕一色，空曠之地頃刻又增營幕，最難記識。

又軍中例不許高聲呼喚，至夜尤嚴，故但低聲問之。有頃，一僕遠聞，疾趨而前。蓋已越數十幕；倉卒來迎，一旋轉間，而彼又茫然矣。饑疲已極，求息肩不可得。又越數刻始得達帳房，已漏下三鼓矣。[78]

這件事發生在啟程之後未久，而張英先前也沒有露宿野外的經驗。曹寅可能不曾有過這麼狼狽的時候，但許多巡行的規矩一定令他十分厭煩。所有參與南巡的人都必須自備輜車，自行載運帳幕、寢具、炊具，但在皇帝整裝啟程之前，所有輜車不得離開營地。結果到了入夜，輜車都還無法抵達，而隨扈只能呆坐枯等，愈坐愈餓。就算輜車到了，也還有麻煩；十里之內的井水、泉水都留給康熙和隨扈，其他的人只好老遠去找水餵馬炊飯。他們還得等康熙就寢之後才能休息，而在黎明前收拾好帳幕、用具，在行宮之前靜候。[79]

康熙四十四年三月底，曹寅與皇帝緩緩南行，狂風驟雨令之無法渡黃河，也困住了他們與隨扈，皇帝還得從自己的儲備中拿出額外的糧食。[80]三月三十日，皇帝抵達江南，當地紳衿與駐地官兵恭迎聖駕；[81]他們應該也跟在陣仗之後。四月一日，隨扈渡過黃河。[82]寥寥數語卻是蘊含複雜；以下是張英陳述他在康熙二十八年渡黃河的情景，曹寅肯定也碰到類似的難題：

> 自宿遷五鼓啟行，岸上行四、五十里，聞上已登舟。予靠四、五人亦登舟，然舟行稍遲，又五、六十里聞上已登岸。予輩四、五人又登岸，行至清河已將日落。蓋是日行二百餘里。余僮僕八人皆又不及至，隨一僕，牽一馬。予令其前，尾之而行，先是予與京江、厚庵、運青同行，[83]予墜馬、濕衣。而諸君已疾馳，予力追之不能及。

至清河，聞上已渡河，且令侍從臣皆於今日渡。予攜一僕三馬，至河邊，已昏黑。已無可如何，有禮部筆帖式在此相候。予遂偕之渡河，留三馬一僕於泥沙間以待後人。

張英的麻煩還未結束。這個筆帖式派人另外找船，而僕人竟然迷路了，於是筆帖式就去找他，結果自己也迷路了。最後，張英獨自一人拖著沉重的步伐在黑夜裡尋找皇帝的蹤跡。[84]

康熙四十四年三月底、四月初，曹寅一定是跟著康熙；因為他在常規的官僚體系裡並無一定品秩，又不在自己的轄區，他在扈從行列中的地位很可能並不重要。四月二日，漕運總督桑格奏請康熙進入淮安城，先遣侍衛在前開道，太監抬的三十多頂轎子緊隨在後，後宮女眷坐於其內，而曹寅不太可能在這陣仗之中扮演角色。[85] 兩天後，曹寅開始與大吏重臣並列，因為此時康熙已進入揚州巡鹽御史和江寧織造的轄區範圍了。

四月四日晚上，皇帝在揚州附近登岸，接駕的不僅有官吏，還有揚州城的鹽商，進獻古董、古玩、書冊、字畫，皇帝納之。[86] 翌日，曹寅以巡鹽御史的身分，祈請皇帝移駕至鹽商特別在一處園林裡所安排的行宮。皇帝欣然同意，偕太子、皇十三子、宮女一同前往。戲碼、宴飲已準備就緒，皇帝一行人在此地稍作休息。[87] 這般排場自然手筆不小，皇帝估計應要花上數千兩白銀，[88]這筆花銷是由鹽商支應，曹寅並未出一文錢。

四月七日，曹寅聯同兩位大臣設御宴百桌，這是曹寅頭一筆大的花銷。說來奇怪，設宴的這三位大臣本身剛好代表三大統治集團——八旗精英、漢官精英和皇家精英——韃靼將軍馬三奇、中堂大人張玉書和曹寅。這三位大臣也進獻禮物，皇帝收下馬三奇的一套萬古書、兩只西洋瓷杯、一籃鯉魚，曹寅的一只玉杯、一架白玉鸚鵡，張玉書的幾本書。[89]南巡的慣例是官員進獻各色禮物，皇帝挑選幾樣，其餘歸還。但鹽商的待遇又有所不同。在曹寅等人進獻禮物之後，揚州鹽商又進獻皇帝六十件古董，太子四十件古董，皇帝、太子全部欣然接納。[90]鹽商自然沒收到任何回禮；曹寅和官員獲賜御製詩詞（大概是皇帝親書的）等小禮物。[91]

四月十日，康熙至蘇州；城外幾哩處已設好戲台，皇帝在八駕馬車簇擁下騎馬進城，隨從有女眷乘坐的轎子，城內家家戶戶門前設案焚香，撐起五顏六色的篷幕，沿街懸掛五彩繽紛的燈籠來迎駕。皇帝的行宮設在李煦的織造衙門，正是李煦聯同江蘇巡撫宋犖祈請皇帝進城的。江南、山東、福建的官吏前來見駕之後，普陀山的一個和尚繼之奉召覲見，李煦設宴、安排幾齣知名的戲。[92]

翌日，陰曆三月十八日（陽曆四月十一日）皇帝壽誕，氣氛更為歡慶。鄰近各省文武官員、告老還鄉的大臣、鄉紳、學士、和尚前來向皇帝賀壽，進獻禮物。皇帝以內務府供用周備為由，婉拒了許多禮物，並賜宴省級大員，欽賜禮物，總值不超過一千兩銀子的扇子、竹器、絲綢、糕餅。曹寅獲得欽賜對聯：「萬重春樹合，十二碧雲峯」。這頓飯應該是李煦出的錢，但他卻什麼也沒收到。[93]

這時駐蹕蘇州的康熙，交待李煦和曹寅辦一樁差事。李煦奉命募資以供應原總兵嚴弘的二子讀書，這時的嚴弘既貧且病，無力負擔。嚴弘二子長大後可報部擢用。[94]曹寅則奉命編修刊刻唐詩。曹寅後來提到他是在四月十二日奉旨編修刊刻唐朝詩集的，[95]但是正史關於這一天的記載，甚至詳細描述這趟巡行的日記，都沒提到這道諭旨。可能皇帝起初是私下交辦的，因為這畢竟不是包衣和織造的職掌範圍。皇帝要確定此舉能成功，才會昭告天下。

康熙自蘇州起駕前往松江府，從四月十八日至四月二十二日駐蹕該地。[96]曹寅再度隨侍皇帝，皇帝命曹寅等人核實御賜張雲翼的禮物。張雲翼是松江府提督，[97]在康熙駐蹕松江府時，以宴筵、戲劇、騎射操演的鋪張排場博得皇帝歡心，但又能維持睿智、正直的聲名。曹寅與兩位僚臣奏報禮物清單，而清單上的袍子、帽子等衣物都是皇帝穿戴過的，這表明皇帝十分賞識張雲翼的接駕（幾天前，皇帝才將坐騎賜予張雲翼，張雲翼是康熙四十四年南巡蒙受御賜最隆的官員）。[98]要曹寅等人將禮物編目清楚，一來避免禮物給錯人，二來也昭告世人皇恩隆重。

四月二十三日，康熙離開松江府前往杭州，在此停留七天；五月二日離開杭州，又在蘇州駐蹕一週。[99]這段期間並未提及曹寅，他可能在清點完御賜張雲翼的禮物後，先回江寧去打點皇帝回鑾江寧的事宜。

五月十四日，皇帝回鑾至江寧，曹寅主持接駕。午時，皇帝通過西華門，諭令侍衛不得驅離百姓，任之圍觀南巡行列，然後進駐織造衙門。當地文官武將都到織造衙門來迎駕，儀典一結束，曹寅隨即設宴。宴後，駐地官兵進獻禮物，然後又赴總督阿山籌備的另一場宴席。第二回宮筵結束後，各官晚朝覲見皇帝。

曹寅似乎很懂得送禮討皇帝歡心的門道，他又進獻櫻桃。皇帝龍心大悅，說要送至京城進過皇太后後他才用。於是便挑了差官帶著櫻桃騎馬進京，居然短短不到兩天，櫻桃就送到了（櫻桃應該是由官差騎馬，接續在沿途驛站換馬傳送，到京城總計兩千三百里路，平均時速十六哩，這是當時傳遞文書急件所規定速度的兩倍）。這裡，皇帝的炫耀作態迎合了滿人快馬疾馳的喜悅，以及漢人對彰顯孝道的崇敬。那晚稍後，曹寅再次進宴搬戲。[100]

翌日，五月十五日，大員早朝後，皇帝遣戶部尚書徐潮致祭洪武陵寢，[101]總督阿山進獻皇帝一百六十匹不同花色的華麗綢緞、三十件珍稀古玩、三十四匹駿馬等，另進獻太子二十件古玩，送給嬪妃香袋、梳妝用具、香水，這些全都一反慣例，照單全收。地方官員、學士則進獻字畫、書冊，江蘇巡撫宋犖奉命審查。由於狂風大作，暴雨欲至，取消原訂的箭術操演。將官又進獻更多的古玩和馬匹。是晚，曹寅再設宴搬戲。[102]

這種從容悠閒的節奏貫穿了康熙四十四年的南巡。例如，五月十六日，細雨綿綿，皇帝待在行宮，召集地方官吏、學士前來賦詩，午後，皇帝同太子宮眷前往織造機房看匠人織機。當晚，曹寅又設宴搬戲。[103]五月十七日，淨空街道，以讓皇室家眷前往報恩寺；命僧侶迴避，皇帝在正殿禮佛。僧侶已備妥行宮，供皇帝休憩賞景。回鑾織造衙門之後，曹寅又設宴，並召來江寧鹽商入行宮覲見皇帝。[104]

皇帝駐蹕衙門時，曹寅做了一件受漢族官員和學士稱讚的好事，就如同昔日他在蘇州顯揚孝道、樹立官聲的典範。[105]當時，總督阿山參江寧知府陳鵬年貪腐、違反儀典，依律處以極刑。某日，皇帝過行宮庭院，見到曹寅之子曹連生（後來改名為曹顒）嬉戲，問他江寧有好官否？曹連生回說知有一人，便是知府陳鵬年。這個回答說明了曹寅必定不同意對陳鵬年的判決，曹寅隨即懇求皇帝寬宥陳鵬年。由於曹寅的懇求，康熙饒陳鵬年不死。時人認為這件事尤其要得，因為曹寅和陳鵬年並無深交，而曹寅為求公理，顯然是賭上了自己的前途。[106]

皇帝離開江寧之後，曹寅稍有喘息，但等到皇帝抵達揚州，曹寅又得安排皇帝的起居。五月二十三日隨扈至揚州，曹寅和為首的鹽商祈請皇帝駐蹕三叉河，皇帝同意，登岸視看設於庭園中的行宮；鹽商在行宮上耗費巨資，設計精巧機械與古玩，令龍心大悅，而召來宮眷、扈從一同見識。[107] 這顯然是曹寅大出風頭的時刻，尤其是皇帝南行駐蹕龍潭行宮，工匠粗糙的工藝和不舒適的居住環境，令龍顏震怒，儘管巡撫再三懇求，皇帝拒絕回程再進駐。[108] 雖說康熙先前告訴曹寅，不必特別在揚州修葺行宮，[109] 但他顯然還是期待縱情享受、舒適安樂，也不希望曹寅把他有關花銷的訓誡當真。

五月二十三日晚，鹽商設宴搬戲。次日，曹寅以巡鹽御史的身分也設宴搬戲。五月二十五日，皇帝去另一處行宮，這可能是曹寅和鹽商共同營建的；在此，他們於花園中央另造了一座假山，皇帝登臨，可以放眼遠眺。康熙用膳觀戲，再次表現出愉悅。五月二十六日，或許為了表示謝意，皇帝命侍衛將鹽商帶至行宮；當晚，在開滿蓮花的湖邊，觀賞彩燈船的表演。隨後進宴搬戲。這一天是曹寅與鹽商伴隨皇帝歡宴三日的高潮，也難怪《實錄》（康熙朝）隻字未提了。[110] 康熙欲如期返京，但應鹽商懇請又留駕，五月二十七、二十八日兩日都在宴筵、演戲、進獻禮物中度過。皇帝終於在五月二十九日起駕回京。[111]

是日稍後，皇帝駐蹕寶應縣，下了一道諭旨：

> 因江蘇織造預備行宮，勤勞誠敬，江寧織造曹寅加授通政使司；蘇州織造李煦

加授光祿寺卿。[112]

然後，就如筆記記載，「兩人謝恩，先回。」這是曹寅官宦生涯的巔峰，不難想像他騎馬領著官員返回時的心情。一個家產萬貫的人，受皇帝公開褒揚，又有三品的新頭銜，奉命編修欽定的文集。這對傳統中國官僚體系中想要出人頭地的人全是重要的目標；曹寅雖非這個體系中人，卻一一實現了。

紅樓夢中的南巡

關於曹寅公開參與南巡事務，正史和野史都沒有更多的記載。若是曹雪芹沒有寫下《紅樓夢》，是無從了解南巡對個人造成何等的影響。《紅樓夢》第十八回寫的是元春回賈府省親。這一回細膩鋪陳省親的細節；賈府裡大手筆籌備元春省親，元春隨扈的陣仗，形同將皇家巡行寫入小說。

賈府的輝煌精準反映出曹寅為康熙安排一場又一場的宴筵與演戲。[113] 雖然曹雪芹從未清楚交代賈家如何積累家產，這份空白或許可以從曹寅身為康熙家臣經營絲、銅、米來填補。[114] 曹家雖然沒有出皇妃，但曹寅的兩個女兒都嫁給郡王，[115] 皇帝還親自過問這兩門婚事，命正白旗包衣佐領主持曹家長女的婚事，[116] 並賜御宴。[117] 所以，賈家的社會地位和財產都在提升，並為皇帝所垂顧。

曹雪芹必定聽過家人說起這些事情，而把昔日的輝煌寫入小說裡。曹雪芹當然也會用自己在家裡親歷的事情作為小說題材，極有可能他那嫁給鑲紅旗郡王訥爾蘇並產下子嗣的姑母，[118] 回曹家省親時給年幼的曹雪芹留下不可磨滅的記憶。[119] 有時，曹雪芹的描述也會如實反映往事，顯示除了家族相傳和個人親身經歷之外，也可採擷史料。比方說，曹寅在第五次南巡前上了一道奏摺，「臣同李煦已造江船及內河船隻，預備年內竣工（在康熙抵達之前）」；[120] 曹雪芹在《紅樓夢》某一回裡如此描述南巡：「咱們賈府正在姑蘇揚州一帶監造海船，修理海塘。」[121] 如果我們把底下的描述看成史實、家族傳說以及後來個人經驗的混合，並經過小說家可能會用到的手法，加以誇大渲染或是輕描淡寫，或可從中窺見南巡對曹家的影響。為求慎重起見，此處討論的省親主要是用曹雪芹筆下的元春回賈府省親的情節，而不是史家所載的康熙駐蹕曹家。

當賈府確定元春省親的消息後，便挑了相鄰的兩府邸之花園，方圓約三里半大的地方，命人彩繪圖樣，以修葺作為省親別院。同時還派人聘歌女、教席，置辦樂器、道具；[122] 這就花了賈府三萬兩銀子，另外花二萬兩銀子置辦花燈、花燭及各色簾帳（曹雪芹暗指派去置辦的人在中間吞了不少銀兩）。[123]

此後，工匠、石匠絡繹出入賈府，將金、銀、木料、磚瓦等所需建材搬進賈府。原有的牆垣、樓閣，以及下人住所盡行拆除以為施工開道；所幸此處已有河道，不需再引新水道。諸如竹樹、山石、亭榭欄杆等物，可以自園中他處挪用；善用手上已有的材料，改建也可不必花大錢。[124] 牆垣亭閣俱用水磨磚砌成，白石台階鑿成西番蓮花模樣。[125] 房屋內部布置華麗，四周是雕空玲瓏木板，或流雲山水，或翎毛花卉，雕檈五彩，銷金嵌玉。[126] 小說中借眾人之口，一語點出為何這般炫耀景象的理由：「雖然貴妃崇節尚儉，然今日之尊，禮儀如此，不為過也。」[127]

工事持續了夏、秋兩季。到了十月，一切準備就緒：挑選十二名歌女，在教席教導下已學了二十幾部戲，十二名妙齡道姑、尼姑也學會誦經唸佛。[128] 這些事花了三萬兩銀子；另外又花了二萬兩銀子採辦織品：妝蟒酒堆、刻絲彈墨並各色綢綾大小幔子一百二十架，金絲藤紅漆竹簾、盤花簾七百掛、椅搭、桌圍、床裙、杌套七千件。[129] 古董文物俱備，匾額對聯懸掛，鸚鵡鳥獸等點綴眼目，口福之物亦買全。布置妥備後，賈政上呈題本，奏報色色斟酌妥當。[130] 賈政接獲諭旨，元春將於正月十五日省親。[131]

元春歸寧前一週，宮內太監前來檢視各種安排，一一查看元春更衣、休息、用膳和接受家人問安的房間。另有太監巡查各處，以確保防備無虞，並隔離所有禁區。還有太監詳細向賈家人講解必須遵守的禮節。府外有工部官員與當地警衛，[132] 查看街道是否潔淨，是否有閒雜人等。[133]

元宵當日五更，歷經一夜無眠，賈府家人依品位穿戴整齊在門外靜候，經過幾次誤報後，十來個太監飛報貴妃駕到。隨後不久，先後有十來對太監騎馬緩緩前進，繼之是元春的隨駕，一對對龍旌鳳扇，後有銷金提爐，焚著御香，然後是七鳳黃金傘迎面而來，又有執掌太監手捧香珠、繡帕、漱盂、拂塵等物。最後是元春本人，坐著一頂由八名太監抬著的金頂金黃綉鳳版輿。[134]

元春更衣後，又上輿進園玩賞。此刻已是黃昏，成千五彩燈籠閃耀。值此季節光禿的樹枝，黏上各色綢綾紙絹和通草為花；原本空無一物的池塘，有荷荇鳧鷺諸燈，皆以螺蚌羽毛做成。[135]正式接見過後，元春與家人話家常，並開筵席，之後是家人的詩文競比；宴後上演四齣戲，彼此交換厚禮。[136]

《紅樓夢》裡關於賈妃省親最重要的部分，大概是對安排接駕事宜的描述。但仔細推敲其中細節，卻會得到顯然不太可能的結論：對曹寅而言，接待南巡所費不貲，但幾乎可以肯定，這並不像某些作者所講的那般可怕。[137]《紅樓夢》中提到特別花銷用了五萬兩銀子；這個數目對讀者來說雖然是筆巨款，但檢視賈寅家產的結果顯示，這個數目完全在他的能力範圍之內。[138]曹雪芹也指出，只要稍稍整頓家產就可以勻出款項，而所需的人力則從家中僕役調遣。再者，營建省親別院的花銷，只需一次支出；建成之後，只消隔一段時間修繕即可。既然皇帝在康熙二十八年曹寅視事織造前駐蹕江寧織造衙門，而營建的費用可能已由曹寅的前任桑格支出了。無論如何，南巡的花用是由公費支借，儘管皇帝反對這樣的做法。[139]至於古玩、奢侈之用的開銷，正如小說中的人物所說的，「也不過是拿著皇帝家的銀子往皇帝身上使罷了！」[140]最後，曹雪芹還提到，元春回宮後，奏聞皇帝家人如何盡心接待她。皇帝龍心大悅，諭令發內帑彩緞金銀等物賜賈家。[141]這些賞賜形同現銀。康熙可能也是以如此的方式獎賞曹寅；這類獎賞不見得為人所知，也和南巡記載中的馬匹、詩句、扇子和筆墨等御賜頗為不同。

曹寅與《全唐詩》

康熙四十四年四月十二日，曹寅奉旨刊刻《全唐詩》，時值第五次南巡。[142]於是，康熙開啟了清代編纂大型文集的先河，清代以此聞名；由此可知康熙的自信心和穩定感：鎮壓吳三桂、噶爾丹而獲致「武」的威名，如今他要樹立「文」名——文治的皇帝，儘管康熙不是漢人，但他要證明自己有能力鑑賞漢人的詩作傳統。選擇曹寅承辦這件差事，而非知名的儒士或官吏，也有其意義，曹寅正可出入不同的身分：他是特派至地方辦差的滿人包衣，也是漢族文士，頗有聲望的贊助人。選擇這樣的人來主持這項計畫，顯示即使康熙在位了四十年，還是只重用真正稱得上是心腹的人。

曹寅署理蘇州織造時，屬於一個文人圈子，其中包括多位著名漢族學者，[143]即使他調升江寧，也還是持續文藝生活。[144]他寫了許多詩文，[145]也造福地方，留下可供人傳頌的事蹟：他修建江寧的學塾、修繕寺廟，應人之請撰寫碑文，甚至出資修建水閘，這被認為是儒者應該承擔的責任。[146]

康熙四十四年奉旨之前，曹寅從未經手過任何大型刊刻工程，不過他曾協助顧昌蒐羅、刊印顧昌的父親顧景星的作品，[147]而有一些經驗，並與施瑮協力編纂施瑮的祖父，著名詩人施閏章的著作。[148]曹寅懷抱極大的熱忱投入這項新任務，從他留下的奏摺即可追索卷帙浩繁的《全唐詩》從最初構思到刊印付梓的整個過程。

在曹寅奉旨督導刊印的同時，還有九位翰林院學士承命校對詩作。九位翰林院學士以侍講彭定求為首，[149]他編纂清初皇帝的聖訓，是朝廷的起居注官，曾建議將《孝經》譯成滿文；彭定求辭官十一年後，為皇帝下詔所起用。[150]其餘八人是翰林院的編修（譯註：這八人是：沈三曾、楊中訥、潘從律、汪士鋐、徐樹本、車鼎晉、汪繹、查嗣瑮）。[151]曹寅從五月二十九日加援通政使司新銜以來，[152]即穩居他們之上，看來他是單獨一人主導編修的工作。

曹寅有關這項工程的第一道奏摺是在康熙四十四年六月二十一日進呈的。曹寅頭一次以通政使司的頭銜上奏，感念皇恩浩蕩，命他刊刻《全唐詩》，此時尚無要事奏聞：

臣寅已行文（指給校刊的九員翰林院學士）期於五月初一日（西元六月二十一日）天寧寺開局，至今尚未到揚，俟其到齊校刊，謹當奏聞。[153]

天寧寺座落在揚州拱宸門外，是一座有參天林木、雅緻林園的精工古剎，曾作為南巡的行宮。[154] 天寧寺建有碼頭，所以對於匯集如此龐大工程所需的材料想必特別便利；而僧侶不能繼續住在康熙曾駐蹕之處，而刻印的工作有可能曾在此進行。

雖然奉旨校刊的翰林院學士尚未抵達，曹寅還是繼續進行工作，這時來了一位名叫俞梅的翰林院庶吉士，口傳上諭說他奉旨就近校刊。[155] 曹寅顯然不樂見此事，而恭請聖旨確認。於是，曹寅在六月二十一日的奏摺最後是這麼寫的：

欽遵咨行江蘇巡撫臣宋犖，移咨吏部、翰林院衙門。俟刊刻完日，該衙門一併具本奏聞。

這說明了曹寅經常得面對的難題：由於他是皇帝欽點以非正式的形式辦差，所以他往往缺乏適當的管道與常規的官僚體系溝通。

到了八月十九日曹寅上第三道摺子時，除了汪士鋐尚未抵達，其餘翰林院學士全員到齊，並按次分與詩作，「皆欣歡感激，勤於校對。」然而，曹寅友人寫的詩裡，卻呈現出截然不同的圖像：

> 子清詩局本書巢，校勘生憎亥豕淆。[156]

所幸，曹寅不必為這枝枝節節的細瑣所困擾。他的職責是刻版，在這方面他務求盡善盡美：

> 除一、二碎細條目與眾翰林商議，另具摺請旨外。臣細計書寫之人，一樣筆跡者甚是難得，僅擇其相近者，令其習成一家，再為繕寫，因此遲悞，一年之間恐不能竣工。再中晚唐詩，尚有遺失，已遣人四處訪覓，添入校對。臣因掣鹽往來儀真、揚州之間，董理刻事，隨校隨寫，不敢少怠……。[157]

從這道奏摺可清楚看出，編修工作是如何進行的。諸翰林院學士蒐羅各種版本的唐詩詩集，一一核勘，以找出真正的版本。其間，曹寅還命人四處尋訪私人藏書，以補缺漏。他也讓繕寫的人練習相同字體，使其能以統一的字體謄錄翰林院學士們校勘的詩集版本，然後再由熟練的役匠刻成木版刊印。曹寅為這部集子選用的字體清雅，而在他主持之下所刊印的這部集子堪稱木版印刷的傑作。[158]然而，更令人驚訝的是，曹寅居然想在一年之內完成這項浩大工程。他顯然是真的這麼做，所以覺得有必要在開工之後不到兩個月，就為有所延誤而致歉。整個工程是在極大的壓力之下進行的，曹寅賭上了自己的聲望，而不只是承攬一件學術工作而已。

康熙在曹寅進呈的第一批樣稿的奏摺裡稱許：「凡例甚好。」[159]曹寅在十月二日上的摺子奏謝皇恩，並呈報工作進展順利。才過了一個月，曹寅又進呈唐太宗及高適、岑參、孟郊等四家兩部校本；他還奏報說尚有數十詩家的作品正在裝幀，待他赴京奏報鹽務時，再進呈御覽。[160]曹寅不在的時候，進展顯然也很順利，等到康熙四十五年四月一日南歸時，他即奏報，校修唐詩一事，年內可竣工。[161]

曹寅在八月八日的奏摺裡奏報可以提前竣工，刊刻全唐詩集的工作只剩五百餘頁，大約月內可以刻完。除了春季進呈的兩套之外，又已另校對完六套。整部書總計有十二套。曹寅到這個時候才提到這部書的篇幅，顯示他在開工之初根本無法預料這部書的規模，他只能盡力辦差，每完成一部分就刊刻，期使能在他自訂的期限完工。這是清代編修的第一部大型文集，曹寅在奏摺的結尾處，以生動的筆觸描繪了驚人的進度：

所有眾翰林有病及告假者，俱令回本籍，無事者俱在揚州校刊。編修汪繹素有血症，在詩局陡發舊恙，即令回籍調養，於五月內身故，臣已為料理營護後事訖。目下在揚州校刊者，彭定求、楊中訥、汪士鋐、徐樹本、俞梅共五人。[162]

換言之，起初奉命校勘的十名官員僅有半數做完。有始有終的官員或許會因皇帝的一番溫言而感到欣慰：「刻的書甚好，等細細看完序文，完時即打發去。」不過，從整個編修過程來看，文人的生活不必然是悠然閒適的。

康熙四十五年十月二十一日，第九、十套印本校勘完畢，並進呈皇帝，餘下兩套印版也已刻好。[163]雖仍有不少小問題，但康熙四十五年春有段出奇的好天氣，這或許有助於印好的書頁在戶外曬乾，隨後在六月十四日的奏摺裡，曹寅奏報，已令眾翰林散歸返京，咨覆吏部。[164]在曹寅的主持之下，總計九百卷，包括四萬八千九百首詩作，逾兩千兩百位作者的《全唐詩》善本，[165]以將近兩年的時間就完成了全套校勘、刻版的工作。

曹寅在奉命刊刻《全唐詩》之前就薄有文名。一旦他辦完這份差事，自然是聲名鵲起。他搏得刊刻家的美名，十九世紀的藏書家還在蒐尋他所刊刻的幾種珍本的宋版書；[166]據傳他「竭力以事鉛槧」。[167]曹寅最為人所知的作品是《楝亭五種》、《楝亭十二種》的稀世宋版書，乃以他的書房「楝亭」為名。

細看這兩部集子則可見，這兩部作品沒有想像中那般耗費曹寅的銀兩和時間。這兩部集子刻印精緻，《楝亭十二種》是用上等雙層白色插頁薄紙，《楝亭五種》則有曹寅自己設計樣式雋雅的透明扉頁，不過每冊的最後都有揚州詩局獨特的窄手印。想來曹寅是利用了在揚州主持刊印《全唐詩》的資源，為自己的私事而「借用」一些紙張、人手也不無可能。三部集子似乎都是在康熙四十四年構思，而在一年多之後完成。[168]《楝亭五種》第四卷末列有三十二名「同校」。其中可稽考者，似乎都只是稍有名氣的文人，他們參與了這件事，不是為了沾光，就是想要掙點錢。在整部集子的最後，開列了兩名「全校」。[169]

曹寅除了可利用揚州的刊刻材料和當地文人的協助之外，也經常得到朱彝尊的協助。朱彝尊是當時最有名的文人之一，[170]他為《楝亭五種》寫了短跋，就《全唐詩》的疑義與曹寅商榷，[171]受曹寅之託，為兩淮鹽區作史（譯註：該書並未付印，但所列的參考資料頗為知名，這部書即為《鹺志》，又名《鹽書》，是以研究鹽稅為主要內容的經濟史專著），[172]並將自己的文章交由曹寅刊刻，但曹寅在完成之前便告辭世（這部文集即為《曝書亭集》）。[173]朱、曹兩人常賦詩唱和，來往密切。[174]得此翼助，曹寅在學識上就不會犯大錯。

這並不是否定曹寅編修《全唐詩》的成就。康熙或許很清楚這件差事有多艱鉅，因為在編纂《佩文韻府》的時候，諭令三織造前去揚州書局督導印務。曹寅遴選匠手百人，孫文成採辦紙張，李煦經辦刊刻。[175] 三織造無須操心辭典的材料，此事是由大學士張玉書主持，他花了超過八年才編纂完成。[176]

康熙四十六年六月，曹寅進呈最後一批《全唐詩》集印本，並散歸眾翰林。他一直要到康熙五十年才從翰林院得知，皇帝諭旨確立參與編修者的官銜及先後順序。於是，曹寅在四月二十七日上了一個謝恩的摺子：

> 奉聖諭并鈔列臣等銜名，刊刻款式到臣，謹遵旨補列入刊刻。但臣係何人亦得列名其上，永垂不朽，臣不勝感愧無地，不知何幸得至於此……[177]

這是皇帝一種勗勉的姿態，曹寅在奏摺裡恭謝天恩雖然誇張，但也說得過去。因為，曹寅被賦與中國文學傳統上獨特的不朽地位。雖然曹寅只是個包衣，只是編修工程的監督和刊刻者（誠如他在謝恩摺裡所表明的），收錄其中的詩作乃是中國文學傳統的榮光，而他卻在《全唐詩》卷前編修者中列居首位。

第五章　兩淮鹽政

曹寅於康熙四十三年被任命為巡視兩淮鹽課監察御史（簡稱兩淮巡鹽御史），並於康熙四十五、四十七、四十九年三度續任。由於兩淮鹽課轄區涵蓋大部分的華中地區，此時年繳約二百五十萬兩銀子的稅收，所以是個既重要又複雜的衙署。巡鹽御史負責發放朝廷的「引」給鹽商；獲授權的鹽商在特定區域販賣定量的鹽，並繳納名目繁多的鹽稅，這是朝廷龐大鹽務收入的來源。這意味著除非鹽商生意興隆，否則巡鹽御史不可能完成稅收配額；除非老百姓豐衣足食，有能力以較好的價格買鹽，否則鹽商就不可能財源廣進。但同時，鹽商的富裕會誘使鹽官索取各種額外的費用，以致貪腐叢生。

除了法定稅額與非法費用之外，鹽商還要交付所謂的「餘銀」；這是朝廷准許巡鹽御史就授權鹽商販賣超額的鹽而另外課徵的稅。「餘銀」每年約有五十萬兩銀子，其用途往往是由皇帝親自決定。康熙皇帝起用曹寅和李煦這兩個包衣視事兩淮鹽課，因為他們在江南織造任上已經證明了自己的能力和忠心，對江南很熟悉，可以靠他們增加餘銀的收入，以支付經辦織造及皇帝公開或私下交辦的差事——如刊刻印行《全唐詩》和採辦絲竹樂器。

然而，貪汙的機會無所不在，誰也無法確定曹寅在課徵、分配餘銀時是否誠實。從曹寅的奏摺來看，起初他還有心改革鹽政，但皇上勸他不要貿然行事；而曹寅愈發察覺鹽政的複雜之後，便放棄了改革的念頭。曹寅在第二、三任內所奏報的巨額虧空可能是誇大不實，因為此時他想的都是如何盡量斂聚銀兩，盡可能神不知、鬼不覺地少上繳。到了第四個任期，皇帝終於起疑，曹寅上繳藩庫的銀兩才大幅增加。

同時，曹寅也的確很難為。他承襲了一個腐敗的制度和巨額的虧空。康熙四十六年、四十七年連兩年大旱，米價飛漲、民生凋敝。鹽務制度並未因地方的狀況而調整稅負，曹寅和鹽商只好自行設法，這顯示十八世紀中葉兩淮鹽區的繁華背後，至少有幾年的不確定與試驗階段。[1]

兩淮鹽稅

兩淮巡鹽御史負責的範圍包括江蘇、安徽、江西、湖北、湖南的大部分地區，以及河南的一部分。兩淮鹽區比其他鹽區更富裕，譬如涵蓋京城、直隸和大半河南省的長蘆，或是包括廣東、廣西、貴州以及部分福建、湖南、江西地區的兩廣。至於其他較偏遠的鹽區，通常轄區與某一省界重疊，相較之下較不重要。[2]

自康熙四十四年到康熙五十九年兩淮鹽政多為曹寅或李煦所負責，兩淮每年課徵的各項稅銀總額是二百五十萬兩銀子，[3]包括一百九十五萬兩銀子的法定稅負與五十五萬兩的餘銀（若遇荒年，總稅額會低於這個數目）。[4]此時，兩淮鹽稅占全國總鹽稅收入的百分之五十二，占朝廷鹽稅和土地稅總和的百分之六點五。[5]

兩淮地區所產的鹽屬於海鹽，通常是將海水煮沸蒸發而取鹽，但是製鹽法有很多種，這是其中之一；在江蘇松江是將海水置於木板上蒸曬（「板曬」），淮河以北地區是在沙灘上以太陽蒸曬（「灘曬」）。[6]海鹽的質地優於內陸地區的湖鹽和井鹽，而灘曬的鹽較板曬或煮沸法更受歡迎。[7]

製鹽主要是由三十多家鹽「場」所壟斷；而這些鹽場的鹽主要是來自為數眾多、由獨立的「竈戶」所擁有或經營的鹽田，或是鹽一製成後就馬上儲藏起來的小倉庫，即「垣」。「場商」是唯一與鹽的生產有關係的人，他們可望從中獲得暴利；但同樣地，他們也是唯一會因鹽大量滯銷腐壞，因而蒙受巨額虧損的人。[8]

鹽稅是以販鹽的執照「引」為單位。[9]鹽商擁有「引」，就有權將鹽運送到特定地區販賣；「引」是每年由揚州鹽務衙門發給「運商」。沒有「引」而運鹽，就得冒走私的刑責；商人運鹽時須攜帶鹽引。鹽賣掉之後，舊的鹽引必須繳回。使用舊鹽引意圖欺騙者，刑責與走私鹽同。而偽造鹽引者，罪當斬首。[10]

「引」既指執照，也指官方規定每張執照所允許之販鹽的標準重量；[11]所以，在探討鹽引制度時，必須考慮三個變項：第一，官府每年發出鹽引的數量；第二，每張鹽引估定的價格；第三，每張鹽引可運鹽的重量。

兩淮地區每年發出的鹽引張數，順治二年為一百四十一萬零三百六十張。順治十年追加九萬兩千六百九十七張，順治十三年又追加十六萬張。順治十七年，精通鹽務的巡鹽御史李贊元建議，近一百七十萬張的鹽引數量太多，易生捲款潛逃和拖欠債款的弊端，於是這兩次的追加數量被取消，恢復順治二年的定額。[12]在之後的半世紀間，鹽引數量僅有小幅增長，在曹寅和李煦署理期間，兩淮每年發出鹽引的基數是一百四十二萬五千九百四十九張。[13]到了十八世紀中葉，引的總數又大幅增加，直逼一百七十萬張。[14]

確立順治二年鹽引數額的那一道諭旨也訂定了每引的稅負（課銀）是六錢七分五釐白銀。這讓朝廷每年可自兩淮地區課銀九十五萬一千九百九十二兩白銀。順治十年與順治十三年所追加的二十五萬二千六百九十七張鹽引，又增加了十七萬零五百七十兩銀子的稅收。順治十七年取消這些追加的鹽引，但朝廷不願歲入減少，於是便把增加的歲入「攤納」到舊的數額之中。換言之，在順治二年鹽引的數額上，每張鹽引增收一錢二分一釐，而新增十七萬零六百五十三兩白銀的稅收，因而使兩淮的鹽稅維持在每年一百一十二萬二千六百四十五兩白銀的新高上。但是，這時鹽商支付每一鹽引的稅金是七錢九分六釐的銀子，而不是先前的六錢七分五釐。[15]不久，鹽稅又上漲。康熙六年，每引的稅金又增加六分八釐二毫白銀，稅金來到八錢六分四釐。康熙八年，又調升一錢一分五釐九毫白銀，使稅金達到九錢八分白銀。康熙十六年與康熙三十三年又分別上漲二錢五分與一錢二分五釐，到了曹寅和李煦署理兩淮巡鹽御史時，每張鹽引的稅金已達到一兩三錢五分白銀。[16]雖然康熙五十一年的全國鹽引平均稅負是七錢二分，[17]但兩淮地區的稅負幾乎是平均數的兩倍，或許是兩淮地區較富庶，能夠承受較高稅負之故。

這是呈報到戶部的官方稅金配額。但事實上，每引在康熙朝晚期值一兩六錢白銀，這是因為康熙四十三年每引又加了二錢五分白銀，朝廷的歲入增加了三十萬兩白銀，這筆收入用來支付皇家織坊的花銷，購買銅觔、整治河工。而這筆錢是由巡鹽御史與織造經手，似乎不必上繳戶部，納為定額歲入。[18]

順治二年，每引可運鹽二百斤；這是一項重大變革，因為明末每張鹽引的官定重量在四百三十至四百五十斤之間（透過將重量減半，鹽引數量加倍，希望更便於管理）。[19]康熙十六年，每張鹽引可運鹽二百二十五斤。這意味著鹽商收到的每引執照，可販鹽二百二十五斤，而非二百斤，難怪鹽商願意接受鹽引在這一年漲價，因為他們如今可以掙得更多。康熙四十三年，當鹽稅每年增加三十萬兩白銀以支付織造與其他的花銷時，鹽引的官定重量又增加了四十二斤，達到二百六十七斤。雍正即位後，又分別在雍正元年、雍正三年分別提高了五十斤，所以兩淮某些地區可達三百六十七斤的高峰。雍正十年，兩淮地區鹽引的標準重量是三百四十四斤，後來提高到三百六十四斤。[20]

整體而論，以下所引曹寅任職鹽務期間兩淮地區的數據應是相當準確的：鹽商每年為定額與額外的鹽引所支付的稅金是二百五十萬兩白銀；鹽官每年發給鹽商的鹽引定額是一百四十萬張；鹽商為運送定額鹽引（「綱引」）所支付的稅金是每引一兩六錢白銀。這些數據之所以不一致，是因為總額二百五十萬兩白銀歲入其中的額外稅收是得自以不同的價格出售超額的鹽引。[21]

從各種律例和鹽法志來看，共有五種基本方法（包括已討論過兩淮地區的調整之法）用以調整鹽引運鹽重量、鹽引價格和總收入之間的比例關係，也值得在此概述。一，現存鹽引的定額可在兩淮地區內的不同區域調整，這涉及生產與需求的問題，不會影響稅收或價格。第二，提高每引的運鹽量，但價格不變。這有利於鹽商，他們有權販賣更多的鹽，但卻不必繳納更多的稅。第三，發出的鹽引數量可依一般的比例增加。如此可提高朝廷的歲入，但同時鹽商亦可販賣更多的鹽，增加利潤。第四，增加鹽引的運鹽量，同時也調高鹽引的稅。朝廷可增加歲入；鹽商可有更多的鹽，但也須付更多的稅。第五，朝廷可撙節用度，如縮減發放鹽引的總量，但調高剩餘鹽引的稅負，以維持歲入不變。這會嚴重打擊鹽商，因為他們須繳納與先前同等的稅負，但能販賣的鹽相對減少。而職司兩淮地區的巡鹽御史，必須牢記這些方法所產生的效應。

兩淮巡鹽御史

兩淮巡鹽御史署理兩淮地區的鹽政；[22]由於執行業務有諸多困難，或是由於貪汙納賄的誘惑太大，所以順治八年諭旨，爾後巡鹽御史一年一換。順治十年，兩淮巡鹽御史遭廢黜，其職掌由巡鹽御史接替；[23]然而，巡鹽御史職掌繁雜，一人之力難以負荷，於是戶部在順治十二年奏請皇帝諭令都察院委派正直幹練的御史，視事兩淮鹽政。[24]委派的巡鹽御史顯然還是無能或腐敗，因為康熙十一年再次裁撤巡鹽御史，職責歸入安徽巡撫。如此新法僅維持一年，巡撫根本無法負荷這額外的差事。康熙十二年恢復巡鹽御史，但嚴格管制衙門有司的行動自由，以及衙門員額的人數，並嚴禁巡鹽御史與路過其轄區的官員論交或建立私誼。[25]

這類管制措施想必奏效，因為康熙三十年增設兩廣和福建巡鹽御史；連同在職的兩淮、兩浙、長蘆、河東四巡鹽御史，總數達六位。康熙朝晚期，巡鹽御史的人數達到高峰，不過這只是曇花一現。康熙五十九年，撤兩廣巡鹽御史；雍正元年，廢福建巡鹽御史；爾後兩地的鹽政由各自總督接掌。雍正四年，裁兩浙巡鹽御史，由巡撫接掌鹽政。

而兩淮巡鹽御史衙門歷時最久，這或許是因為其轄區遼闊，其他官員難以同時兼管，但最後還是在一八三〇年裁廢，職掌移交給兩江總督。[26]

出任兩淮巡鹽御史的人選條件也有重大變化。順治年間，兩淮巡鹽御史都是漢人，一般都有進士等第，任期一年，至多二或三年。康熙七年後，皇帝親政，他欽點一名滿人與一名漢人進士署理兩淮巡鹽御史衙門。兩人一年一換。自康熙十一年之後，皇帝開始交替起用滿人與漢人進士，一年僅委派一人，並自其他部門調派一人予以佐助。但是無人曾獲續任。起用滿人的頻率逐漸高過漢人；最後一個漢人進士出任兩淮巡鹽御史是在康熙二十六年，從康熙二十七年到康熙五十三年之間，兩淮巡鹽御史都是滿人。[27]

不過，在官方的名冊上，「滿人」一詞可指稱滿人，也可指像曹寅和李煦這類被納入八旗的漢人包衣。我們很難確切知道康熙是何時開始起用上三旗包衣署理巡鹽御史，但我們可以假定康熙是有意如此的，因為他正逐步以滿人取代漢人充任巡鹽御史。在康熙三十年之後，兩淮巡鹽御史就一直是出身皇帝親領上三旗的包衣出任，這個機構便可被視為康熙日益擴張之私人組織的一環。康熙三十年、三十一年、三十三年、三十四年的兩淮巡鹽御史都是出身上三旗的包衣佐領。[28]但此時康熙還是沒讓人擔任巡鹽御史超過一年，但是等到曹寅和李煦從康熙四十三年到康熙五十二年輪流出任兩淮巡鹽御史，已經放棄了這個規矩。[29]

康熙只在兩淮地區起用漢人包衣署理巡鹽御史。自康熙二十七年後，皇帝即不再起用有科舉功名的漢人出任河東和兩浙的巡鹽御史，直到康熙朝晚期都是由滿人視事。從康熙二十九年至五十九年這三十年間，福建與兩廣的巡鹽御史僅有一人不是滿人。在長蘆地區，康熙四十一年之前，還有具科舉功名的漢人出任巡鹽御史，但此後都由滿人擔任。[30]這說明了或許可將一六八〇年代晚期視為康熙對自己統治天下的穩定擁有絕對信心的起始點；同時，滿人更能流利掌握漢語，而在王朝承平時想要角逐有利可圖的職位。但兩淮地區是特例，因為它轄區最大、最複雜、最富庶，出於政治的考量，在這個區域以起用漢人為宜——至少在江寧和揚州一帶是如此。皇上任用漢人包衣既穩妥，又能一手掌控。官方所言巡鹽御史的職責是：「掌理鹽政而糾其屬吏，徵收催之不如法者，以時審其價而酌劑之，凡鹽賦之奏課與鹽法之宜更者。」[31]但在實際上，巡鹽御史的時間主要花在三件事情上：依據鹽引之定額課徵鹽稅、審計帳目、緝拿私鹽。

巡鹽御史一接到任命的聖諭，或是如曹寅、李煦那樣從「邸抄」獲知續任巡視兩淮鹽課，[32]便會接到衙門的敕印與來年的鹽引。敕印是由都察院差官送達，[33]但新印的鹽引須至戶部領取。康熙三十五年澆鑄了十四塊圖版刻印鹽引；康熙四十二年之後，朝廷決定由巡鹽御史在冬季時整理圖版，並督導在來年夏季之前刻印鹽引。[34]

之所以有這種奇特的時間安排，是因為巡鹽御史通常是在每年的十月任命，任期到來年的十月，[35]所以必須提前做好準備工作，因為運商一般都是在陰曆六月收購鹽。整個過程如李煦所述：

淮揚各場竈戶，每於五月長晴之時，趕緊煎鹽，以供商人捆築，及至六月則鹽得陸續出場，運到儀真，候鹽臣秤掣，此歷來成例也。[36]

運商在鹽場買完鹽，然後向鹽官支付稅款，領取鹽引。這套做法有兩個缺失。一，如李煦奏報指出，如果初夏連日多陰，晴雨不定，竈戶就不可能煎煮足夠的鹽；結果，運商就無法捆築鹽，在六月運至儀真。二，就如李煦在另一道奏摺裡所提到的，運商必須在六月尚未運售鹽之前納課稅款，這意味商人必須擁有充裕的資金，一旦市道蕭條，處境必定十分艱難。[37]

李煦並不是頭一個點出這個問題的人，這個問題即使沒有損及鹽商的整體利益，也會給他們帶來莫大困擾。康熙九年，巡鹽御史（譯註：席特納）便曾將今昔加以對比，以前是春、夏販鹽，秋、冬課稅，而如今是還沒運售鹽，就在五月開始課稅。「此種金錢追乎無措」，這位巡鹽御史論及，「非重利借債即典鬻赴比」，他繼續說道，此舉不會給朝廷帶來額外稅收，但商人卻得支付更多的利息給放貸的人。皇帝不顧戶部反對，附和這位巡鹽御史的建言，正式停止先行課稅的作法；[38]不過，到了李煦的時候，先行課稅的作法死灰復燃。

李煦初次嘗試讓鹽商運售完鹽之後再於十月納稅，並未落實。不過，康熙四十九年，朝廷讓李煦進行改革；康熙六十一年，另一位巡鹽御史將納課鹽引稅的時間延至來年的一月。[39]由於鹽商仍在六月收鹽，所以他們有七個月的時間來納稅。雍正十二年恢復舊制，事先課稅，所以鹽商又得準備巨額銀兩來買賣鹽。不過，倒是可以設想：李煦的制度若能延續，乾隆朝少數富甲一方、賡續數代的商賈家族可能就不會出現。雖然富有的商賈家族仍處於優勢，而朝廷基於管理的便利和紀律，會想控制商人的數目，但起碼有機會出現更為分散、活躍，擁有中等財產且數量龐大的商人階層。這些商人的存在會對長江流域的社會結構與社會態度造成深遠的影響。

審計的問題則是鹽引制度的性質所造成的。基本上，這套制度規定巡鹽御史任期屆滿時，須向戶部進呈課徵鹽稅的紀錄；戶部再會同都察院官員進行審核，然後再具摺奏報審核的結果。巡鹽御史的紀錄是以鹽運使、督鹽官、鹽庫官員和各鹽場巡檢員的報告為本。[40]若是鹽稅課徵不足，則會以差額的多寡進行減俸、降職、革職等懲處，而其下屬也會連帶受罰。[41]曹寅、李煦所必須面對的除了售出鹽引、向商人課稅所衍生出的種種問題之外，還有因管轄權力重疊而滋生的麻煩。例如康熙四十一年與康熙四十二年，江蘇布政使向鹽庫挪借了一萬一千四百九十兩白銀而未歸還。此事直到雍正四年才發現，顯見審計的流程有漏洞。[42]康熙應該是想要加強掌握，才責成曹寅和李煦以奏摺私下向他匯報鹽政問題，並在每年任期屆滿親自向他奏報。這意味著皇上的包衣巡鹽御史比尋常的巡鹽御史更難有機會隱慝不法，因為一般的巡鹽御史只要把帳本連同題本一併提交給都察院戶科就可以了。[43]雍正元年，有巡鹽御史奏報，前任巡鹽御史未能售出其定額的鹽引十三萬九千六百零五張時，雍正批示：「朕何時能周知詳細，二皆為訓示邪？……凡事須將爾之主見明晰陳奏，或有疑惑處亦必將爾之意向聲明。」[44]但康熙對這種細節則是興趣濃厚。

緝拿私鹽是巡鹽御史最後一項基本職掌，在此不須贅述，因為整個鹽引制度的運作顯然取決於盡可能遏阻走私；而這同時符合朝廷與商賈的利益。巡鹽御史負責杜絕私鹽與非法運鹽；[45]除了有例則明文嚴禁私鹽、嚴懲不法者之外，巡鹽御史還可援用康熙九年的律例，對地方施以連坐法。收受私鹽者的鄰居若知情不報，處以杖刑；村民若收受私鹽，其「總甲」處以三十鞭刑。就連出借馬匹作為走私鹽的工具，也會被課以重刑。由於巡鹽御史執勤時並無可調派之兵，相關律例亦留意到：地方駐軍將官若無法迅速緝拿走私者，怠忽職守的刑責是平時的兩倍；士官杖責八十大板；駐軍將領嚴懲。透過這些措施，期能使「興販私鹽者照例定罪」。[46]

兩淮鹽商

康熙朝的兩淮鹽商本身就是這套複雜鹽政制度當中的一個環節，而整個十八世紀也一直維持這種狀態。兩淮鹽區遼闊，就如同鹽政本身，被形容是「打破行政疆界，擁有獨立的權限。」[47]這種情況並不適用於一般的中國官僚體系，其不尋常之處引起了一個十六世紀西方人的注意，他說「製鹽者的七座城市」事實上形同獨立。[48]

據估計，這時候約有二百三十個「運（鹽）商」。這些運商不是已從朝廷購買了販鹽的權利（「根窩」），就是向其他商人租借「根窩」：換言之，已經從其他商人買到一定期限內的販鹽權利，這些商人寧可出借「根窩」謀利，而不願承受從事販鹽可能帶來的風險。擁有或租借「根窩」的人可以自鹽官取得鹽引，把鹽運送到獲得授權的內陸地區，以賺取利潤。三十名最富有的鹽商被鹽官舉為「總商」，他們必須為鹽商拖欠稅款負責。「大總」是這群總商中最有錢的，他能左右各個總商。[49]

這套制度雖然穩定、持久，但因為康熙年間鹽商的獲利不如乾隆時期高，鹽商要發財致富，幾乎全得靠鹽官。[50]從曹寅、李煦的奏摺看來，鹽商時常拖欠稅款。雍正所謂省員偏袒百姓而鹽臣偏袒鹽商的概括說法，[51]符合他當時的實情，但未必適用於康熙朝。前文兩淮地區鹽引定額的改變說明了許多巡鹽御史同意李贊元的主張，可以僅提高每鹽引的稅負，而不必增發鹽引的數量與鹽引的運鹽量，「課額無虧，商民兩便」。[52]

在調查兩廣鹽政時，出現了一個誇張的例子。康熙三十一年的鹽商應付稅額是二十九萬兩白銀，但到了康熙四十六年，巡鹽御史與鹽運使的非法規費已逾十六萬兩白銀，所以鹽商每年須繳納約四十五萬五千兩白銀。這遠遠超出商人的負荷；在一般的年份，只能課到七、八成的稅額。從康熙四十一年到康熙五十五年，鹽商累計拖欠了九十一萬兩白銀。奏報這個數字的總督指出，商人拖欠是因為鹽滯銷。在支付貪官規費之後，為了獲取合理的利潤，鹽商只得抬高鹽價，以致老百姓買不起鹽；縱然鹽商降價賣出更多的鹽，還是不足以支付來年鹽引的稅款。[53]

前文估算十八世紀初兩淮鹽商支付每張鹽引的總稅款是一兩六錢白銀。如果他們租借「根窩」，每張鹽引又得增加五錢或六錢白銀。[54]兩位兩淮巡鹽御史在康熙九年調查冤情，羅列鹽商在開始販鹽之前必須繳納的六種主要額外規費，包括：發給鹽引之前支付鹽官和衙門文員的額外費用，金額是每引二錢。在運鹽船艙口檢核鹽的體積、重量的費用，每引七分。通過各檢查登錄鹽時付給檢查員的茶水費，每引二錢。船隻航行長江必須取得通行許可，每引若干分，船隻的許可、執照的封印、拆封印、航行的最後許可，每引若干錢，加總後每引約二錢七分。各關口都有各種名目的規費，還有支給督鹽官和駐防兵丁的費用，難以細數。到了船隻泊靠江西、湖南、湖北各口岸，還須付給督鹽官若干錢，停放費若干分，鹽的取樣費若干釐，更不消說檢查船隻文牘的一般費用，總計約每引二錢五分。[55]保守估算，這些支出至少讓每引多增加一兩的費用。除此之外，運商還必須支付向鹽場買鹽的費用；價格每引二百六十七斤大約一兩二錢白銀。[56]

假如鹽商租借「根窩」買鹽，支付鹽引稅，然後把鹽運到江西並支付其間的各種規費，每引二百六十七斤的成本是四兩三錢白銀，然後以五兩五錢售出。[57]康熙朝晚期，鹽商的利潤每引僅一兩二錢白銀，而一七三〇年代的利潤是每引二兩四錢七分白銀。[58]

從這段期間兩淮鹽商捐給朝廷的錢，可以證明康熙朝的兩淮鹽商不如朝隆朝時富有，康熙十七年，官方有一筆鹽商三萬五千兩捐款的記載，除此之外，整個康熙朝並無其他的兩淮鹽商捐款的紀錄；然而，兩淮鹽商捐納在雍正朝時十分普遍，乾隆朝以降，捐款數額屢屢攀高。[59]審視曹寅和李煦有關鹽課的奏摺，能讓我們更能聚焦在這段蕭條時期。從康熙四十三年到康熙五十六年，不論是曹寅或李煦，都沒提及他們曾獲得鹽商的饋贈；不過，鹽商江楚吉等在康熙五十六年捐納九萬八千兩白銀重修河堤，康熙五十七年，江楚吉等又捐納十三萬二千兩白銀給鹽庫，二十四萬兩白銀用於河工。[60]雍正三年，在其應納課之鹽稅外，又捐納了三十二萬兩白銀。[61]他們顯然獲利豐厚，覺得以具體的方式感謝天恩是明智之舉。

到了雍正十年，兩淮鹽商的日子好過多了，部分的原因是每引的運鹽量較十年前已大幅提高。這一年，剛上任的巡鹽御史高斌徹查各地鹽場和分發站怠職情事，並察訪總商、運商的生活水準。高斌的結論是，商人生活豪奢，很難說得上他們真有什麼冤屈。手頭不便的商人，只消稍微簡樸即可渡過難關；「一年行鹽所獲之利息，儘足供其妄用」。高斌認為，他們每年可輕易便可多付幾十萬兩白銀，以填平前幾十年累積的虧欠。「可見實非商力有所絀乏。」高斌寫道，「而辦課艱難也。」[62]

終十八世紀，兩淮鹽商似乎越來越有錢。[63]不過，根據曹寅與李煦的鹽課奏摺，儘管他們有所謊報欺瞞，但要說興旺，那還是以後的事。康熙朝的鹽商自然不是赤貧；他們在康熙南巡至揚州時以豪奢的排場來接駕。[64]不過，他們的處境也不是那麼穩定，也絕非只賺不賠。巡鹽御史亦無法指望年年順利達成鹽引的定額。雍正即位後第一位派任的兩淮巡鹽御史謝賜履或許最能捕捉這種時代的氛圍；在視察完其凌亂的轄區之後，他只能寫道：「兩淮重地，課額繁多。」[65]

兩淮巡鹽御史曹寅

康熙四十二年，皇帝諭旨著曹寅、李煦輪流接管鹽務，諭旨於康熙四十三年夏正式確認。曹寅在謝恩摺裡表達了他的驚懼，他這樣一個包衣人家居然能蒙此天恩。然後，曹寅筆鋒突然一轉，指向一個極為現實的問題：

鹽政雖係稅差，但上關國計，下濟民生，積年以來委曲情弊，難逃皇上洞鑒。臣寅擬星馳赴闕謝恩，恐駭物聽……

他請求進京覲見，以親自聆聽聖訓。康熙答覆：

朕體安善，爾不必來。明春朕欲南方走走，未定。倘有疑難之事，可以密摺請旨。凡奏摺不可令人寫，但有風聲，關係匪淺。小心，小心，小心，小心。[66]

表面上看來，提拔織造出任兩淮巡鹽御史乃是平常之事，但背後卻是一筆極為祕密的交易。幾乎可以確定的，這樁祕密與康熙皇帝決定指派曹寅、李煦兩位包衣經辦兩淮鹽稅長達十年一事有關。[67]這步棋史無前例，[68]皇帝藉此既可穩定兩淮稅政，又能握有更多的權力和銀兩。他的祕密、他的指派心腹包衣，決定了日後的曹、李輪流管差。

十一月四日，曹寅接奉敕令。三天後，他離開江寧織造衙門，於十一月十日抵揚州到任。曹寅當日就上了謝恩摺，披露新的規定：「除照巡鹽衙門舊例，具本投進外，合先具摺謝恩。……為此具摺謹叩頭手書上奏。」同一天，曹寅又上了一道摺子，以作為他謝恩摺的補記。第二道摺子提到他到任辦差時所遭遇的難題；透過上書呈奏摺，曹寅已牢牢與兩淮地區糾纏不清的財政、貪腐牽連在一起了。他在到任的頭一天就上了這麼一道奏摺，顯示他的莽撞和政治的某種天真。曹寅寫道：

> 竊臣寅由蘇州調補江寧織造，歷任十有五年，即聞巡鹽御史於每年額引之外，有鹽二十斤，名為院費，故御史與筆帖式有三十萬兩之羨餘，因此係充織造衙門錢糧。其承差發收，[69]係近年漏規，於二十斤之外，又多增七斤。其中委由難逃天鑒。臣寅前請密奏，亦為此項，因未到任，不敢越次。臣寅今日履任，隨將無院箚承差及發收等項，一概裁革，從此眾商可甦一分。但浮費之革，必清其鴻，上自督撫，下及州縣，內外過往官員尚屬眾多，前總督阿山名為禁革浮費，獨不自禁及所屬，實恐臣等內員，一遇事件即行入告，故於臣未到任之前，先為計之。

曹寅總結，阿山開列禁革的所有浮費中，有一兩項應保留，以憐恤貧苦百姓。[70]假使曹寅指望得到康熙的美言，嘉許他對上層偽善、貪腐的通透和大膽剖析，那麼康熙的答覆對他不啻是當頭棒喝：

> 生一事不如省一事，只管為目前之計，恐後尾大難收，遺累後人，亦非久遠可

行，再留心細議。[71]

然而，政治現實的森冷並未遏阻曹寅；事實上也不容他卻步，因為他對鹽政的初步調查顯示必須速謀補救，否則他自己也會受牽連。就如他在康熙四十三年十二月六日的奏摺所言：

臣於前月十三日到任視事，訪得運司庫項錢糧虧空八十餘萬兩，臣係家奴，何敢效外官支吾了事，即應飛章參奏，盡法窮治，以警臣工。

曹寅繼續說道，既然虧空是歷年積累，此策並不切實可行。營運不善的鹽商已先從鹽官取得鹽引（「預投」），好讓他們可以先販鹽再納稅；但萬一這些鹽商破產，而有錢的鹽商又不願出面代納，那鹽官就徵不到銀兩。

他和新任鹽運使李燦細查近兩年的積欠，限期兩個月還清，曹寅奏報，但他們對此並不寄予厚望。他們發現積欠逐年增加，皆因巡鹽御史怠玩職責，互相掩蓋；人人但求一年任期安然屆滿，不顧藩庫銀兩的虛實。更有奸商藉此謀利，他們貸借給鹽官，使鹽官可以徵足稅負於一時之間。自康熙四十年滿普視事巡鹽御史以來，每年欠稅二、三十萬兩白銀，這筆欠款尚可由續任的巡鹽御史代徵。但康熙四十一年，巡鹽御史羅詹每引增加一半的稅，導致鹽滿庫，稅收短絀。康熙四十二年，巡鹽御史噶世圖減少鹽引的運鹽量和發放的數量，結果稅收減少，僅能課徵到四成的定額稅收。曹寅的結論是：

> 臣本庸材，膺此重任，日夜憂思，務求滿全，使良商不致困乏，積欠可以頓完。

這或許是陳腔濫調的官話，但也是足以概括應做之事。隨著商人長期受到剝削而財源空虛，官方的虧空又因操縱鹽引的定額和恣意貸借而節節攀升，確實需要大刀闊斧整頓。但康熙只批了「知道了」，滿心困惑的曹寅還是不知如何是好。[72]

曹寅上了這道摺子，概述兩淮地區的虧空問題，兩天之後又上呈另一道摺子，提出解決之道。這可能是他有關解決鹽課問題最睿智且可行的奏摺。曹寅把這份奏摺題為《為禁革浮費摺》。

> 臣自到任後，察訪兩淮浮費甚多，比來鹽壅商困，朝廷錢糧漸有積欠，若不痛革禁止，則於課餉有礙。臣籌畫至再，是以將一切浮費，細行酌定禁革。計算商人

一年成本，即江廣鹽價不起，商本萬一不致虧折，如此奉行一二年，商力有餘，便當加課。

前總督阿山條奏十三款內，皆不肖之輩逐年增益之費。臣此條奏，係從來實在之費。今年暫革甦商，江廣鹽價一起，即可條奏充課。臣謹將名目開列於後：

一、院費，鹽差衙門舊例有壽禮燈節代筆後司家人等各項浮費，共八萬六千一百兩有零。

二、省費，係江蘇督撫司道各衙門規禮共三萬四千五百兩有零。

三、司費，係運道衙門陋規，新運道李燦係皇上特用之人，能依臣檄減革書承衙役家人雜費，共二萬四千六百兩有零，尚存一萬兩有零，養濟各項人役。

四、雜費，係兩淮雜用交際，在阿山條奏別敬及過往士夫兩款之外，共六萬二千五百兩有零。

以上四款，皆出匣費，派之眾商，朝廷正項錢糧未完，此費先已入己。臣見此不勝痛恨。

曹寅是想讓商人能每年減輕二十萬七千七百兩白銀的負擔。假使價格穩定，他們就有足夠的銀兩繳納稅金與支付額外的費用。如果鹽區富裕，使能負擔高價的鹽，這回過頭來讓商人更有利可圖，然後這類基本費用便可納入稅務制度，商人就有能力用較高的價格購買鹽引來支付。一來，他們可改善處境。二來，基本的稅收也可以達成。曹寅提及八十萬兩白銀的拖欠。如果他的建議得以實行，而他的數據也是正確的，那麼到了康熙四十七年，兩淮地區的稅收便可平衡了。康熙對這道奏摺並無表示意見，只在曹寅提到支付給總督、巡撫三萬四千五百兩的旁邊，於行間寫下硃批：

此一款去不得。必深得罪於督撫，銀數無多，何苦積害。[73]

後來困擾曹寅、李煦處理兩淮鹽政的問題，可能就是源自康熙這個不經心的批示。這筆款項確實不大，但這個時期兩淮地區的財政困窘，顯然就是日積月累造成的。隨著康熙四十年到康熙四十三年出現小筆的拖欠，就有可能出現大筆拖欠。康熙這個皇帝難為，既要滿足封疆大吏，又要使得府庫充盈，乾脆樂得眼不見為淨。他對曹寅在同日奏摺所奏報的事不再感興趣，曹寅在摺子裡提到康熙四十二年兩淮商人匀借庫銀一百萬兩白銀，僅實得八十萬兩。而且很多分到這八十萬兩的人根本不是商人，而是假冒商人身分。[74] 康熙對於貪汙異常寬容，而曹寅會以任官之初的這些奏摺為訓。他不再扮演推行革新的角色；但無庸置疑，他會愈來愈富有。[75]

皇上與曹寅在康熙四十三年冬天的討論別人是不知道的；但曹寅當然得透過戶部處理鹽政的常規問題。康熙四十四年五月，曹寅與阿山、江蘇、安徽巡撫聯名上奏兩淮拖欠的問題。商人這時積欠康熙四十二、四十三年的運稅（「綱」）一百二十萬兩白銀；他們希望自康熙四十四年起，連續八年分期繳納（「帶徵」），清償這筆拖欠的款項。[76] 康熙四十四年間，曹寅還要把心思放在緝拿私鹽，並要求戶部確實嚴懲走私。戶部採納曹寅的建言，但加了一條但書，僅能對罪刑確鑿之人施以嚴懲。這條但書說明了，曹寅可能對於只有走私嫌疑的人就施以酷刑；有關這方面的證據，還可在同年的戶部裁定發現，戶部要求鹽官無權刑求；若要對走私人嚴刑逼供，則須交由有司審理。然而，戶部的另一項裁決卻嚴重打擊窮人生計，原來窮苦無依的人可以販賣少量沒有執照的鹽來謀生。窮人被控與走私者共謀而遭拘捕。[77] 曹寅可能莽撞闖進私鹽問題的迷宮，就如同他輕率誤闖浮費問題的禁區一樣。

曹寅視事巡鹽御史頭一年的記載，出現一些矛盾的現象，這點不容否認。假若康熙起用包衣署理巡鹽御史別有用心，那何以包衣巡鹽御史針對制度的弊端提出針砭時，他又要澆冷水？起用曹寅難道就只是為了杜絕走私，僅僅針對老百姓、易於懲處的一般罪行，而持續放任高官較為嚴重的貪腐？後來曹寅、李煦處理鹽政時也衍生了類似的問題，其可能的原因是：康熙起用包衣出任巡鹽御史，目的是要牢牢控制餘銀，用以支應他的舉措，或流入內務府的藩庫。

官定稅額上繳戶部，構成了朝廷的基本歲入，此外的稅銀就是「餘銀」了。當商人支付額外的錢兩以取得運售定額以外的鹽時，就有了餘銀。順治八年，諭旨嚴禁課徵餘銀，而若有巡鹽御史、監鹽官持續課徵餘銀，特許商人向戶部、都察院告發。[78]然而，市道好時，餘銀自然同時嘉惠商人和鹽官，而到了曹寅、李煦掌管鹽政時，每年兩淮餘銀可達五十五萬兩白銀；「督銷」除了奉命查核運鹽的規定額度之外，還有查核餘銀的分配。[79]曹寅自康熙二十九年署理織造以來，就動用過餘銀，因為餘銀的用途之一就是支付江寧和蘇州兩地之江蘇織場的花銷。他向皇上奏報，每年餘銀三十萬兩白銀，是透過每引增加二十斤運鹽量，並向商人課徵相應費用而來的。[80]曹寅在康熙四十三年的奏摺裡提到，商人難以負荷各色名目的餘銀和浮費，整個制度可能因商人漸窮、稅收日絀而崩潰。於是，康熙四十三年，朝廷決議：

兩淮增織造銅斤河工等項銀三十餘萬兩，每引加鹽四十二斤。[81]

這三十萬兩白銀之前是從額外的二十斤運鹽量徵來的，但如今它成為基本稅額的一部分，而額外的運鹽量加倍，這是要讓商人從每引得到更多的利潤。康熙四十四年夏，商人得到更多的照顧；減發鹽引數量，致使江西、湖廣鹽價上揚，利潤更為豐厚。[82]

餘銀制度奇怪之處，在於曹寅、李煦當差期間，常規鹽稅往往難以悉數課得，但餘銀似乎總能按時課得。這種現象唯有皇帝個人同意才有可能發生。曹寅在康熙四十三年的摺子裡，對於在向商人課徵法定稅負之前又徵收浮費一事表示憤慨；但不久，在課徵餘銀時，他也依樣畫葫蘆。這種非常軌的餘銀制度是不可能四處張揚的；儘管增加三十萬兩白銀以作為常規稅收，但巡鹽御史還額外課徵了三十四萬兩白銀。十八世紀初的一位見聞廣博的史家，引述雍正官員的說法，強索餘銀在康熙三十四年開始時是十五萬兩白銀，到了李煦、曹寅任內提高到超過三十二萬兩；當李、曹不在任時，餘銀規定又相應廢除了。[83]他似乎認為這是一種個人的冒險，是非法行為。事實上，這種制度的運作是得到皇上的首肯，並未廢止。雍正元年，巡鹽御史奏報兩淮商人仍因織造和其他名目支付「數十萬兩」白銀。[84]就某種意義而言，兩淮餘銀是專供康熙皇帝運用的私房錢；他起用包衣來掌理，每年從鹽商強索逾五十萬兩的白銀。

曹寅的首任兩淮巡鹽御史於康熙四十四年十一月二十七日屆滿，由李煦接任。[85]次年九月，曹寅從邸抄得知他又獲任命，不過他必須前往北京，籌辦女兒與訥爾蘇郡王的親事，祈請暫時離職；曹寅詢問他是否應遵循舊例，把敕印交與總督、鹽運使，或是剛做滿第一任任期的李煦。康熙諭令李煦接掌敕印，在曹寅離職期間視事；[86]儘管康熙曾就參劾總督阿山一事警告過曹寅，但他顯然心裡有數，不該讓阿山全權署理兩淮鹽政。[87]曹寅同時還要料理母親的後事；[88]然而，他並無丁憂之休。

曹寅一直到康熙四十六年二月才返回揚州署理鹽政，[89]有關他在第二任的作為幾乎沒有任何記載。曹寅沒像康熙四十三年那般長篇大論剝析弊端。這段時期僅有一道奏摺留存，雖然讀來細瑣，但卻冷峻預見了眼前的棘手問題。曹寅在七月（陰曆六月）寫道，河道淺涸，鹽船難從鹽場到儀真轄區，而鹽官就在儀真製鹽，分發鹽引給運商。勢必有所延誤。康熙硃批回覆，南方亢旱，令他甚為不安。[90]康熙是該感到不安，因為氣候亢旱，引發江蘇人心惶惶，米價飆揚，造成康熙四十七年、四十八年民生凋敝。[91]

並無證據顯示曹寅已知烏雲壓頂。他在康熙四十六年冬抵京，與皇帝討論他第二個任期內的成果，並提出三個問題，他與李煦都認為這三個問題是維繫兩淮鹽區穩定的關鍵。首先，文武各衙門在緝拿大鹽梟一事上頭合作不夠，巡鹽御史必須要能兼統各營弁兵。其次，鹽商運鹽至湖廣、江西各口岸時，地方官每每借口「盤查」，行勒索之實，應嚴禁地方官盤查勒索。第三，豫南俱屬長蘆鹽區，惟汝寧府食兩淮鹽，在汝寧，長蘆商人與鹽梟侵占兩淮商人的鹽區，所以必須嚴格執行區畫的制度。[92]

這些情事都只不過是兩淮鹽政核心問題的枝微末節，曹寅在康熙四十三年即曾點出：鹽商須有足夠資本購買鹽、運鹽，以及合理的鹽引價格，既能實現基本的稅收定額，且讓商人能廉價賣鹽，而這兩方面又環環相扣。曹寅最初的改革建言為皇帝所漠視；康熙四十六年的亢旱、康熙四十七年的洪澇使得緩步惡化的情勢演變成一場危機。到了康熙四十七年冬伊始的第三個任期，曹寅發覺自己的處境艱難。

曹寅在第三個任期開始的前一個月，即康熙四十七年十月，收到一道敕令，受到朝廷嘉許。這道敕令授權他處理各級鹽臣濫用公款、勒索、瀆職各種情事，以及調動衛所兵丁緝拿鹽梟。曹寅還奉指示，情勢若有需要，可與總督、巡撫商議。不過，並未說明曹寅要使用的手段：他應該要求屬下「嚴守法度」，「防杜滋事」，時時謹記「利貪得失之別」，雖然要他杜絕私鹽，但不能傷及可以販賣少量私鹽的老百姓，因為他們的處境堪憐。[93] 如此建言雖令人激賞，但卻不能解決兩淮的虧空。

康熙四十八年七月，曹寅上了一道奏摺，他一定希望永遠不需進呈這份奏摺。這道奏摺廣納地方有司、商人、鹽運使觀點，詳述危機。奏摺寫道：

茲上江寧國、池州、太平等府，因去年遭被水災，今春復值陰雨連綿，引鹽艱於銷售，經臣屢檄督催在案。

今據安慶、寧國、池州、太平、鳳陽以及下江江寧府各屬州縣，陸續詳報：情因上年疊被水災，民無儲蓄。今歲入春以來，復雨不止，低窪之處，二麥歉收，兼以米價騰貴，時氣流行，官引塵封莫售。現蒙皇恩浩蕩，蠲賦截漕，撫卹流離之際，災黎方切謀生，何能計口食鹽。今奏銷伊邇，所有應銷之鹽，實未全完，懇乞題請展期各等情到臣。

隨即批行司道確查議覆。今據運道詳據眾商公呈：

以安慶、太平、池州、寧國等處各口岸，皆因去秋今春水潦水災，以致陳鹽積壓三十餘萬引，不能銷售，共計沉擱商本八九十萬，不得流通。兼之目下各場亦被水渰漫，產鹽稀少，窮竈無以謀生。現在詳請捐賑，新鹽何由捆築，懇將戊子綱綱食額鹽，暫緩運行三十萬引，俟口岸年歲一登，商等帶課帶鹽陸續完補全額，乞轉詳題請等情。據此。

臣查得商人辦課，例應按額行銷，況兩淮受恩已深，何敢瑣細上瀆天聽。但臣竊念各屬被災，果係情真。寧國等處乃兩淮之左臂，陳鹽既壅壓不售，則新引必愈難行銷。若照常例壹年之差，催索運往，更複引引積壓後來臣等，五年之久，商課難於轉輸，恐致商民困絀。

曹寅最後說道，他與李煦共同商議，展期支付三十萬鹽引，乃一時權宜之計；不會減損課徵的稅收。他祈請皇帝讓戶部議處這件事。皇帝的硃批僅說：「知道了。」[94]這時康熙似乎並無擬定救濟行動，他或許認為曹寅誇大災情以規避稅負。但是，到了十二月，曹寅針對各種鹽務問題備妥一份詳情文冊，攜帶進京面聖。[95]這次想必曹寅已經讓康熙體察到問題的嚴重性，因為他四月南歸時，給商人帶來好消息，他們可以展期繳納新鹽額稅一百萬兩白銀，以彌補舊的虧空。[96]

展期納課當然不是治本之道。除非基本的經濟條件有所改善，否則虧空勢必持續擴大。李煦在康熙四十九年第三個任期內只採取的一項措施：把商人納課的時間從六月延到十月，讓商人賣完鹽收回資本，[97]這在理論上是個進步，但在眼前的情勢下於事無補，因為商人欠稅已逾一年了。

所以，康熙四十九年冬，曹寅在此不祥狀況下展開他巡鹽御史的第四個任期。而皇帝在其謝恩摺上的冷冷硃批，也不能讓前景變得更樂觀：

知道了。兩淮情弊多端，虧空甚多，必要設法補完，任內無事方好，不可疏忽。千萬小心，小心，小心，小心！[98]

曹寅在巡鹽御史最後任內的奏摺看起來頗為沮喪，也就並不意外了；從這些奏摺來看，他已經束手無策了，甚至指望下屬鹽運使來解決兩淮虧空的紛端。

曹寅起初寄望於鹽運使李斯佺，但他不幸去世，曹寅寫道：「李斯佺留任後，隨患病纏綿，旋復身故，以致積欠未得督催全完。」[99]李斯佺自康熙四十五年即出任鹽運使，[100]但事後證明他根本沒有能力處理兩淮庫帑的問題。

曹寅接著指望滿都，這位漕運官績效卓著，接替李斯佺署理鹽運使懸缺。曹寅形容滿都：「辦事清理有方，催科有法，頗著勤敏，商竈愛戴，若得在任暫署，幫助臣等一二年，則積欠便可補足。」[101]皇上否決滿都署理鹽運使之議，因為有違滿洲人不出任鹽運使的前例。[102]但曹寅還是有機會與滿都共事，直到新鹽運使到任。曹寅在康熙五十年四月二十六日的奏摺裡，奏報與滿都共事的成績：虧空庫銀二百八十六萬二千兩白銀，尚欠庫銀一百九十萬兩；若要填補虧空，商人還得拿出五百二十萬兩白銀來。

曹寅解釋事情的始末。皇上慨然恩准李煦緩交一百萬兩白銀（或許還有李煦展期至十月的作法），這意味著曹寅就任時，商人拖欠朝廷「新舊」款項二百八十六萬二千兩白銀，亦即過去幾年的虧空，以及自康熙四十九年以來展期的數額。他與滿都迄今為止已催課了九十萬兩白銀，並有信心補完九成的餘額，因為「（商人）皆有通河保狀，即不能完，眾商人為之攤補。」但商人必須納課康熙五十年新鹽引的時間將屆。曹寅估算這年新稅與「正雜帶徵」的各項，共可課銀二百三十八萬兩。如果商人必須在一年內繳納這個數，連同先前的積欠，總計需要五百二十萬兩，曹寅擔心「商力恐有不繼」。

曹寅同時還併列一份「錢糧實數單」，將商人的欠款分為六類。一、康熙四十八年尚未完課的二十八萬兩。二、李煦應代商人納交的九萬二千兩。三、康熙四十七年和四十八年間「預投」制度提前發給鹽引的八十萬兩欠稅。四，各場竈戶拖欠的稅銀九萬兩。五、破產商人拖欠的稅款四十四萬兩。眾商人情願合力攤補。六，破產商人拖欠正課的稅款二十萬兩。康熙對曹寅悉心分類欠款並無嘉勉，卻對曹寅收回九成欠款的保證表示懷疑。或許，皇帝對曹寅所提數據的準確性和可信度仍有懷疑。康熙硃批寫道：

> 虧空太多，甚有關係，十分留心，還未知後來如何，不要看輕了。[103]

康熙理當謹慎，但不能苛責曹寅。首先，曹寅曾提醒過康熙，若無根本的制度改革，積弊勢不能絕。其次，康熙顯然又回到前明的作法，即「餘鹽補充正課」。[104]這意味著巡鹽御史奉命從每年收到的餘銀中挪二十三萬兩來償還商人的欠款。換言之，先對商人課徵非正規的稅銀（這是造成商人資本困絀的原因之一），然後再用這筆款項協助商人繳納正規的稅款。康熙究竟是在何時諭令巡鹽御史採取這種補救的措施，我們不得而知。曹寅提到他是在康熙五十年錢糧實數單的附註說明中收到諭旨的。李煦後來寫道，每年以二十三萬兩白銀彌補商人欠款，「自丙戌綱起沿及今年」[105]（這可能是指自康熙四十五年起開始積欠的債款，而非指康熙四十五年這一年，因為當時的形勢看起來還相當穩定）。他補充道，虧空最終可在康熙五十三年還清。所以，曹寅最後一任做得不算太差：他留給李煦至多六十九萬兩的虧空，[106]不要忘記，曹寅就任之初宣稱虧空有二百八十六萬二千兩白銀。縱使曹寅因皇上的苛責而採取行動，或者從一開始就揑造數據，以康熙晚期鹽政的粗略標準而論，他最後一任的巡鹽御史堪為典範。

兩淮巡鹽御史李煦

李煦經辦鹽政的方法與曹寅截然不同。康熙四十四年十一月，他初任巡鹽御史進呈的謝恩摺既形式化又簡略，既沒有提出長遠的改革規劃，沒有提及貪腐。康熙的硃批，隻字未提鹽政，只是要李煦繼續探聽各路消息：

> 凡蘇州來的各行人等，倘有多事者，爾察明即當奏知，不可少懈，不時訪訪纔好。[107]

康熙命李煦的信差為巡撫宋犖遞呈奏摺，並把指示祕密地轉知宋犖。[108]康熙還警告李煦，不要聽從、相助京城中渾帳無知人等，「此主意甚是要緊，不可疏忽。」[109]皇帝顯然心意已定，不讓李煦涉入黨派之爭。

李煦第一任兩淮巡鹽御史期間進呈的奏摺，只有一道論及鹽務，時間是在康熙四十五年六月。李煦在奏摺裡重申曹寅先前提過的看法——這對鹽商特別有價值：提高每引的運量，提高鹽價、庫帑借貸。不過，李煦還提到，鹽商什麼鹽都還沒賣出，就得在六月繳納鹽引稅；他祈請將繳納鹽引稅的時間延至十月，這時商人的手頭較為寬裕。皇上否決了李煦所請：「去歲曹寅不曾展限，爾同曹寅商定，再摺請旨。」[110]之後李煦再無奏摺進呈，所以他當時一定是放棄了這個想法。

李煦的第二個任期沒有任何建設性的觀點或針砭。他的奏摺裡並未提到民生凋敝、鹽商艱困。這一年，李煦上了兩道奏摺論及鹽政。在第一道奏摺重申曹寅覲見皇上時提出的觀點，即兵民通力合作，杜絕口岸的勒索，嚴明劃分兩淮的販鹽區域。[111]第二道奏摺則詳述揚州附近的私鹽問題。李煦提到春天時他輕騎巡查鹽區，認為應責成督、撫清剿私梟藏奸之藪。康熙對此等無關銀兩之事興趣缺缺，就如康熙硃批：「這是你的職分中正事，即當明本具題。」[112]這是部內之事，不須透過奏摺管道要皇帝留意。

李煦除了一道簡短謝恩摺，叩謝皇帝殊寵，並於康熙四十八年再次巡視兩淮鹽課之外，他的第三個任期並未留下其他的奏摺。[113]究竟是李煦未寫，還是上的摺子都佚失，很難確切辨明。後者的可能性較大，因為這是大荒年，年末李煦留給曹寅二百八十六萬二千兩白銀的兩淮虧空。李煦不太可能對此全無表示，而指望康熙不會追問。而且，李煦正是在這一年得到許可，把商人納課的時間展延至陰曆十月；因為康熙先前已否決同樣的請求，李煦肯定曾私下舊事重提。關於李煦第三個任期可以說的是，兩淮鹽區持續沒落，而李煦並無遏阻沒落的良策。[114]

這股沒落的趨勢在康熙五十年曹寅第四個、也是最後一個任期得到控制。曹寅清償大量的虧空，自己所負責稅額的達成率也高。到了這個時候，在康熙四十六年到四十八年天災的影響，以及隨之而來的民生困頓已逐漸緩和。康熙五十一年，在李煦的第四個任期內，僅有一些小災情：連日風雨，海潮漲漫，衝決幾處的海堤，造成煎鹽竈戶的鹽場漂淌。[115]李煦衙門的捕役與販鹽私梟激戰，四名捕役被殺，巡邏船亦被燒毀。[116]但是從他任內最後一道奏摺看來，情況要比十年前好轉。

李煦在康熙五十一年十一月十一日任期屆滿時進呈奏摺，說他已徵完二百四十萬兩的稅銀。[117]他從中撥解一百二十萬兩給京城，撥解一百零四萬兩給各省，其餘存庫，聽候戶部指示撥解。商人已補足二十二萬兩的拖欠，李煦亦依皇帝諭令，每年自餘銀提撥二十三萬兩填補虧空之捐。所售鹽引之數為一百五十九萬。[118]

依照慣例，李煦應親赴京城向皇帝奏報，而不是在奏摺裡提到這些細節。但皇帝已再度欽點李煦為康熙五十二年的巡鹽御史。按康熙四十三年之後曹寅和李煦輪替視事巡鹽御史的做法，這時理當輪到曹寅出任巡鹽御史。但曹寅已於康熙五十一年夏去世，皇帝命李煦接替曹寅的第五個任期，並用餘銀清償曹家的虧空。[119]

如同曹寅仰賴鹽運使李斯佺和滿都，李煦也倚重他的鹽運使李陳常，李陳常出身浙江，有進士功名，康熙五十年出任鹽運使。[120]李煦第五個任期才開始，便出現危機，當時江蘇布政使母憂守孝，巡撫委派李陳常署理。李煦上了一道措辭激昂的奏摺，直陳鹽運使一職的重要，鹽務不可一日無鹽運使料理；如果李陳常坐鎮蘇州布政使衙門，他又如何能兼管揚州的鹽務？然而，巡撫已題報署印，皇帝應諭令巡撫另擇賢員署理。康熙准李煦所奏。[121]曹寅和李煦對鹽運使倚賴甚深，很可能顯示曹、李對其職務的複雜僅有一知半解。

康熙五十二年春，李煦赴京城恭賀皇帝六十大壽，兩淮鹽商隨同前往祝壽，儘管皇帝表示無庸費心前來。[122] 李煦南歸後發現，大雨滂沱，兩淮竈戶未能煎鹽，使得運往秤製、發送中心儀真的鹽遲了兩個月。[123] 這意味著運商要到秋天才能運鹽，無法準時納稅了。儘管如此，李煦在年底奏報他課得五十八萬六千兩餘銀，為以往所未見。[124]

這時，李煦平靜的生活因一宗牽連他與京城一名太監、一干鹽商的弊案而掀起波瀾。鹽商與李煦給這名太監巨資，時間點或許就在李煦等人赴京祝壽期間；李煦並未被指控貪汙，他的罪名是對相關部門隱匿案情。於是，內務府慎刑司將李煦革職留任。[125]

但是，李煦的仕途靠的從來就不是清白無瑕的官聲，而是靠著他能給帶皇上的實質好處，但這在康熙五十三年也失靈了。弊案發生之後的第一個惡兆出現在四月。李煦在奏摺裡提到，康熙五十二年的定額雖已完成，但今歲一百六十萬引要販完實屬困難；所以他祈請讓鹽運使李陳常留署三年，因為李陳常居官清正，督理有方。而眾鹽商亦保薦李陳常。康熙的硃批簡短，語帶惱怒：「此事非爾可言。」[126]

導致李煦失寵的最後一擊出現在八月。李煦在奏摺裡提到，巡鹽衙門每年課得餘銀五十五萬兩。在以往，其中二十一萬兩用於織造花銷，二十三萬兩代補兩淮鹽商的積欠。如此，商人的積欠已經補完，李煦寫道，如果他能再任鹽差幾年，他保證將這二十三萬解送進京以供御用；二十一萬兩如往常交付織造，而李煦會把存剩的十萬兩用於他本人為皇帝辦差，以及繼續填補織造衙門的虧空。皇帝婉轉但明確拒絕：

此事甚有關係，輕易許不得。況虧空不知用在何處，若再添三四年，益有虧空了。[127]

李煦這次任滿不再續任；康熙反倒欽點過去李煦讚不絕口的鹽運使李陳常。此時，李煦的妻子身故。[128] 如果這是一則道德寓言的話，李煦在這時候也許該倒臺，失去親人、負債累累、不受皇上寵信。但李煦卻沒有倒下去，很快就又鞏固了對繼任者的控制。李煦祈請為李陳常遞呈奏摺並得到應允，並讓熟諳奏摺流程的家僕陪同李陳常的僕人前往京城，並為他帶路。[129] 康熙或許有感於李煦的困境，以及他對繼任者的慷慨協助，諭令新任巡鹽御史為李煦與曹家填補虧空。[130]

李煦失勢不過兩年，便得到取代李陳常的大好機會，因為在他奏報米價的摺子裡，皇帝硃批：

知道了。風聞李陳常大改操守，不知真否？[131]

李煦即刻奏報康熙，經他密訪，傳言屬實。李陳常雖然行事甚密，但李煦派人到李陳常的浙江老家打聽。李家原屬貧寒之家，如今已有四、五千畝良田，市房數十處，三處當鋪，現銀不知有多少。除此之外，李陳常還屢屢借他人之名，買產開鋪。此外，李陳常腳腫難行，無法出門到衙門坐堂處理鹽務，只能待在家裡。皇上警告李煦，「此摺斷不可叫人知道」，並要李煦進一步打探。[132] 李煦遵旨；李陳常臥病半年，於康熙五十五年九月十二日（陰曆八月三日）病故。[133]

如果這一切都是李煦居心籌劃，也不可能如此完美。康熙感到失落，他所信賴的那個廉潔的李陳常，結果也操守不保；皇帝當機立斷，又想起那個至少還有署理巡鹽御史經驗的人；十一月九日，諭令都察院，重新起用李煦。李煦上奏叩謝天恩，還提及李陳常雖補了大部分的積欠，但還是留下二十八萬八千兩的虧空。皇上的硃批，讓人感覺他滿心疲倦，說李煦一年之內若無法填補虧空，至少會再給李煦一次機會。[134]

如今的李煦賣力辦差。他發現李陳常增加三項完全不合法的稅，讓商人又多納了三萬二千兩白銀。李煦將這三項稅廢除。再者，李陳常不知變通，又大病半年，所以舊鹽仍有「十餘萬」引根本沒捆運出鹽場。李煦嚴行督催，趕完舊鹽。[135] 李煦估計，這一年可以課得五十二萬七千兩餘銀。二十八萬八千兩補完積欠，二十一萬兩發給織造，所剩二萬九千兩解送戶部充作餉銀。他還打算每引增加五斤的運鹽量，以彌補拖延運鹽的損失；而商人每引多加五分以為回報。從淮北「資本微薄」的商人，以及鹽區附近販鹽的商人，所多課徵的稅額是微不足道的；但淮南有一百三十三萬引，將給朝廷額外增加六萬六千兩的收入。這筆款項不列在常規歲入，李煦說他會親齎進呈，以備皇上公項之用。對於這一連串的數字以及增加稅收的規畫，康熙的硃批只有一個「是」字。[136]

接下來的五個月，李煦針對鹽政的各個面向至少上了九道奏摺。他採行新法，於陰曆二月，而非原來的陰曆六月加速運送鹽，頗收成效。[137] 李煦還奏請移駐江防同知於惡名昭彰的三江營，此地私鹽盛行。皇上懷疑這位「好名不清」的總督，會樂見移駐他的下屬。[138] 戶部決議增發一萬八千引，以提高二萬零四百兩的稅收，李煦堅決反對此議，因為商人舊債未了，而新的負擔又會增加他們的困擾。[139] 新一年的稅收應為一百九十五萬兩，已收齊五十萬兩；而應補的二十八萬八千兩（李煦的原摺是二十八萬兩）虧欠，四個月內便可補足。[140] 官員對商人抑勒教人痛心，[141] 商人已清償康熙四十二年的一百萬兩借款，如今他們再商借一百二十萬兩，認利十二萬兩，分十年納完。康熙拒絕借帑一事，硃批說道：「借帑一事，萬萬行不得，再不要說了。」[142]

於是，李煦又繼續推動鹽政。他補完二十八萬八千兩的虧空，依計畫課得額外的六萬六千兩，討論來日將這筆餘銀解送進京，繳交戶部。[143] 康熙五十六年十二月，李煦在第七個任期屆滿前夕，得知他八度署理鹽課；他的話是不錯的，「兩淮自設巡鹽衙門以來，從無一人之身得以八視淮鹺，而千古未有之事。」[144]在三週內，李煦奏報，已補完所有虧空，餘銀已收繳完畢送歸藩庫，整年額鹽已趕運足額，同時還有大量餘鹽待明年捆運，兩淮商人江楚吉等捐資九萬八千兩白銀修築河堤。[145]康熙五十七年一月，李煦加授戶部右侍郎銜；[146]這是非實職的榮譽銜，給了他一等二品的地位。

這是李煦一生事業的巔峰。他之所以能登峰造極，是因為他視事巡鹽御史時，正好處於一個輝煌時代；而這個時代之所以輝煌，是因為有商人的通力合作，使得他能完成所有的份額，甚至還有大量餘鹽。但商人也得為他們的付出討回好處，所以李煦在他康熙五十七年的最後任內，大多數的時間都花在為鹽商向皇上索討恩賜，並非偶然。

有這麼一道奏摺，提到商人入府學，取得舉人資格的問題（一旦商人賺了錢，便開始關注自己的社會地位）。李煦提到，兩淮鹽商原籍多為山西、陝西，或徽州。山西、陝西之西商子姪，准予童生資格入揚州府學，名額十四人。然而徽商並無名額，因為徽州與揚州屬同一省。[147]但徽州至揚州，相隔千里，家居揚州的徽商，根本無法回原籍參加考試。所以，徽商祈請將其子姪依照西商慣例，亦於揚州府學有十四名名額。但這只是問題之一而已；西商和徽州秀才均不得參加舉人考試。有鑑於「徽、西商人子姪，奮志芸窗，文字可造就者不少」，他們祈請仿效滿人、蒙古人和官宦子弟（官生）之例，允許他們另編合通名冊，參加舉人考試。李煦還說，他不敢繕疏論及這樣的問題，可否據情題請，由皇上批示。皇上似乎不無鼓勵地說：

此事甚關爾之聲名，不可輕忽，須同運使商量妥當，再具題可也。[148]

其餘奏摺觸及各色問題，但共通之處就是為商人謀好處。有道諭旨諭令商人加速完納積壓的引額（相對於已補完的現銀虧空），李煦想到此舉會帶給商人困擾，讓商人手頭吃緊，於是向皇上求情。[149] 李煦對三江營私鹽巢穴採取果決行動，一定是因為私鹽損及鹽商的利潤。[150] 李煦還強力反對江西巡撫試圖降低鹽價以緩和百姓生活壓力的做法：

然而地方官到任，必指稱病民，嚴禁增價。不知百姓每人每一日食鹽不過三錢，計其一年所食，每人不過七斤而止。就使鹽價偶增數釐，未見有病於民。若一禁價，則商本虧折，課從何來，是禁價一事於國課大有害也。[151]

這道奏摺並無硃批，所以我們無從得知康熙的反應。李煦寫於康熙五十七年九月二十五日的奏摺，終究還是說過頭了。在這道摺子裡，李煦代轉兩淮商人祈請自運庫借出十五萬兩白銀之議。商人貸款的理由是他們已捐輸二十四萬兩白銀用於河工，如今他們又熱切捐銀於西疆軍需；但他們手中已無足夠的銀兩，如果他們得到貸款，他們就會捐納，然後在五年內分期攤還借款。皇上的硃批尖刻且扼要：

> 此摺斷然行不得。西邊用銀，即可發庫帑，何苦五年分補，皆因奸商借端補虧之法耳。[152]

康熙寫完硃批幾日後，告訴曹寅的兒子曹頫，他對李煦有關西邊軍需的奏摺極為不滿，他唯恐李煦近日生病而失了分寸，受蒙騙了。[153]在幾個月之前，李煦才以一種愚蠢的方式觸怒龍心，他在奏摺裡提到，近來的請安摺都未蒙皇帝批示，是因為皇帝哀痛皇太后大葬，龍體違和。李煦的奏摺得到怒氣衝衝的硃批：

> 朕今大安了。此摺字言不通，不合奏體。[154]

李煦就這樣結束了他的第八任、也是最後一任的兩淮巡鹽御史。不可否認，他留下一個健全的財政制度，清償大部分的虧空，課徵足額的稅收，大量餘銀也流入藩庫。不過如此可觀的政績或許出自五穀豐收、人口增長，經濟自然就會成長，而非李煦的任事。李煦去職一段時間，他還在不斷謗讟繼任者，說他不善稽查場竈煎鹽，導致私鹽漸多，又天氣多陰，鹽多延遲捆運。[155] 康熙最後還是給了李煦機會，說說心裡的想法，在硃批裡問道巡鹽御史張應詔的操守真有問題，李煦抓住這個機會。李煦寫道，兩淮地區官鹽壅滯，商人虧本，私鹽公開在口岸販賣，而貪官又治理無術。張應詔本是迂腐書生，未曾歷練，臨事即束手無策，而淪為商人笑柄，在揚州以張應詔為笑談。[156]

李煦的奏摺並未得到批示，但我們覺得在這個節骨眼如此的反應本是正常。康熙皇帝與李煦彼此太了解，根本不用再多所評論。來年皇上駕崩，而迫使七十歲的李煦去適應周遭更為嚴峻的世界。[157] 雍正皇帝沒有理由善待李煦或曹家。在他無情的眼裡，他們沒有價值，甚至比沒有價值更糟的是，他們沒有起碼的能力和忠誠。不過，康熙皇帝的標準比較寬鬆：只要曹寅和李煦可以遏阻頹勢，如期課徵餘銀，他們大可在兩淮地區自行其是。綜觀曹、李的整體紀錄，有理由相信他們犯了欺瞞之罪，然而對康熙皇帝而言，這非至關重要。他從來就不是一個堅持嚴格區分責任與利益的人。

第六章 皇帝的耳目

在康熙朝，各省官員與京官就行政問題以「本章」向皇帝奏報，而「本章」主要是透過通政司或內閣遞呈；本章在進呈皇帝閱覽之前，其內容已經摘簡，格式也經過檢核。不論是攸關公共事務（「題本」），或是事涉個人（「奏本」），本章多是透過這些管道。這樣的制度要讓事情祕而不宣幾乎是不可能的，因此康熙發展出一套「奏摺」制度，奏摺直接進呈至宮中，僅由皇帝一人親覽。[1]

雍正則進一步擴大奏摺這種保密措施，並予以制度化。他使得這種君臣之間快速且保密的溝通制度有效運作，而這套制度被認為是雍正臻至「極權主義新階段」的首要工具。[2]不過，奏摺制度在康熙朝的運作還是屬私人性質、充滿彈性。現今所知，最早運用奏摺制度的兩個人，就是身為包衣的織造曹寅和李煦。

曹寅的奏摺

我們是因為一個偶發事件，才得以檢視奏摺制度最早的發展，當時這套制度還不是朝廷治理的工具。有一回，李煦的家僕弄失了奏摺，李煦與康熙就這次疏忽的討論因而被留存下來。

康熙四十六年十二月三十日，李煦上了一道奏摺，奏報江南太倉盜匪案。[3]由於康熙特別垂詢盜匪案的消息，[4]李煦在幾天後又上了一道奏摺，提到他在十二月三十日（陰曆十二月初七日）差家僕王可成齎密摺上奏，同時派人至太倉查訪案情。康熙在王可成名字旁邊硃批寫道：

> 並不曾見王可誠（成）帶來的密摺，察明奏。[5]

李煦在還沒看到康熙的硃批之前，[6]已經有所懷疑。康熙四十七年二月十日（陰曆正月十九日），李煦向皇帝詳細奏報後續的調查：

> 竊臣煦於去年十二月初七日，風聞太倉盜案，一面遣人細訪，一面即繕摺，並同無節竹子，差家人王可成齎捧進呈。今正月十七日，王可成回揚，據稱：「無節

竹子同奏摺俱已進了，摺子不曾發出。」

臣煦聞言驚懼。伏思凡有摺子，皆蒙御批發下，即有未奉批示，而原摺必蒙賜發。今稱不曾發出，臣心甚為驚疑。再四嚴刑拷訊，方云：「摺子藏在袋內，黑夜趕路，拴縛不緊，連袋遺失德州路上，無處尋覓。又因竹子緊要，不敢遲誤，小的到京，朦朧將竹子送收，混說沒有摺子，這是實情。」等語。

臣煦隨將王可成嚴行鎖拷，候旨發落。但臣用人不當，以致遺誤，驚恐惶懼，罪實無辭，求萬歲即賜處分。茲謹將原摺再繕寫補奏。

從康熙的硃批來看，他不希望李煦公辦王可成，因為這會使得整件事曝光。李煦的奏摺並不在常規體例之內。

凡爾所奏，不過密摺奏聞之事，比不得地方官。今將爾家人一併寬免了罷。外人聽見，亦不甚好。[7]

我們只要把這樣一道直白而訊息豐富的奏摺放在心上，便可提出幾個因奏摺而起的管理、制度的問題。首先是信差的問題，不幸的王可成自然是一個例子。常規的公務遞送系統由兵部負責，可以運用完善的驛站制度，但他顯然不是官方信差。[8] 李煦說王可成是他的「家人」，這並非特例；李煦的許多奏摺都是由「家人」帶到京城然後帶回的。[9] 曹寅經常提到他的奏摺由家人或「家奴」帶回。[10] 當孫文成擔任杭州織造，高斌署理蘇州織造時，他們的奏摺也是由家人往返遞送；[11] 蘇州織造胡鳳翬也是如此。[12]

家人不是可任意雇用的僕役，而是登記在冊的官員從屬；[13] 巡撫可以有五十人，知府三十人，知縣及以下十人。[14] 旗人的家人屬奴僕的身分，因為康熙十七年律例禁止將滿州旗和蒙古旗的家人賣給漢軍；[15] 一般民家的家人是可以買賣的。[16] 不僅織造以家人為信差：有一名江西巡撫和一名蘇州布政使也派家人傳遞奏摺。[17]

整個來說，省級衙門使用私家信差雖是個別現象，但可以肯定地說，康熙與雍正兩朝的織造的確使用私人信差，而不必死守省級官員進呈奏摺至京城所必須遵循的法定流程。[18] 這是他們行動相對自由的重要保證。

第二個問題是進呈奏摺的實際程序。王可成只提到遞送竹子，「混說沒有摺子。」無節竹子是李煦特別送給皇帝的禮物，或是皇帝特別交辦的差事，[19] 如果它是與不欲人知的奏摺一同在宮中進呈，那信差與皇帝必定有某種程度的直接接觸。這可進一步從康熙「並不曾見王可誠（成）帶來的密摺」得到證實；簡直像是信差的名字就代表了奏摺，而非奏摺的內容。

從曹寅的兩處說法，我們可以確定奏摺是由奏事處接下轉呈皇帝的。[20]第一道奏摺是在康熙四十七年，曹寅提到他家的僕人剛剛攜回他的奏摺以及「奏事存住」的旨意南歸；[21]「奏事存住」或許是奏事處非正式或初期的稱法。不過，以非正式的稱法較為可能，因為曹寅的第二個例子措辭十分口語：「奏事傻子傳旨。」[22]這個傻子可能是奏事處的某官員或太監的小名；從上下文來看，傻子不可能只是在罵人，因為其中有親暱的成分。

假如信差將摺子送到通政司，那麼這就會如尋常官員的摺子般依程序傳遞、檢查。但曹寅和李煦的奏摺是由自家的信差遞送到奏事處，[23]並由包衣所認識的太監來處理。李煦在康熙五十五年奏報，他的賫摺家人向他轉達總管太監魏珠所傳的旨意；[24]而曹寅也有兩次接獲太監梁九功傳達皇帝的旨意。[25]康熙年間，太監的勢力雖然不大，但魏珠和梁九功從小就侍奉皇帝，蒙受天恩。[26]如果是由魏、梁直接處理曹寅和李煦的奏摺，那就可假定曹、李的奏摺在傳遞、發回的過程中繞過了所有的正常管道。

第三個問題是傳遞奏摺所費的時間。有幾件曹寅的奏摺都可以確定時間，因為原件奏摺上呈及皇帝硃批後送回曹寅手裡的日期，有時都保存了下來。信差往返江寧、北京的時間是二十九天；[27]往返揚州、北京則需三十一天和三十五天。[28]前面提到王可成的行程花了四十天。[29]這是從揚州到京城步行往返所需的時間，[30]用王可成的話，「黑夜趕路」說明王可成是步行而非騎馬，因為「趕路」一詞通常並不用在騎馬。三十天很難明確歸類，因為這比騎馬慢，但又比步行快。[31]曹寅從北京回江寧花了二十天，[32]這應是他的行旅速度閒適之故。曹寅的信差極有可能是步行或搭船，尤其因為信差騎馬的費用非常昂貴。

第四個問題是對奏摺的樣貌：曹寅的奏摺都是繕寫在長長的紙上，紙摺成六角形，可以平展開來，或摺成二十公分長、十公分寬的小冊子。[33]

幸好江蘇巡撫宋犖的奏摺封緘留存了下來。宋犖是曹寅的朋友，由於曹、宋是以相同的格式，議論相同的話題，用的是同一個信差（詳見下文），所以我們或許可以假定這兩人與李煦的奏摺樣式是一致的。宋犖的奏摺外有白紙包裝；宋犖在包裝封口下端，寫下官職全銜和名字，小封條上寫了「臣犖」及「叩首謹封」的字樣。在這白紙包裹裡是一個白色大信封，用白紙帶紮住；白紙帶下方又寫有宋犖的名字和官銜，以及相同的封條、字樣。裡面有一張白色的薄信封，以封條封住上、下接縫處；上方封條寫有「固」字，下方封條則寫有「封」字。信封正面寫著「奏摺」兩個字。在這薄信封裡才是真正的奏摺。從裡面的信封封口的狀態來看，康熙是從上方封口打開，讀完奏摺、硃批後再把奏摺放入原信封。信封封好，再由皇帝（或者隨侍太監）在封口上硃批寫上「封」字。當宋犖收到送回的奏摺，即從下方封口打開，以免損毀皇帝的御書。[34]奏摺外有兩個已封緘的信封，並包裹了一層紙，是不是還有更安全的包紮方法，我們不得而知。這些奏摺或許如一本有關清代治理概要所描述的，捲起來放入空筒裡：

地方要員如有密奏，則將摺之裝入封筒封固，外加奏匣，取其嚴密之意。[35]

無論如何，未經批准的人幾乎沒有機會讀到這些奏摺。第五個問題關乎奏摺的性質。許多奏摺屬於「請安奏」；亦即官員定時上「請安奏」向皇帝請安，而上奏之人在問候之餘，又奏報了地方民情。[36]這顯然是康熙想出的方式；就如康熙對王鴻緒所上密摺的硃批：

京中如有可聞之事，卿可密書奏摺，與請安封內奏聞，不可令人知道。倘瀉漏甚有關係，小心！小心！[37]

不過，請安摺談的議題是有限制的，曹寅的兒子曹頫在請安摺裡提到有位鹽運使病故一事，康熙怒批：「病故人寫在請安摺內甚屬不合。」[38]

一般官員遞呈密摺時，通常會在摺子裡言明此摺屬機密，在其名字下方繕寫「密奏」字樣，[39]而通政司則有明確指示該如何處理這類奏摺。[40]但織造曹寅、李煦和宋犖的奏摺都是採一般格式繕寫；是因為他們與皇帝的各種意見，我們才知道這是密摺，是一種特殊的奏摺。康熙四十三年，皇帝告訴曹寅：「倘有疑難之事，可以密摺請旨。」[41]康熙四十七年，皇帝兩度告訴曹寅以密摺奏報地方民情和錢糧之事。[42]李煦至少有四次引述「密摺裡皇上的硃批」；而這些有硃批的奏摺顯然只是一般的「奏」而已。[43]即使不是正式的密摺，但只要上摺子的人和皇帝認定是密摺即可。[44]

奏摺每一行應為十八個字，書及皇帝時須抬頭兩格，而使每行為二十個字；[45]但曹寅的摺子並不依通政司的規定。曹寅每列寫二十個字，書及皇帝即抬頭兩格，使得每行二十二個字，甚至還有每行寫二十二個字，遇抬頭而成為每行二十四個字的情形。不過，曹寅確實謹遵每道奏摺長度不超過三百字的規矩。[46]他只有一回表示歉意，因為有要事奏報，而超過了三百字的限制。[47]至於措辭方面，曹寅更視自己為漢人，因而自稱「臣」，而他的兩個兒子則以滿人自居，總是自稱「奴才」。[48]李煦顯然是擺盪在兩者之間；康熙五十四年之前，他自稱「臣」，康熙五十四年至康熙五十五年夏這段期間，交替使用「臣」與「奴才」，之後就一直用「奴才」的措辭。[49]

曹寅的奏摺中只有一件是用難以辨識的蠅頭小楷寫成的，那是早先噶爾丹死後上呈賀喜皇帝的奏摺。這份奏摺有一份字跡漂亮的冗長誥令，可能是皇家書吏代筆的，這是孤例。[50]其餘曹寅上的奏摺，字體字跡清晰易辨，但顯然是匆匆寫就，而康熙的硃批也不是那麼工整，有時還會用草書，偶爾偏旁誤寫，偶爾用朱墨粗粗塗改文字。[51]這些硃批都是皇帝御筆親書的，但顯然做臣子的是不容出現如此的錯字和潦草的字跡。

康熙五十四年，皇帝諭旨重申這些硃批都是他親書的：

各處奏摺所批朱筆諭旨，皆出朕手，無代書之人。此番出巡，朕右手病，不能寫字，用左手執筆批旨，斷不假手於人。故凡所奏事件，惟朕及原奏人知之，若有漏瀉，亦係原奏者不密。朕聽政年久，未嘗輕以語人也。[52]

這就是康熙的祕密、非正式制度，用來接收官員奏報並下達指示。這個制度的運作起初是如此祕密、非正式，若非雍正在登基那一年諭令持有康熙硃批奏摺的官員必須即刻將奏摺繳回，隱匿或焚毀奏摺者則予以嚴懲，我們便無從知道這個制度的起源；爾後接到「親批密旨」的官員，必須在下一次上奏摺時一併繳回。曹頫就是遵照這道諭旨，而在雍正元年將曹家的奏摺繳回。[53]如此一來，便終結了這隨興而起的制度，這個制度曾使得康熙皇帝的私人運作真正達到私人化的地步。而自雍正元年以降，凡是一切皆有稽可查了。

康熙發現這個制度行之有效，間或用它來取代保密較鬆散的官方進呈制度。康熙四十二年，李煦奉旨代江蘇巡撫宋犖傳遞密摺，而李煦也確實遵旨施行。[54]這想必是令人滿意的安排，因為十一年後的江蘇巡撫張伯行接獲皇帝的硃批：

> 知道了。此摺應為題。已（以）後倘有緊要事，爾家人恐有遲誤，交與李煦速來。[55]

由此可推得兩點：首先，張伯行將一般的題本放在特殊的包裹裡進呈，此舉不當；其次，他的特殊包裹裡奏報的事情不屬重要之事。不過一個月之後，李煦就為張伯行代呈一道奏摺了。[56]曹寅的信差也代他人轉呈奏摺，雖然這種情形很少見。[57]

除了王可成在德州途中丟失奏摺的意外之外，這套制度顯然極為有效。它也必定如此。因為康熙就是透過這套制度，得以蒐集治下南方省分的輿情，而做出相關的決策。

官員、流言與強賊

上呈奏摺向皇帝奏報密聞的這整套制度，日後成為清朝的標準做法，不過其起源卻十分偶然。康熙三十二年八月，李煦以一般的請安摺，呈了一道簡短地奏摺，不過這回李煦加了一些消息：江南旱象解除，人民約有豐年時的五、六分收成，米價亦平穩，粗米七錢，細白好米一兩。李煦最後提到，他並無地方官之責，不應以此摺陳瀆，但他之所以敢這麼做，是因為他知道皇帝愛民如子。[58]請安摺一般就只有一、二行，表示叩謝皇恩，恭祝皇上龍體康泰。[59]但康熙似乎馬上意識到延伸既有格式的可能性；他並未責備李煦逾矩，反而寫了硃批來鼓勵：

> 但有南來者，必問詳情，聞爾所奏，少解宵旰之勞。秋收之後，還寫奏帖奏來。凡有奏帖，萬不可與人知道。[60]

康熙三十二年十一月，李煦謹遵欽旨，又詳細回奏江蘇收成的情形。[61]新制度於焉成形。

康熙在一六九〇年代應該已經准許曹寅在奏摺中呈報各種消息；曹寅現存最早的奏摺是康熙三十六年十二月，[62]在此之前，他可能就已奏報過米價、氣候的情況了。繼李煦之後，曹寅是理所當然的人選，因為李、曹皆為包衣織造，住在同樣的區域。不過，他和李煦有好幾年上奏的都是比較細瑣的摺子，如地方上的氣候、米價或鄉里瑣事；直到康熙三十九年之後，皇帝才開始認真讓他們擔負起「密探」的角色。

如在王可成的事件所見，李煦在康熙四十六年已用奏摺奏報地方強賊的事件，而他和皇帝皆視此為機密。但他從織造和代理人轉向更祕密、更吃重的角色，應該是康熙四十九年皇帝做了硃批之後。皇帝的硃批寫道：

> 近日聞得南方有許多閒言，無中作有，議論大小事。朕無可以託人打聽，爾等受恩深重，但有所聞，可以親手書摺奏聞才好。此話斷不可以叫人知道，若有人知，爾即招禍矣！[63]

曹寅被賦予特殊任務大概是在康熙四十三年，當時皇帝告訴他：

> 倘有疑難之事，可以密摺請旨。凡奏摺不可令人寫，但有風聲，關係匪淺。小心，小心，小心，小心。[64]

這則硃批可能指的是曹寅巡鹽御史的新職，而曹寅開始擔任密探，比較妥當的時間點應該是在康熙四十七年三月（陰曆也是三月）。是月，曹寅依康熙指示的路線，自京城南歸江寧，然後就其見聞向康熙進呈一道長的奏摺，康熙在奏摺上硃批：「知道了。已（以）後有聞地方細小之事，必具密摺來奏。」[65]

此後，曹寅開始針對地方上大小之事進呈密摺。如今，曹寅要學的第一課是，較之以往，速度要快。就如康熙四十八年皇帝告訴他的：「凡可奏聞之事，即當先一步才好。事完之後，聞之何為！」[66] 曹寅就江南總督邵穆布上呈的密摺，也得到相同的責備。康熙四十八年八月十二日（陰曆七月七日），曹寅上呈奏摺提到邵穆布六月（陰曆五月）間發病，由瘧疾轉痢，非常虛弱，於八月十一日（陰曆七月初六日）身故。曹寅在邵穆布死後隔天即上呈奏摺。但對康熙而言，這還不夠快，他在硃批裡頭寫道：

總督之死，早已聞知，此摺遲了，當病重的時候奏聞才是。[67]

曹寅被賦予皇家耳目的重任，這個新的角色很可能有其危險，而從康熙對曹寅奏摺的硃批也同時可看出兩人關係的轉變。先前的硃批大體上是和藹、不經心的，主要與收成或地方瑣事相關；如今，康熙開始視曹寅為心腹，以直白的用語和他議論起封疆大吏。康熙四十八年六月（陰曆五月），曹寅上摺子奏報江南收成僅五成，糧船耽擱，水位高漲，多處潰堤，有一名巡撫病倒，陳鹽壅壓，浙江處州府松陽、雲和二縣有開礦流民群集為非，為兵丁剿捕。忠心的曹寅加上一句，除此之外，地方無事。康熙在奏摺上硃批：

知道了。自新督撫到任以來，無一歲好收成；今又上江多病，正是風（封）疆大臣洗（細）心體朕愛養元元之至意。又為故事了其日月，豈不愧死！[68]

當曹寅成為心腹耳目時已經五十歲了，因為他在康熙五十一年歿故，享年五十四歲，所以留下的密摺較少。但就其經手事務，留下的材料足以讓人細細研究。

頭一個例子涉及熊賜履，他是前大學士、史官、戶部尚書。[69]熊賜履辭官歸隱江寧，而曹寅在康熙四十七年春至京城面聖時，奉命打聽熊賜履，而曹寅確實謹遵欽命。[70]一年之後，曹寅收到硃批：「熊賜履近日如何？」[71]曹寅奏報：

打聽得熊賜履在家，不曾遠出。其同城各官有司往拜者，並不接見。近日與江寧一二秀才陳武循，張純及雞鳴寺僧，看花做詩，有小桃園雜詠二十四首，此其刊刻流佈在外者，謹呈御覽。因其不與交遊，不能知其底蘊。謹據所得實奏。[72]

短短幾句，但訊息相當可觀，明白回覆皇帝所要知道有關熊賜履的種種疑問，熊賜履與哪些地方官員交往，他的生活、活動方式，謠傳他散播悖逆文字。曹寅還進呈了一份詩抄，皇帝閱後發回了。[73] 這裡「看花」一詞可能是尋花問柳的委婉說法，通常用於詩句之中，因為熊賜履在康熙四十七年七十三歲高齡得子，康熙四十八年死前不久又得一子。[74]

曹寅下一道奏摺表明，他還記得遲報邵穆布而遭皇帝責備的情形，不過他是因為小心求證以免出錯所致：

九月初二日（陰曆），探得大學士臣熊賜履於八月二十八日未時病故。臣寅身在儀真掣鹽，於二十九日聞信，即遣人探聽訪問何病，用何醫藥？據稱：熊賜履先感寒成痢，臥床數日，遂不起。臣理應即報，恐傳聞不真，謹探實具奏。

康熙表示他還有興趣知道進一步的細節：

知道了。再打聽用何醫藥，臨終曾有甚言語，兒子如何？爾還送些禮去纔是。[75]

曹寅的回覆有效排除毒害的可能性，這或許才是康熙沒有言明的疑惑；他認為死因是當地大夫的問診：

所服之藥，乃江寧醫生歐怡、戴麟郊、胡景升、張彥臣、吳莊、劉允吉之藥。共病因脾胃不調，用藥雜亂，後來遂不肯服。

曹寅在這份奏摺裡提到他送去奠儀二百四十兩、熊賜履兒子的名字、年歲、歸葬之處，還提到熊賜履死前還感激聖恩，並自撰遺本。康熙簡略批了：「聞得他家甚貧，果是真否？」[76]

曹寅又再次詳細回奏：

臣細探得熊賜履湖廣原籍有祖遺住房一所，田不足百畝，江寧現有大住房二所，田一百餘畝，江楚兩地房田價值約可七八千兩。其內中有無積蓄，不得深知，在外無營運生理之處。

其家人上下大小約有百口。熊賜履在日未聞共向人借貸之事。其間或有門生故吏周濟，或地方來往官員贈貽，故過日充裕，較之漢官大臣內，亦屬中等過活，未見甚貧。[77]

曹寅有關熊賜履的奏報至此結束；這四道短短的奏摺，表明曹寅盡責、精準、機靈體察隱而不顯的要害。這些偵刺其實還是屬例行性質；唯有在這道奏摺的硃批，康熙才觸及難以處理的新層面：

熊賜履遺本，係改過的，他真稿可曾有無？打聽得實，爾面奏。[78]

調查遺本一事，證實它曾遭翰林院編修改過，此人在遺本裡偽造一段，假稱熊賜履薦舉熊本。熊本以兩人是本家故而薦舉，看起來很合理。但其實康熙早已起疑，因為這一段讀起來頗為突兀。兩江總督噶禮負責此案，拿出了他所謂的遺本原件。熊本遭懲處。[79]不過，許多人懷疑噶禮偽造遺本原稿，以在康熙面前博得能臣美譽。[80]並無證據表明曹寅曾參與這起事件的審結；有可能是康熙要曹寅自己探查，看他能不能找出什麼蛛絲馬跡。

進呈有關重臣的奏摺是曹寅身為耳目的職責之一。除了進呈這類特殊奏摺之外，他還須奏報可概略歸類為「流言與強賊」的議題，換言之，也就是不尋常或令人恐慌的事件以及暴力騷亂。

現存曹寅奏報這類事件最長的摺子是寫於康熙四十七年三月二十二日（陰曆三月初一日），提到從京城「一路至江寧聞見事宜」。曹寅的路線顯然是康熙指定的：「臣謹遵聖訓，於二月十一日啟行，由兗州府中路至江寧。」[81]從奏摺所提到的地方，我們知道曹寅一定是循陸路，自北京南行穿越直隸，經過魯西、江蘇西北角，然後轉而南行，略為偏東過安徽，渡長江，抵達江寧。[82]如此一來，藉由諭令曹寅奏報見聞，康熙將一次尋常的行程化為御史的四省巡查。

這件奏摺分為三個部分。首先是奏報平抑米價的各項事宜，以及曹寅向總督傳達皇帝的旨意。曹寅奏報，總督欣忻遵領平抑米價的旨意，而這個細節是奏報必提的部分，因為康熙很關注地方重臣的反應。[83]然後，曹寅還提及由於總督必須趕赴杭州審理米價一段時日，他已擢選能力強的下屬在江寧衙門料理錢糧之事。除非是為了評斷總督的為人，而且是好的評價，否則奏報此事並無意義。[84]

奏摺的第二段是最長的部分，曹寅冠以「百姓情形」的標題。[85]在約略說道「臣一路自山東至江寧，俱安生樂業如常」，人人皆感恩皇上平抑米價的舉措之後，曹寅就轉而呈現黑暗面——各種非法勾當層出不窮，人心普遍不滿。

其中有一個例子是發生在皖南的六合縣，一群鹽販侉漢（南方人稱北方人的一種說法）滋事。地方官隨即擒捕五人，其餘散逃；總督嚴飭兵丁巡拿。曹寅或許是料想到康熙對這種事興趣缺缺，在此寫道：「此係細小之事，事關鹽務，故敢據聞。」

接下來的事更為細瑣。有來自江浙的人，可能是老百姓以卑微之語感頌皇恩。曹寅覺得這還不好，對他們說起教來。這是曹寅唯一一次說起儒家的大道理，他自己倒是很得意，不斷感謝皇恩，這道奏摺雖然已超過規定的長度，但還是值得一看：

> 臣隨云汝等受皇上如此之恩，知皇上如此為汝等焦勞，何以不踴躍爭上錢糧，謹守法度。前年山東饑民，感激皇恩云，寧餓死不做賊。去年之旱，未甚於已前，汝等何以謠言紛攘，不遵法度，以致上干天聽，內外不安。汝等如此報答，可謂極盡忠孝矣？所有蘇浙之人，盡皆愧悔無語。[86]

接下來的事件顯然說得更細些。曹寅聽說浙江四明山乃盜賊巢穴，他們與閩賊互通聲氣。所以，浙賊得以帶著贓物，跨越省界而藏於山中；如此行徑由來已久。曹寅認為地方官員要負全責：「問官只問眼前現在之案，不株連根柢。」

曹寅最後提到「奸僧一念」的案子。曹寅只是約略提及牽扯其中的人，「即如響馬賊歃血拜盟一類」的事實，隨即話鋒一轉，抨擊地方官員「柔懦懶惰」。他自言十分同意皇帝先前在聖諭裡對他們的責難，並冒險點出地方官員奏報這類瑣細小事的兩個理由：一是藉此顯示他們的勤勞；二是找機會上呈密摺，藉以親近皇帝。

這份長摺的第三部分涉及一些雜事：三月五日（陰曆二月十四日），河間府驚蟄之日即聞雷聲；山東、江南麥長得甚好；熊賜履回湖廣拜掃，但即將返歸。

對現代的讀者而言，這份奏摺沉悶冗長，誇誇其談，阿諛諂媚，又無關痛癢。正是因為如此，我們應該謹記在心，這對康熙而言並非無意義之事；因為他在這件奏摺裡硃批：「知道了。已（以）後有聞地方細小之事，必具密摺來奏。」曹寅得到信任，充當康熙耳目，這是最早的表示。或許正是因為這種非常隨性的奏報，對人、對地方治理、對農作物、盜賊的不經心觀察，讓皇帝覺得很有用。

甚至在康熙四十七年三月的這份長摺之前，曹寅就曾進呈內容相似的奏摺。最早的一份是在康熙四十六年，曹寅奏報兩起騷亂，一起是江西兩百餘強賊引發的，一起是無賴闖入富室之家強搶糧食。一如李煦於康熙三十二年的奏摺，曹寅也是越權進呈奏摺，因為他在奏摺的末尾處寫道：「恐謠言流播，訛傳失實，有廑宸衷，合先奏聞。」[87]半年之後，康熙四十六年十月，曹寅接獲諭旨：「今歲聞江南亢旱，朕心甚是不安。又聞盜案甚多。」[88]皇帝顯然要曹寅進一步打探消息，但曹寅謹慎回奏：

但臣職司絲鹽，不敢越位妄奏。今蒙諭旨，敢不竭誠剝實具以上聞。[89]

在奏摺裡，曹寅並未歸咎任何人，僅說巡撫出城，地方官員過分嚴防。皇帝自然有理由關切強賊，這不僅是各省穩定與否的指標，而且也因為始終有強賊為政治目的所利用之虞，特別是殘餘的前明勢力可能利用強賊圖謀捲土重來。恐怕也正是出於這個理由，康熙十四年諭令地方官員緝拿所有自號神佛、嘯聚、張旗擊鼓之人。[90]李煦於康熙四十六年十二月奏報，一幫強賊套紅巾嘯聚在明永樂皇帝皇陵外，擎舉前明旗幟；[91]幾天後，他奏報受縛者供：「一念和尚結紮惑眾。」[92]

康熙若無心腹耳目定期奏報，根本無從知道各地狀況，而效忠前明的舉事還是有可能發生。要李煦提供進一步的消息，[93]以及曹寅有關一念和尚等「如響馬賊」的評斷，會讓皇帝對於這個問題感到安心。

其中最具威脅的是「朱三太子」，亦即朱慈煥，他是前明皇帝唯一倖存的兒子。他以化名在山東教書，不過在康熙四十七年，浙江等處多起的騷動都是假朱三太子之名而起的。[94]這類嚴重的動盪自然由省方要員負責處理，[95]但曹寅有關強賊的奏摺裡，也有相當篇幅提及某些強賊假朱三太子之名作亂，並進一步奏報朱三太子的化名、住處等細節，這些想必有助於全面掌握形勢。[96]但不能說曹寅在防微杜漸一事上動作很快，因為康熙在他的第一道奏摺裡硃批寫道，已經拿獲朱三太子，第二道奏摺的硃批則寫所討論的事情已得到關注，第三道奏摺的硃批則是說皇帝風聞此事已久。[97]

但曹寅在這段期間所發生一件事上頭，倒是扮演決定性的單一角色，這件事的危險性有可能不亞於假朱三太子之名作亂的強賊。它雖是小事，不過既然涉及明皇陵，各種流言都可能滋生。曹寅寫道：

> 江寧洪武陵塚上西北角梧桐樹下陷蹋一窟，[98]口面有五尺餘寸，深約二丈餘，下視如井。臣念洪武陵有御賜碑額，太監看守，因民間訛言塚已蹋下，臣隨往勘驗，離地宮尚遠十五丈餘，毫不相關，原係當先培填之土不堅，日久值雨衝蹋，水流寶城之外。當有地方該管官員，即命陵戶挑土填平。恐謠言流播，訛傳失實，有廑宸衷，合先奏聞。

康熙在奏摺上硃批：

知道了。此事奏聞的是，爾再打聽，還有甚麼閒話，寫摺來奏。[99]

曹寅回奏，流言已甚囂塵上。有人訛稱陵塚陷下深、廣十餘丈。有人懷疑陵塚看守不謹，或盜陵者挖掘；有人宣稱明朝氣數已盡，上天令其蹋陷，也有人懷疑前明起初修建時草率所致。曹寅再次訪察發現，蹋陷處僅二丈餘，且距陵塚甚遠，乃雨水沖刷致令土石鬆動之故。

隨令守陵人役，將寶城開放三日，許百姓縱觀，咸知訛謬，至今寂然，遂無異說。隨後已經填平，打掃完淨。[100]

這是一個公僕的完美典範，行事沉著、有條不紊，未雨綢繆，在不驚動任何人的情況下便將麻煩化為無形。或許正是這等舉手投足間的效率，康熙才如此器重曹寅。

要不是曹寅於康熙五十一年身故，否則或許還能繼續發揮密探的角色，就如同我們在李煦身上所看到的，他在曹寅死後繼續進呈密摺，直到康熙六十一年皇帝駕崩為止。

李煦詳細奏報每年有五千九百二十三艘糧船過揚州，[101]這些奏報必然令地方官員、漕運官員、漕運總督幾乎無法舞弊瀆職——這是康熙數度諭令禁止的。[102]他還差人遠行六百哩確查海盜侵掠浙江台州府一事，[103]並在隨後的奏摺裡詳述戰況，以及有一總兵勒索漁民而釀成這場騷動。[104]李煦還在另一份奏摺裡提到大運河揚州段決堤，他本人親自督工修繕，直到總河臣趕至督工堵築。[105]他還奏報有總兵扣剋兵餉，並介入調查。[106]他還奏報江蘇巡撫張伯行妄想有人要加害他，一怕海賊殺他，一怕仇人行刺，所以不敢出城；[107]張伯行還無端查拏販賣藤涼帽的陝西人，以為他們是結黨不軌之徒。[108]李煦還奏報兩件妖術案，一起涉及喚人姓名，勾攝魂魄致死，[109]另一起涉及某男子舉手指畫令婦人致死。[110]

李煦只有一回提出政策建言，那是在康熙五十五年間，對扣剋兵餉的總兵進行調查。李煦指出，這位總兵是駐守崇明縣的唯一大員，而崇明縣距蘇州府城三百里之遙，孤處海外，「鞭長莫及」。而常熟縣離蘇州府城僅有八十里，易於指揮，縣內有一糧道和一海防同知駐箚。李煦建議，這位海防同知應移駐崇明城內，從而「文武兼資，可以永保安寧，而設官合宜。」這道奏摺說理清晰，得到康熙如是硃批：「此摺議論甚妥。知道了。」[111]

這道奏摺是例外，沒有理由假定皇帝會期待李煦、或曹寅在生時提出政策建言。從李煦現存的奏摺可以斷定，康熙將其耳目的密報局限在已討論過的四大面向：農事、官員、強賊與流言。曹寅與李煦的生涯是如此相似，他們都深受康熙信任，以相同的方式得到重用，因而似乎也可以假定他們會繼續留在各自的職位上。所以，曹寅若還活著，應會就這四方面不斷進呈奏摺。[112]

曹寅和李煦所從事的密探工作，本是康熙皇帝治理手段的一環。他們的傳信、他們的奏摺，一樣都是他個人統治不可或缺的要素；康熙為了查核常規的官僚體系，需要純屬私人的消息來源。基於這點考量，他擢用的這兩人兼有滿、漢色彩，同時具備包衣、文人角色，其知識、背景橫跨這兩種文化。在經濟或政治史家眼裡，曹寅和李煦的時間大都耗在瑣事上；不過，他們並不是在經濟或政治脈絡中處理這些瑣事。事實上，正是這種細節的精準程度，讓皇帝不斷催逼更多消息，親自閱覽、親自批示。每石米價兩錢上下的浮動，強賊在各省界的嘯聚，身體違和的大學士，糧船離開揚州的時間——這都不是瑣事，而康熙知道，掌握這類事情的準確情報乃是完善治理必備條件之一。因為兩錢的浮動，就是安居樂業與民不聊生的落差，強賊可能揭櫫明旗，大學士見聞廣博，糧船則攸關稅收。

只要皇帝能找到他熟悉信得過的人，這裡所描述的制度自然可行之有效且成本低廉。曹寅是完全可信之人，這正是他的價值所在。曹寅在生前的最後一批奏摺裡，奉命奏報康熙朝最棘手的難題——康熙五十年的科場弊案。

康熙五十年科場弊案及噶禮、張伯行互參

康熙五十年江南鄉試於十月二十日在揚州放榜，引起激烈抗議。中舉的秀才至少有十三人來自蘇州，其中多為巨富鹽商的子弟，而有些人文才低劣乃眾所皆知，是不可能憑真本事通過考試的。抗議最烈的是同榜考試落第的秀才。他們宣稱總督噶禮串通副主考官賄賣舉人功名，收買考官。

十一月四日，成千學子麇集揚州。為了抗議他們所謂的弊案，他們擁抬五路財神像，直入學宮，喧鬧不止，然後鎖閉試圖安撫他們的學政。學子以不堪入耳的歌謠，用雙關語諷刺主考左必蕃與副主考趙晉；最後，他們在入口處的「貢院」牌匾上糊紙，使得牌匾上的字變成「賣完」。這場騷亂延燒不止，總督不得不奏報康熙。[113]

此時的曹寅四度擔任巡鹽御史，人就在揚州，他以奏摺奏報這場弊案。他提及秀才認為科考不公，兩位巨富鹽商之子已被鎖拏，很多上榜之人也是不通文理。曹寅還說，傳聞副主考趙晉索賄。[114]

這起科場案留存了相當多的文獻，我們可以從曹寅的脈絡來觀察。有許多人向康熙奏報這起事件，曹寅只是其中之一而已。除了噶禮和曹寅的奏摺之外，皇帝在十一月還

收到江蘇巡撫張伯行概述事件始末的奏報，[115] 還有主考左必蕃，這次科考由他主持，他奏報其中可能涉及舞弊，自然是驚懼萬分。[116] 一般的摺子是先送呈禮部斟酌議論，但曹寅奏摺的內容只有皇帝與他本人知曉。皇帝不僅得到相關案情的奏報，他還從曹寅那裡獲悉一件有趣的事，即副主考趙晉被認為是幕後主使。其餘奏報的人不是譴責考生作弊，就是責備房考，以及協辦科考的知縣；不過，曹寅卻點名特命副主考的京官。這個層級發生弊案，事態就嚴重了。

曹寅必須在十二月自揚州動身，赴京奏報這一年兩淮鹽稅事宜；但皇帝並不乏科場案的密報，因為李煦人還在江蘇，可以補曹寅的空缺。李煦有關科場案的第一道奏摺寫於康熙五十一年二月二十二日（陰曆正月十六日）。李煦提到兩位新科舉人被審訊；其中一人中舉，係因他與副主考趙晉交好，另一人則是出金十五錠買通各個環節，至於賄買的詳情尚未釐清。而康熙派任的四位審理大臣斷案進展緩慢：「各執一見，竟不和同。」[117]

李煦的奏摺發往北京途中，審理舉人嫌犯即出現逆轉。兩位審案大臣在奏摺裡互相參劾。總督噶禮參劾江蘇巡撫張伯行舞弊、瀆職、無能、阻擾審案；[118] 張伯行參劾噶禮或直接賄賣舉人功名，或收取封口費，使他停止揭發弊案並刑求不利於他的證人，共得五十萬兩白銀。[119] 一起單純的科場案，突然間演變成滿人與漢人的正面交鋒：噶禮是滿州正紅旗，係出努爾哈赤心腹佐臣，並無科舉功名，由廕生至署理兩江總督。[120] 張伯行原籍河南，漢人，有進士功名，以其清廉官聲而晉升江蘇巡撫。[121]

康熙五十一年三月十日，皇帝對互參的奏摺做出決斷。該案仍在審理期間，噶禮和張伯行雙雙被革職，另派代理審事大臣。康熙在給大吏要員的諭旨裡，採取的措施不同尋常，在案情調查甚至尚未開始之前，即表達了他的看法。

這道諭旨闡釋何為公允持平。噶禮擅長緝拿強賊，「然其操守則不可保。」張伯行操守清廉，「然盜劫伊衙門附近之人家尚不能責拿。」至於張伯行在奏摺中所說噶禮收賄五十萬兩白銀——「未必全虛」。而噶禮對張伯行的指控——「亦必有二、三款是實」。噶禮乃果敢之人，勇於追剿轄區內的海賊，而其他官員則悚懼退卻；因而江南、福建、浙江的地方官無不妒恨噶禮，但噶禮也曾誤參眾人眼中的好官陳鵬年。

但皇帝所要處置的，不光只是清廉但昏聵、貪汙但能幹之間的衝突，以及隨之引發的對立。他所面對的是更凶險的難題，即滿、漢大臣之間的公開鬥爭。他在諭旨裡，說出了這個難題的一個面向：

此案責審實難。若命滿大臣審，則以為徇庇滿州；若命漢大臣審，則以為徇庇漢人。

他的解決之道是任命滿漢兩位大臣聯手審理，其中一位是戶部的漢人尚書張鵬翮，另一位是時任漕運總督的正黃旗滿人赫壽。[122]

康熙新命大臣審理案情，但他並不想照單接受張、赫的調查發現，而是關切噶禮、張伯行互參之後的民情反應。在下達這道諭旨的同時，康熙也給李煦這樣的硃批：

督撫不和人所共知。巡撫是一錢不要的清官，總督是事體明白勤緊（謹）人物。……爾南方眾論如何？再明白打聽速奏。[123]

李煦在三月二十五日（陰曆二月十九日）回奏康熙。眾論認為張伯行在科場一案參劾噶禮係出於私怨；百姓相信，賄賣舉人之事與噶禮無關，他沒有索賄，「辦事勤敏，極得民心，於地方有益。」再者，江寧、揚州百姓罷市支持總督，並紛紛乞請李煦奏報皇帝留任噶禮。[124] 清代皇帝在拔擢滿人出任地方大員時無不斟酌再三，所以李煦有關百姓擁戴滿人噶禮的描述就很耐人尋味了。到了十八世紀初，地方百姓顯然已能接納滿人了，儘管以現存的史料我們無從判別，百姓是否真心支持噶禮，或者大多出自旗兵和自己的隨從。

六天後，即三月三十一日（陰曆二月二十五日），李煦又進呈了一道奏摺，表示民情激憤，恐怕失控在即。連日罷市，百姓鼓譟擁戴噶禮，三月二十八日，百姓甚至關閉城門，不讓總督的印信送至皇帝指派代行總督之職的官員手中；眾人隨即先將印信捧赴至安徽巡撫（譯註：梁世勳），因巡撫患病，又將印信捧赴李煦的衙門。根據李煦的說法，這時他有所顧忌，疏散了眾人。翌日，有官員設法攜帶印信出城，眾人又用木石堵塞噶禮衙門的大門，不容出入。兵民皆感惶惑。至於張伯行的巡撫印信已順利交出。皇帝的硃批簡略，但隨性直白：「張伯行見此光景，說些甚麼？張鵬翮如何了？」[125]

李煦在隔月回奏皇帝，張伯行認為百姓偏袒總督，心中甚為不平。隨後，李煦奏報說，張伯行即刻採取動作以挽回受傷的公眾形象：後來街上也貼巡撫德政歌謠，也有些人赴各衙門投遞保留呈子。

另一方面，張鵬翮幾無作為。百姓認為，張鵬翮瞻前顧後必有原因。經過三個月的審理，張鵬翮仍「茫無頭緒」，所有省級要員皆滯留揚州，不能回去料理政務。[126]事態日趨明顯，康熙欽命的兩位大臣，無分滿漢，都不願捲入科場案，或對噶禮、張伯行的罪責做出明確的決斷。

曹寅已從京城返抵揚州，在五月初（陰曆三月底）的奏摺裡即闡明這一點。他在簡述科場案進展之後，指出張鵬翮只追究有罪的兩名舉人吳泌和程光奎，因為怕案情更形複雜，並無意深入調查左必蕃和趙晉這兩名考官。一般認為，張鵬翮想要「調停總督撫院了結此案」，而滿人赫壽「亦因循可否，以觀成敗」。

曹寅還提到激憤的群情已告冷卻。百姓還是認為噶禮並無賄賣舉人之事，並相信張伯行乃出於挾怨報復而參劾噶禮，不過百姓已不再反彈了。如今，支持噶、張的主要來自兩人的僚屬，乃是私心使然，而不是對噶、張有任何真感情，百姓對噶禮、張伯行的氣量狹小、自私自利都很鄙視。[127]

五月稍晚，曹寅奏報欽差審理大臣仍未深入調查案情。這時有一名關鍵證人，即房考陳天立，在同僚經不住嚴刑拷問後更改證詞後自縊。而張伯行有關考場舞弊的部分證據就是建立在陳天立的供詞上，如今眾議紛紛，「以為或有逼勒身亡，以圖滅口者」。對這兩位互參案當事人的調查也沒有進展：噶禮和張伯行每日在堂上陳述，寫下供詞，但就是沒有當面對質，似乎也沒有調解的可能。

皇帝在回覆曹寅的硃批裡表露出他的沮喪，也看得出他知道眾人的沮喪；在只有曹寅一人得見的硃批，或許才是他此刻心情的真實流露：

> 眾論瞞不得，京中亦議論紛紛，以為笑譚。審事也不是這樣審的理，但江南合省都甚沒趣了，想比（必）滿州恨不得離開這差纔好。再打聽，再奏。[128]

康熙五十一年五、六月，曹寅、李煦雙雙奏報科場案的進展細節，包括各證人的供詞，所以早在皇帝接獲官方的調查發現之前，他已大致掌握了案情的相關事實了。

曹、李奏報康熙，審理的結果揭發科場舞弊的兩種手法。兩名舉人程光奎和席玕招認，他們係夾帶進考場。調查發現，他們的筆跡與其所繳交試卷的筆跡並不一致。此外，調查還發現，吳泌在試卷的特定處寫下「其實有」看似無關的三個字作為暗號，使受賄的房考能挑出這份試卷，並予以推薦。

李煦在六月十九日（陰曆五月十六日）的奏摺裡奏報，揚州眾議紛紛，不滿審理大臣竟未查出主考、房考在賄賣舉人一案的關節；經過半年，審案大臣「終不曾在主考、房考身上究出真情。」皇帝亦附和道：「朕聞大概不過如此，京中哄傳，以為笑談。」曹寅更是公開蔑視張鵬翮對互參案採取拖延的策略，以及他掩飾個人動機的行徑，他還鐵口直斷審案大臣的可能舉措：「揆張鵬翮、赫壽之意，大約要各問一個不是，候聖旨定斷。」[129]

康熙的硃批清楚顯示，他在意百姓的議論，以及噶禮和張伯行在地方上各自得到多少支持。皇帝降旨張鵬翮，諭令他察明「紳衿士民保留督臣」[130]的情形。眾人對噶禮的支持依然熱烈，六月底韃靼將軍馬三奇亦上奏敦請保留總督。[131]是月，曹寅的摺子已能令皇帝寬心了，曹寅奏報，說儘管仍還有不少動作，但都無甚重要，已有眾議日漸沉寂的跡象：

保留總督及保留巡撫者，各衙門俱有呈紙，為總督者大半，為巡撫者少半。其鄉紳及地方有名者，兩邊俱著名保留。兵為總督者多，秀才為巡撫者多，或是偏向，或是粉飾，或是地方公祖借保留完其情面，或是屬官各報答上司之情，紛紛不一，目下寂無言說矣。[132]

六月二十三日，張鵬翮奏報案情的結果和擬定的刑責。督撫互參一案，噶禮清白，但因不實指控而遭問罪，降一級留任。張伯行無能屬實，又誣指噶禮納賄五十萬兩白銀，問罪革職流放（但允張伯行贖買流放刑責）。至於科場案，賄買舉人之一與其中間人處以絞刑，副主考趙晉、兩名房考，以及中間人軒三處以流刑，而主考左必蕃因其主持之考場發生舞弊，遭革職問罪。[133]

曹寅在審案期間就已抨擊過張鵬翮；如今聽到這個判決，曹寅寫了生平最為憤慨的一道奏摺，譴責張鵬翮裁決違反罪、刑相應的原則。這是曹寅生前有關這件重大刑案所呈最後的一道奏摺；儘管當差三十年，位居要津也有二十載，但他沒有喪失激昂陳詞的能力：

但主考、房考，始終不曾嚴問，亦未得通同字眼及受賄之口供。從前延緩，原欲出脫主考、房考之罪，想因外論紛紛，故臨期商量，以揆此改入此罪。

外邊人又議論以為如主考、房考，賄賣事真，罪不止如此之輕，如無賄賣情弊，罪不宜如此之重；即藩司馬逸姿家人軒三，如果夤緣賄賣，亦應重擬，如無夤緣情弊，即應無罪，何以一概混擬糊塗了事，未免人心不服。

總之張鵬翮之意，不肯明審以破面目，留為日後告覆之地。其蘇州舉人席玕，審係夾帶，革去舉人枷責，馬士龍革去舉人無罪，其餘三人仍准會試。但席玕與程光奎均認夾帶，一則擬流，一則枷責，事同罪異，不知何意。

又督撫互參一案，總督噶禮問降一級留任，巡撫張伯行革職問徒，外論謂此二人均有不平，降革不一。

……張鵬翮因以日子太久，故將數案潦草了局。總漕赫壽勸其再一研審，務得實供，張鵬翮不允，已於本月二十日拜本起身往福建審事去矣。

> 如此大案，審整半年，並未審出真情，以揆此二字結案，此番張鵬翮在江南聲名大損，人人說其糊塗徇私。[134]

皇帝在奏摺上僅硃批「可笑」二字——這或許還不足以安撫曹寅，但康熙收到審理大臣結案奏報後所採取的公開動作，形同公開宣示了曹寅、李煦私下敦請之事。皇帝在康熙五十一年七月八日下了兩道諭旨，完全否決張鵬翮之奏請。康熙以類似曹寅的措辭，責備張鵬翮未能深究互參案，「乃兩面調停，草率完結」；康熙亦否決科場案的裁決，因為未查明趙晉在這起弊案中的角色，並對其他犯案者任意判刑。[135]

假使曹寅、李煦的奏摺沒留存下來，那麼康熙皇帝對這兩起案子的處置就顯得極為專橫獨斷。從現存官方的史料，史家僅能知道皇帝在康熙五十一年三月指派兩位大臣前去查案，而這兩人花了四個月的時間仔細審理案情，而他們的調查結果卻遭委任他們的皇帝輕率推翻。事實上，就如曹寅和李煦在奏摺中所示，敷衍調查、草草結案。皇帝因得自耳目的祕密奏報，推翻裁判，而承審大臣想必知道皇帝的否決是有所據的。

康熙在推翻張鵬翮的判決後，又委派張廷樞、穆和倫兩位大臣重新審理案情，[136]重新查驗證據，考官舉人一一嚴刑審鞫，釐清考生、中間人、賄賣考官之間糾纏的線索，從而給予嚴峻且公允的量刑，[137]六人被處以極刑，康熙認可判決，科場一案才告結案。[138]

不過，新任審理大臣對互參案的裁決並不能令皇帝滿意；他們也認為噶禮無罪，僅對張伯行量刑。康熙否決此一判決，因為他們跟前任一樣，並未對互參案追根究柢。[139]康熙諭令吏部三度查驗證據，吏部在接旨僅一週後便回奏說：張伯行和噶禮雙雙瀆職，應予革職。但吏部謹慎加了一句，朝廷亟須誠正的大臣，「張伯行應否革職留任，伏候聖裁。」而皇帝的諭旨僅云：「噶禮著革職。張伯行著革職留任。」[140]

就跟科場案一樣，康熙皇帝嚴守群臣間爭論和回應的格式，但這回他並未留給群臣多少選擇的餘地。他如此推助張伯行、壓抑噶禮的用意何在？難道是要擺出聖王之姿，教誨他的漢族臣民嗎？或者心思更為細膩，藉此抬高正直但天真的學生——這種恭謹臣子的完美典範——以鞏固皇帝的地位？當然不是出於第一層考量，因為這整件事太不莊嚴；就如皇帝給曹寅的硃批所寫的，這案子是場鬧劇，還讓滿人覺得很不安。但也不會是第二層考量，因為朝廷內部的互動既複雜又重要，不容省級衙門拖沓無能。也不能說這是出於一種純粹的奇想；無須負責的專制者，絕不能容忍他擢用的判官如此公然對立，之後也不會拔擢他們位居要津。[141]

我認為，康熙之所以這麼做，正因為他是司法上的最後仲裁者——這是他在科場案所扮演的角色——同時他也是個調停人（mediator），此處所用「調停人」一詞，具有如下嚴格意義的界定：調停人的功能，首先在於化解緊繃狀態，而這種緊繃狀態僅能舒緩，以使得現實的爭端能在沒有干擾的情形下得到處理。此外，他還會提出各種方法控制衝突，指出兩造各自相對的利與弊。[142]

康熙皇帝在互參案中，扮演的就是滿人和漢人的調停人角色，而不得不把眼光放遠，來看待噶禮與張伯行之爭。他明白提醒滿人，他是漢人的皇帝，也是滿人的皇帝：

朕聽政五十餘載，凡滿漢大臣，皆當知朕之居心；滿漢俱係朕之臣子，朕視同一體，並不分別。無知之輩，且謂朕為何不庇護噶禮。朕乃天下之主，凡事惟順理而行，豈可止庇護滿洲？[143]

同時，他還鼓吹團結來搶先堵住批評的口實：

滿洲大臣毋謂朕偏向漢人，朕至公無私之心，天下共見。[144]

康熙皇帝在這個層面上，不得不以超越法律之上的口吻說話，以他所處的地位，他就是能了解一切：

> 朕臨蒞天下五十餘年，遍諳諸事，於滿洲、蒙古、漢軍、漢人，毫無異視……閱朕此旨，是則是，非則非。145

但在尋常之事，康熙十分謹慎，為了取得必要的消息，他起用曹寅，再三斟酌之後，根據曹寅的奏摺內容做出他自己的決斷。他慎重挑選耳目，而回報以他的信任。

在曹寅曲折的生涯中，作為耳目的這短短幾年，或許是最引以為傲的時刻；他與天子的接觸直接且非常私人。康熙皇帝的手法純熟，總能讓他隨性提問，得到直白的回應，同時化解皇帝與臣子關係中的敬畏之情和距離感。如果這是一種政策，而不是手法，那他確實是個睿智的統治者。曹寅可能感受到的是應人所託，而不是屈從於脅迫，結果則是報以更誠摯的回應，更真心的效忠。

第七章　曹家的沒落

曹家在雍正六年的失勢是一個緩緩而至的過程。曹寅於康熙五十一年驟逝，曹家並未就此崩頹。曹家雖然負債累累，並因鹽務上的虧空而遭非難，但曹寅的身故卻使得皇帝格外眷顧曹家。康熙想要證明他們之間的君臣之義並不容易；但是康熙對曹寅的種種作為，他的軫恤勸告，派遣特使賜給稀珍藥材奎寧以治療曹寅的瘧疾，他對曹寅的掛念，這一切都表明兩人之間的關係匪淺。

曹寅的病死

康熙四十八年間，曹寅漸感虛弱倦怠。他試著進補調理，尤其是人參，但他攝取的量已大到危險的程度。[1]一般認為人參這種藥材能延年益壽，就連耶穌會神甫也覺得有效；當時，杜德美（Jartoux）神父在服用人參之後寫道：「我感覺脈搏清朗，胃口好，覺得自己更有活力，比起從前，更能耐勞。」[2]上等人參長在關外深山，專供御用，若是流入市場，價值不菲，每石值數千兩白銀。[3]康熙四十八年冬，曹寅三任巡鹽御史赴京述職，即乞請康熙御賜人參。[4]曹寅的健康狀況，以及服用補藥的習慣，自然為康熙所關切，這可以從次年兩人的奏摺、硃批往返窺知。

康熙四十九年春，曹寅返歸江蘇後感染眼疾。五月二日（陰曆四月初四），他向皇帝奏報眼疾已經康復，可以自己繕寫摺子。皇帝在曹寅的奏摺上以濃墨粗筆加以硃批：

爾南方住久，虛胖氣弱，今又目疾，萬不可用補藥；最當用者，六味地黃湯，[5]不必加減，多服自有大效。[6]

康熙用藥相當務實，偏好家常的地黃，而不是昂貴、求之不易的人參。一個月後，康熙給了曹寅一個硃批，提及來年的展望，並寫道：「特命爾知之，無復掛念也。」[7]

然而，皇帝的提醒和勸告還沒送到，曹寅就又病了，再次服用人參治病。[8]直到六月底，接受康熙建議服用地黃之後，他才在摺子裡提到自己已漸漸康復。[9]夏、秋時節，曹寅日益硬朗，康熙還是持續垂詢，曹寅以能得到皇帝的掛心和垂詢而備感殊榮。就如他在康熙四十九年十二月二十二日（陰曆十一月初三日）的奏摺所云：

臣家奴回南，伏蒙御批摺子：「知道了。病比先何似？欽此。」臣跪讀之下，不勝感激涕零……臣今歲偶感風寒，因誤服人參，得解後，旋復患疥，臥病兩月有餘，幸蒙聖恩命服地黃湯，得以全癒。目下服地黃丸，奴身比先，覺健旺勝前。

而康熙的硃批有如臨床診斷：

知道了。惟疥不宜服藥，倘毒入內，後來恐成大麻風症，出（除）海水之外，千方不能治。小心，小心！土茯苓可以代茶，[10]常常吃去亦好。[11]

康熙的直接勸告或許起了作用，曹寅不再服用危險的補品。起碼在康熙五十年這一整年，曹寅的健康都不錯，能夠督視鹽務。那年冬天，曹寅一如往常赴京述職，還寫了詩來描述他隨侍皇駕前往鹿苑，提到厄魯特諸王子騎馬向康熙致意，他還語帶自豪，陳述與四位滿洲將軍一同觀見。康熙五十一年三月十六日，曹寅南歸，花了十六天才抵達揚州，這一路上他勤於賦詩；渡黃河的一場大雨，讓他憶起曾在這一帶行獵。[12]曹寅在揚州還與另外兩位織造李煦、孫文成商討《佩文韻府》的刊刻事宜。他還奉命與漕運總督赫壽商議，赫壽是科場一案的審判大臣之一，但他奏報皇帝說「不便會面」。[13]他們應該是需要私下碰面。

在四至六月間，曹寅忙於奏報科場案的進展，寫了幾道詳細、心意誠摯的奏摺，[14]以及刊印《佩文韻府》事宜。他挑選了匠手百餘人，但「好者難得」[15]——這是相對於當初編纂《全唐詩》的時候而言。曹寅還提到這時發生蝗災，代理總督已著手處理。此時既然正值雨季，蝗災不致於延燒，可以無須擔心。[16]

曹寅離開揚州，回到江寧料理織造衙門的差事，在江寧時收到皇帝欽賜御書。他寫於康熙五十一年七月六日（陰曆六月初三日）的最後一道奏摺，就是感謝康熙頒賜御書。曹寅提到，皇上頒賜御書的消息已經傳開，全城進士舉人、鄉紳士庶，群請瞻仰御書。但他惟恐「訛傳遠近」，所以先刊木版印行，以便流布。但百姓更思昭垂萬古，所以已開始挑選碑石，磨勒皇帝御書。康熙的硃批很務實：「朕安。知道了，不必勒石。」[17]

七月十九日，曹寅回揚州，與造訪書局的幾位學者怡然度過數日。不過，到了八月二日，他染上風寒，臥病在床。他以為這只是小病，還寫了一首詩，說是身體微恙可讓人難得清閒獨處：

高露纏收露羽明，蕉衫初解嫩涼生。

好知清夜無多語，靜聽西軒打腳聲。[18]

曹寅的風寒沒有痊癒，反而更形虛弱，惡化成瘧疾。從曹寅的最後一首詩裡可以看出，他似乎意識到自己這次病得嚴重；他雖然喜見族中小輩前來探病慰問，但一思及他們的前途未卜，已開始憂心。[19]

李煦人在儀真掣鹽，聽聞曹寅感染重症的消息，於八月十六日（陰曆七月十五日）趕到揚州來陪他。這時候的曹寅已病得無法執筆，於是李煦便代曹寅向皇帝奏報：

曹寅向臣言：「我病時來時去，醫生用藥不能見效，必得主子聖藥救我。但我兒子年小，今若打發求主子去，目下我身邊又無看視之人，求你替我啟奏，如同我自己一樣。若得賜藥，則尚可起死回生，實蒙天恩再造。」等語。

臣今在揚，看其調理，但病勢甚重，臣不敢不據實奏聞。

康熙的硃批流露出關切之情，但也提供實質的建議和幫助：

> 爾奏得好。今欲賜治瘧疾的藥，恐遲延，所以賜驛馬星夜趕去。但瘧疾若未轉泄痢，還無妨。若轉了病，此藥用不得。南方庸醫，每每用補濟（劑），而傷人者不計其數，須要小心。曹寅元肯吃人參，今得此病，亦是人參中來的。
>
> 金雞挐（奎寧）專治瘧疾。用二錢末酒調服。若輕了些，再吃一服，必要住的。往後或一錢，或八分，連吃二服，可以出根。若不是瘧疾，此藥用不得，須要認真。萬囑，萬囑，萬囑，萬囑！[20]

曹寅的乞請與康熙的回覆顯示了西藥在中國被接納的積極面，以及中國人接納新科技的開放態度。康熙曾於康熙三十二年染患瘧疾重症，他從耶穌會修士劉應（Visdelou）和洪若翰得到奎寧。劉、洪的奎寧則是得自龐德切麗（Pondicherry）的耶穌會修士友人相贈的，於是劉、洪便冒著殺頭之罪進呈皇帝。先讓三名瘧疾患者服用奎寧，三人都告痊癒。然後，太子再調配少量的奎寧和著酒，由四位皇族成員服用，這四人都無不良反應。最後，皇帝才服用一些，並康復了。[21]在李煦上呈的第一道奏摺裡，康熙的硃批就曾提起這件事。[22]傳教士參與治癒康熙瘧疾，正是他們在內廷附近得到一幢大宅充作教堂的主因。[23]

曹寅有一次也得到欽賜的奎寧。這件事發生在康熙四十四年五度南巡期間，皇帝受到總兵張雲翼盛情接駕，見他較先前消瘦得多，於是垂詢原委，得知原來張總兵九度染患瘧疾。皇帝便把奎寧賜予張雲翼。並下達諭旨：「這金雞納是皇上御製的，服了很好，這是十兩，著賜提督。」[24]不過，要向皇帝求藥需要相當的勇氣，曹寅一直到病情惡化後才敢向康熙開口。這麼一拖延，就把他的命給送掉了。李煦在代曹寅求藥五天後進呈奏摺：

曹寅七月初一日（陰曆）感受風寒，輾轉成瘧，竟成不起之症，於七月二十三日辰時身故。當其伏枕哀鳴，惟以遽辭聖世，不克仰報天恩為恨。又向臣言：「江寧織造衙門歷年虧欠錢糧九萬餘兩，又兩淮商欠錢糧，去年奉旨官商分認，曹寅亦應完二十三萬兩零，而無貲可賠，無產可變，身雖死而目未瞑。」此皆曹寅臨終之言。

李煦接著說，曹寅的寡妻幼子，斷難清償如此巨額的銀兩。為此他冒死叩求代管康熙五十二年曹寅若不死應當接任的巡鹽御史；以所得餘銀為曹家償債，而曹寅也能於身後復蒙皇恩。

李煦奏請。

這道奏摺就事論事，但銀兩的細節卻交代不清；康熙皇帝有些猶豫，但還是恩准了

曹寅與爾同事一體，此所奏甚是。惟恐日久爾若變了，只為自己，即犬馬不如矣！[25]

李煦寫了這道摺子約三週後，李煦的家奴帶著奏報曹寅病重、且有皇帝軫恤的硃批和建議的奏摺回來。而帶著御藥的驛吏早幾日抵達，不過曹寅已告去世。[26]

曹寅友人張伯行寫的祭文，多了幾分清雅，少了幾分錢糧俗事。張伯行乃馳名儒士，江蘇巡撫，在科場一案中與滿洲總督噶禮爭得你死我活，[27]但他對曹寅的情誼顯然沒有因曹寅的包衣身分，或與滿人淵源深而稍有減損；他以文人之間的深情來寫曹寅：

嗚呼！誰謂公其竟止於此耶？彼夫經史子集，藏書萬卷，孰為之手披而心玩？而名公巨卿，賢人君子，日與賦詩贈答相怡悅者，又孰從而想像其風采之蹁躚？

疇昔之日，余秉臬篆，實與公同舟而共濟，公披肝膈而款款，我則忱悃之

戔。嗣予馳驅乎閩嶠，悵彼此之各天；值雞鳴而風雨，亦每念之纏綿。何期鎮撫吳會，重侍几筵；三載相依，挹汪洋之偉度；一心如結，信膠漆之能堅。

吁嗟已矣！今幾何時，而音容不再，遺範空懸！對瑟樽以淒惻，寫衷愫而泣漣。陳詞敬酒，公其鑑茲誠意拳拳！[28]

張伯行的古雅祭文，或可視為百姓對曹寅之死的哀悼；這份哀悼之深，足以讓曹寅入祀江寧府的名宦祠。[29]不過，在公開頌揚曹寅身為朋友、名士之德的背後，是曹家一片混亂，債務纏身。而這是李煦不得不去料理的燙手山芋。

曹寅之子曹顒

曹寅於康熙五十一年八月二十四日身故，曹家隨即陷入絕境。曹家累積了數以萬計的債務，又無任何官位。曹寅的母親孫氏以康熙皇帝幼年的保母而受優寵，但也於康熙四十五年辭世，享壽七十四歲。[30]曹寅的獨子曹連生（後更名為曹顒）此時十九歲；他曾在京城裡做過一陣包衣，然後康熙恩准他回江寧陪伴父親。[31]但他沒有行政經驗，前途必然黯淡。

李煦火速打理，在曹寅去世當天即進呈奏摺，乞請讓他續任鹽差，好為曹家償債。[32]康熙恩准所請，這意味曹家能自行清償虧空；但這還不能確保曹家的未來。

曹家得到意想不到的援助——時任江西巡撫、兼代署理兩江總督的郎廷極。[33]他與曹寅於康熙五十一年論交，曹寅還曾為郎廷極的薄卷詩集（譯註：即《舟次集唐詩》）做跋。[34]雖說他們似乎只認識幾個月，但在康熙五十一年九月二十七日（陰曆八月二十七日），郎廷極呈了一道攸關曹家的重要奏摺。郎廷極寫道，眾人擠滿了他的衙門，籲懇請上奏，曹寅善政多方，讓曹寅之子曹顒補江寧織造一職。郎廷極連名帶姓，還加上行業，列出籲懇人士。這不是一份基於籲懇目的而蒐集的名單，不過已表明籲懇起用曹顒的都是熟悉絲織業的名望之士。參加籲懇的有機戶經紀、經緯行車戶、緞紗等匠役和絲商等。郎廷極在發出懇請後，還慷慨陳辭：

因身在地方，目覩輿情，亦足徵曹寅之生前實心辦事，上為主子，下為小民也。[35]

曹顒一定知道這些事，不過他並沒有魯莽到直接向康熙求討亡父的官位。曹顒的第一道奏摺寫於十月三日（陰曆九月初四日），有三件事恭謝天恩。一，皇帝賜贈奠儀讓曹顒得以為父送終視殮。第二，皇恩天高地厚，應曹寅之請欽賜御藥；不幸的是，「不料先期逝世，辜負聖恩。」第三，曹顒堂兄曹頫自京城南下，奉總管太監梁九功傳宣聖旨，特命李煦再管鹽差一年，以清償曹寅的虧空，並諭知曹顒，李煦若有私心自用——換言之，欺瞞他，可以具摺奏報。曹顒感沐皇仁，矜全父親名節，挽救曹顒一家的身家性命；但曹顒在奏摺的結尾處，解釋了他上摺子的原委，顯示他對自身處境仍感不安：

奴才包衣下賤，自問何人，敢擅具奏摺，緣奏聖旨格外洪恩，螻蟻感激之私，無由上達，謹冒死繕摺恭謝天恩。[36]

曹顒這道奏摺起頭寫的是「曹寅子奴才連生謹奏」。他既無頭銜，也無官職，僅能以其父之子宣稱。但曹顒繕於康熙五十二年元月二十八日（陰曆元月初三日）的第二道奏摺，開頭已用「江寧織造、主事奴才曹顒謹奏」，並提到有了什麼變化：

竊奴才包衣下賤，年幼無知，荷蒙萬歲曠典殊恩，特命管理江寧織造，繼承父職。又蒙天恩加授主事職銜，復奉特旨改換奴才曹顒學名，隆恩異數，疊加無已，亙古未有。[37]

皇帝應郎廷極懇請，補放曹頫江寧織造職，同時亦恩准李煦之請代償曹家的巨額虧空以保全曹家。曹寅死時招認三十二萬兩白銀的虧空，坦言無力償還，其中九萬兩是江寧織造的虧空，二十三萬兩是鹽差的虧空。起碼這是李煦所奏報的，而皇帝就是以此奏報為準，讓李煦續任兩淮巡鹽御史一年，好讓李煦填補曹寅的虧空。[38]

在續任兩淮巡鹽御史這一年的年底，即康熙五十二年十二月（陰曆十一月十二日），李煦奏報他已課得餘銀五十八萬六千兩白銀。這筆銀兩是李煦同兩淮鹽商親自交給曹頫，不敢自圖己私。[39] 曹頫在十二月三十日（陰曆十一月十三日）上呈康熙的謝恩摺裡，還附上銀兩清單，清楚交代這筆錢的用途：二十一萬兩解江寧、蘇州織造衙門作為基本花銷；一萬二千六百二十兩用於江寧備製神帛、誥命、織匠薪津，這時曹頫已在江寧繼承織造之職；五千兩用於江寧、蘇州置辦原料、自備船隻、修理機房；二十三萬兩解入運庫用於彌補鹽差虧空；九萬二千兩用於曹寅遺留下江寧織造的虧欠。各筆支出加總是五十四萬九千六百二十兩，尚有餘額三萬六千四百兩。[40]

曹頫不知該如何處置這筆餘銀，於是在康熙五十三年二月採取最妥善的方法，把這筆銀兩解送皇帝以備養馬之需。不過，皇帝念及曹家的用度仍短絀，連同軫恤的硃批，歸賜三萬兩：

當日曹寅在日，惟恐虧空銀兩不能完，近身沒之後，得以清了，此母子一家之幸。剩餘之餘，爾當留心，況織造費用不少，家用私債想是還有，朕只要六千兩養馬。[41]

從硃批來看，康熙皇帝確實很關心曹家。曹寅曾在一份呈報鹽務的奏摺裡提及他私下貸借了不少銀兩，此時已將屆三年。皇帝不僅關切公家錢兩，也過問了家務事。[42]

多虧了友人的啟奏懇請，皇帝的軫念體恤，曹顒已補了江寧織造的缺，曹家亦擺脫迫人的虧空。不過，在曹顒短暫官場生涯留下的十七道奏摺，除了他提到自李煦收到銀兩以填補的江寧織造的缺空，並支付各項花銷那份之外，無一提及織造的事。[43] 曹顒的奏摺幾乎都很短，列出當地的米價和附近的氣候，這在曹寅是偶一為之的事，如今到了兒子卻成為常規。幾無例外，曹顒收到的硃批，都是只有「知道了」。康熙偶而多費筆墨，如康熙五十三年八月，曹顒奏報大旱後的米價，康熙硃批曰：「去摺回到江寧，將雨澤情形再速奏聞。」[44] 曹顒雖然在九天前才奏報一切安好，但還是連忙再上了一道奏摺。[45] 曹顒行事所秉承的原則，就如同當年他清償完父親的虧空後，把餘額的三萬六千兩悉數解送給皇帝。[46] 即使在曹顒一生所留下來的政事奏摺，他的形象也躍然紙上：哪怕是微不足道的差事，他都恭恭謹謹，朝夕惕勵，竭盡所能討好皇帝。

所以，曹顒不太可能知道李煦在康熙五十三年秋做出驚人之舉，試圖讓他補巡鹽御史的缺。就連李煦也不敢如此直接乞請讓當時年僅二十一歲、視事織造才十八個月的曹顒，接下這既重要又複雜的差事。李煦是在奏報都察院時提到曹顒的姓名和品級；因為這個資料是來自現任的兩淮巡鹽御史，其用意不言而喻，於是都察院在康熙五十三年九月二十日（陰曆八月二日）啟奏收到李煦的資料。[47]李煦的意圖很明顯。他和曹寅輪管兩淮巡鹽御史十年，自康熙四十三年至康熙五十三年。如今，曹顒新任江寧織造，若視事巡鹽御史，他與李煦未來就有機會長期輪流把持這個肥缺。

李煦的建言並未獲採納。皇帝在覆示都察院所請的諭旨裡指出，巡鹽御史李陳常已補完一百八十萬兩白銀的虧欠；足證李陳常有幹才，應簡拔李陳常為新任巡鹽御史，而李留下的鹽運使空缺，也應舉薦有李陳常之能者來接任。

康熙的裁示是對李煦所請的駁回，不過這並未影響曹家剛得到的眷顧。曹顒續任江寧織造，於康熙五十三年進京，而這趟北京之行，或許是為了押運皇宮織品的船隻。但對於隨後的晴天霹靂，曹家並無心理準備：二十一歲的曹顒在北京猝逝。[48]曹顒是曹寅唯一活著的兒子。[49]如今曹寅的孀妻真是無依無靠了，曹家香火眼看就要斷絕。

康熙皇帝再次私下伸手救曹家。康熙五十四年二月，諭令曹寅的侄子曹頫過繼給曹寅當兒子，並承襲嗣父的官職。[50]於是曹頫成為曹家第四位署理江寧織造的成員，而曹家的香火可望延續下去。

李煦的謝恩摺表達了對曹顒早逝的哀思，以及在他的監護下，曹寅這個新兒子曹頫過繼後的情形：

奴才謹擬曹頫於本月內擇日將曹顒靈柩出城，暫厝祖塋之側，事畢即奏請赴江寧任所。蓋頫母年近六旬，獨自在南奉守夫靈，今又聞子夭亡，死其過於哀傷，且舟車往返，費用難支。莫若令曹頫前去，朝夕勸慰，俟秋冬之際，再同伊母將曹寅靈柩扶歸安葬。[51]

曹寅還沒安葬，就失去唯一的兒子，但皇恩浩蕩，又賜給他一個。

曹寅嗣子曹頫

康熙五十四年三月十四日（陰曆二月初九日），曹頫與李煦南下江寧。曹、李在南下途中，曹寅的孀妻即得聞皇上對曹家的施恩，堅持親赴京城恭謝天恩。曹頫和李煦聽聞老夫人的北京之行，火速趕去阻攔；雙方在安徽滁州碰頭，一起返回江寧。他們告訴曹母，皇上諭旨不必來京，而打消曹母北上的念頭。四月二日，曹頫一家人聚齊在曹寅位於江寧的宅邸；三天後（陰曆三月初二日），李煦傳宣聖旨，特命曹頫繼承宗祧，承襲織造之職，俟氣候合宜再將曹寅靈柩扶歸北方安葬。宣讀聖旨之後（曹家自然在數句前即已知道聖旨的內容），曹寅孀妻率曹家人恭設香案望闕，曹寅孀妻感激涕零，叩頭謝恩。[52]四天後，曹頫收授官印，走馬上任織造。

曹家又有成員任官——儘管年當弱冠，[53]但總是撐起曹家的門戶。雖說曹寅死時負債累累，不過，由於皇帝的寬仁讓李煦再續任巡鹽御史一任，課徵錢糧，以平衡收支，並賜給曹家一筆銀兩，料理曹家的私人債務。曹寅的子嗣稱心當差，沒有迫人的債務，曹寅死後應可瞑目，含笑九泉了。

假使曹寅所虧空的數額係精確計算，這件事就算了結，不過後來的調查卻發現，事情並非如此單純。曹寅之所以會有龐大的債務，是因為他被迫以鹽稅來支應織造衙門和經辦皇差的花銷；而開銷既龐大又持續，但鹽稅的徵集卻時間不一，而且每兩年才輪值巡鹽御史，直接支配鹽政，這顯然不是一個令人滿意的制度，而皇帝似乎也意識到這點；起碼，皇帝沒有因為這類虧空而責怪曹家人和李煦。說穿了，只要皇帝能牢牢控制鹽商，這虧空就不是大問題。因為，真正供應皇上錦衣華服和尋歡作樂的，其實是鹽商。而曹寅與其同僚的職責就是緊盯著鹽商把銀兩拿出來而已。

基於這個原因，當李煦在摺子裡坦承江寧織造衙門仍有巨額虧空未清（這時離皇帝以兩淮的每年餘銀清償曹家的虧欠僅一年），皇帝即諭令新任巡鹽御史李陳常以康熙五十四年的餘銀代補清償。[54] 李煦將這個破格天恩的消息告知感恩戴德的曹家，但不過一年，李煦便收到戶部行文，要他進呈一道請罪奏摺，乞請皇帝再破格施恩。

從李煦寫於康熙五十五年二月二十五日（陰曆二月初三日）的奏摺可以窺知，戶部官員已清查兩淮鹽務的種種項目——其速度之慢，令人難以置信，但也查得非常徹底，令各種違法行徑曝光。戶部官員發現李煦刻意隱瞞一筆十一萬兩白銀的虧空：這筆銀兩是曹寅應該還給鹽商的欠款。李煦代理曹寅巡鹽御史之職時，並未將這筆銀兩解運入庫，而是把它用來支付江寧織造衙門未曝光的欠款。戶部得花不少時間，才能拆穿如此複雜的帳目戲法，也不令人驚訝。戶部認為曹家理應支付這筆款項，因為按理說曹寅必須為此負責。戶部並未念及曹寅已死的事實，也不管李煦在帳目上動了手腳。曹家奉命歸還十一萬兩白銀，當然是付不出來。所以李煦才以堂皇的託辭，說他冒死奏請皇上，再施恩矜全曹家。[55]

李煦在同一份摺子裡，還提到雖然他先前奏報曹寅的鹽課欠款是二十六萬三千兩白銀，這個數目現在必須追加為三十七萬三千兩白銀。鹽課虧空最後得出的這個數目，可以算出曹寅虧空的總數。康熙五十一年所奏報的江寧織造虧空的九萬二千兩，另外還有以挪用鹽款而隱藏的十一萬兩欠款，以及皇帝所知曉並退還給曹寅之子用以償還私人借款的三萬兩。所以，合理估算曹寅死時的負債約為六十萬兩白銀。

康熙皇帝應允以往後數年的餘銀來償還全部的虧空。這些虧欠最終在康熙五十六年八月（陰曆七月），即曹寅死後五年，李煦八任巡鹽御史時，才悉數清償完畢。[56]皇帝似乎雖未斤斤計較公家債務的問題，但卻對曹家的家境極感興趣，而在曹頫奏報米價、氣候的簡短奏摺裡，硃批云：「你家中大小事為何不奏聞。」[57]曹頫顯然是把這硃批視為諭令他奏報家產，於是回覆如下：

奴才到任以來，亦曾細為檢查，所有遺存產業，惟京中住房二所，外城鮮魚口空房一所，通州典地六百畝，張家灣當鋪一所，本銀七千兩，江南含山縣田二百餘畝，蕪湖縣田一百餘畝，揚州舊房一所。此外並無買賣積蓄。

奴才問母親及家下管事人等，皆云奴才父親在日費用很多，不能顧家。此田產數目，奴才哥哥曹顒曾在主子跟前面奏過的，幸蒙萬歲天恩，賞了曹顒三萬兩銀子，纔把私債還完了等語。

奴才到任後，理宜即為奏聞，因事屬猥屑，不敢輕率。[58]

證諸日後對曹家家產的估算，此處的奏報顯然是太過低估了。譬如，曹頫便沒有提到曹家在江寧的房產，以及價值連城的珍寶。曹頫或許覺得想當然爾，因為皇帝已到過江寧曹家四次。但即便是低估，從這份奏摺也能大略勾勒曹家經商與農事的分布——從北京東邊的通州，至安徽南部的蕪湖、含山，再到大運河畔的揚州。曹頫顯然認為，報答浩蕩皇恩最明智的做法，就是自動捐貲；於是，在上奏家產一個月之後，他就送了三千兩白銀進宮，以供西征採買駱駝之需。康熙接受曹頫的捐銀，將之交給各部。[59]

曹頫身為織造，基本職責就是督視江寧的作坊，把定額的絲運送至北京。就像他先前的兄長曹顒，他也會定時進呈有關米價、收成的簡短奏摺——這已成為織造的例行業務。[60]除了這些常規的工作之外，他還像先前的曹寅那樣，經辦各種皇差。有稽可查的第一件皇差是在康熙五十五年初，曹頫奉旨照料前大學士熊賜履的幾個兒子。曹寅在七年前在奏摺中詳細奏報熊賜履的去世。曹頫在奏摺裡提到熊賜履有三個兒子，長子重病纏身；其餘兩個兒子僅九歲和八歲，平日讀書，足不出戶。「家中粗可過活。奴才先發與銀二百兩，為其家盤費之資」，曹頫寫道，皇帝硃批：「好，知道了。」[61]

還有一回，他和李煦一道將御賜匾額掛在普濟寺的大殿上。曹、李兩人在這種情形之下，通常都會以謝恩摺描述受禮的過程和眾人的反應。康熙皇帝顯然已厭煩了他們說來說去就是這麼回事，不像一般只硃批「知道了」，反倒說：「此匾不該如此聲揚。」[62]

（譯按：這是給李煦的硃批，康熙給曹頫的硃批，還是慣常的「知道了」。）

曹頫和李煦還聯手進行揚州附近天寧寺的修繕工程。康熙命曹、李提出工程估價，而他們在洋洋灑灑的奏摺中，羅列了十五款必需的花銷。他們對每幢建築物所需磚、瓦、石、木、生漆、釘的費用，以及木匠、石匠的工錢，都一一估價。最後估算出總結整體修繕工程需耗銀一萬四千二百四十三兩三錢六分，而揚州鹽商則認捐這筆經費。他們可否接受揚州鹽商的捐貲？從皇帝洋洋灑灑的硃批來看，他肯定讀過曹頫進呈的這類奏摺；而且，康熙從不拒絕對藩庫的捐納。不過，皇上也心知以官方的名義布施的好處，硃批道：

> 料願奏摺其數不多，雖商人情願分捐，亦當用庫銀方是。蘇州、江寧、杭州三處存庫銀，每處出五百，其餘依商人所捐，或有人出布施者亦准。斷不可料願之外除剩分毫。[63]

除了執行織造的職責、經手皇上交辦的各種額外差事之外，曹頫也漸漸開始扮演耳目的角色。他的歷程與李煦、曹寅類似；[64]起初，曹頫主動奏報，皇上先是不置可否，繼之即明確嘉許，然後曹頫便進呈詳細的密摺。

康熙五十四年十一月（陰曆十一月初一日），即署理織造頭一年的年底，曹頫便進呈了一道這樣的奏摺。整件奏摺的內容，總長僅八十八個字。

> 江南總督臣赫壽之母，今年八十有一，於十月二十五日在署病故。闔城百姓恐其丁憂離任，俱罷市不令總督交印，環請保留。將軍等慰諭再三，方始開市。所有地方情形，理合具摺奏聞，伏乞聖鑒。[65]

這份奏摺一如曹寅寫得最好的奏摺，扼要陳述主要涉及的事與人；一旦皇帝讀過奏摺，便能好好處理不管是江寧騷亂，或是總督鬆弛散漫的任何措辭激昂的奏報。

康熙對這份奏摺並無批示，但次年夏天他特別諭令曹頫親自調查：「聞得浙江雨水甚多，民食艱難等語。未知是否爾可細細訪問奏聞。」[66]曹頫奏報他已差人至杭州訪視，但並無發現異樣。不過，曹頫自己也覺得這個回奏太粗率，於是在數日後又進呈另一道奏摺，詳述浙江六大府的境況和米價。[67]曹寅和李煦從未奉命奏報發生離他們這麼遠的事；想必康熙對浙江地方官員的誠實有所懷疑，所以想聽聽局外人公允的奏報。

然而，康熙五十五年九月（陰曆八月一日），曹頫在有關浙江詳細奏報所得到的信賴卻毀於一旦。在請安摺裡，曹頫奏報收成良好，巡鹽御史李陳常死於任上，結果收到龍顏震怒的硃批：

知道了。米價還貴如何說得十分收成。病故人寫在請安摺內甚屬不合。[68]

曹頫行事莽撞，他既匆促上奏，又觸怒龍顏。幾乎有兩年的時間，曹頫就只是克盡本份，沒有接到任何特殊指示。突然間，在康熙五十七年七月（陰曆六月），他進呈有關米價的短摺上，有皇帝的親切硃批：

朕安。爾雖無知小孩，但所關非細，念爾父出力年久，故特恩至此。雖不管地方之事，亦可以所聞大小事，照爾父密（祕）密奏聞，是與非朕自有洞鑑。就是笑話也罷，叫老主子笑笑也好。[69]

康熙的意思大概是要曹頫即使認為是瑣碎小事，也該奏報與聞，就算年少無知犯錯，也會被寬宥。然而，說來奇怪，曹頫回應皇上諭旨的唯一一件長摺，的確只是博皇上一笑而已。這道奏摺陳述了兩個膽大妄為之人的詭計。其中一人是個大夫，名叫華子文，他治癒了得重病的何燦公。華何兩人因而結為好友。華子文大夫向何燦公透露，他有意赴海外經商。華子文捏造假關防、文件，承諾何燦公若立刻出資白銀二兩，將來可有五十兩的報酬。何燦公出了一兩五錢和兩匹布料；何燦公將銀兩連同布料交給華子文後，此人即告消失。何燦公並未懊惱他的損失，把整個騙局想通之後，反倒覺得這是個妙計，於是便如法炮製了許多假文件，以每份白銀二兩的價格，賣給容易上當的鄉下人。現在省方官員正著手調查這起騙案，曹頫的結論是，顯然只有無知窮人才受騙上當，所以不值得憂慮。[70]

或許這起騙局的後面還另有文章，又或許誇大的謠言已經傳到康熙的耳裡，不過這似乎只是一件小事而已。曹頫還奏報另一起事件，其中欠了一身債的知縣狀告安徽按察使年希堯，涉及這起案件的人雖然有來頭，但這還是一樁小事。[71] 不論原因為何，曹頫並未利用康熙賦予他奏報地方情事的特權，身為耳目，他稱不上有出色的表現。

康熙皇帝起用曹頫從事最有趣的計畫是在江蘇引進新品稻種。這項工作須具備某種程度的農耕知識，但曹頫顯然不符資格，不過在第一年吃了苦頭之後，曹頫便牢靠多了。康熙五十四年春，康熙皇帝特賜李煦一石新稻種，新稻長得快，一年可以兩收；新稻種若試行成功，對收成影響深遠，因為以往早熟或晚熟稻大多種在當地自然條件不適合種植一般水稻的地區，或是一般水稻要與其他農作物如小麥輪種。[72] 如今，在原本就富庶的稻米產區，有機會讓收成倍增。李煦遵旨將新稻種分發給下屬，曹頫和三位蘇州三位鄉紳。曹頫收到一斗；他與李煦都在四月（陰曆）插秧，於七月（陰曆）收穀。曹頫所播種籽與收成稻米之比是一比七十，每畝收成四石二斗；李煦的種籽種於高田，所播種籽與收成稻米之比是一比六十，每畝收成三石。[73]兩人皆奏報當地官紳農民無不歡欣羡慕，嚷著要新稻種。

這項試行開始時很順利，但在頭一年卻以失敗告收。曹頫「不勝惶恐」，奏報二次所種之稻卻不能長實；李煦的情況更清楚：苗雖長成，結實卻少，所收成的稻穀每畝不滿一石，比例是一比二十。[74]康熙安慰曹、李兩人，說他們種遲了。李煦剛好自江南押送龍袍至京城，於是就去向深知種稻之道的李英貴請益。[75]

李煦並未從李英貴的傳授中獲益。康熙五十五年春，他進呈一道奏摺，語帶困惑說到蘇州本地的稻子吐秧，而御賜的稻種成長速度有別，後者較前者提早插蒔——「其種原有不同也。」皇帝的硃批語氣輕蔑：「不暗（諳）節氣閏月，亂言春寒者，未必明白，如瞽摸道。」[76]不過，歷經開頭不順，之後的收成不錯。李煦奏報第一季收成是每畝三石七斗稻子，第二季收成是每畝一石五斗稻子。而第二季收成之所以較少，是因為早秋大風吹折禾苗的緣故；就算如此，新稻種的收成也遠高當地的稻種，當地稻種需一百四、五十天方能成熟，而收成是每畝三石九斗。曹頫奏報他第一次收成是每畝三石七斗，第二次收成是每畝二石二斗至二石八斗之間。皇帝喜聞曹、李的奏報，諭令兩人廣散新稻種：曹頫督視江南，李煦則發往浙江、江西。皇帝還說，盡可能將新稻以稻種保存，切勿浪費食用。[77]

康熙五十六年，曹頫、李煦謹遵諭旨。曹頫奏報新稻種的產量，新稻耕種面積的細節，以及江寧至蕪湖沿長江五十哩一帶種植新稻民家的收成情形。[78]李煦把新稻種分發至浙江、江西、安徽，也給了前來索求的鄉紳、農民和鹽商。李煦一連好幾份奏摺，都奏報新稻種極為成功：他在蘇州附近種植八十畝新稻，第一季收成是每畝四石一斗，第二季收成是每畝二石五斗。想當然爾，新稻種的需求益增。[79]這些數據可能被誇大，以取悅龍心，但李煦往後四年間，定時列舉包括新稻種在內各色稻種的收成情形，可見第一季平均收成是每畝四石，而第二季是二石。[80]曹頫歷經開頭的摸索之後，已在長江流域地帶這場小型農業改革中扮演吃重的角色。持平而論，套用曹頫在康熙五十五年十一月（陰曆十月）自己的說法，「百姓均得多收一次之稻，利益甚多。」[81]

這是曹頫平凡一生中最成功的一件事。身為耳目，他的行事過於謹慎；但在經辦錢糧方面，他又過於輕率。康熙五十八年夏，曹頫呈了一道複雜的奏摺，乞請皇上賜予他專責經辦管銅觔採買。曹頫的盤算是在運輸方面，他可以撙節三萬兩白銀——「自五十九年起承辦，十年共可節省銀三十餘兩。」曹頫繼續說道，目前購銅一事由總督、巡撫等八人經手；每年四十艘外國船舶運來紅銅四萬石，而官員相互競購，結果推升了銅價。曹頫打算依據戶部新議：銅量的三成缺額可以舊銅器抵價；如此一來，就僅需三萬一千石的銅，曹頫便可以他專責經辦的權力來對付外商。外商會照舊運來四萬石的銅，但曹頫只需三萬一千石的銅。銅價自然下跌，官方就可省下巨額銀兩。曹頫還說，幾位總督或許仍可進一步提供那三成的舊銅器；而他就可以省方的庫銀處理其餘事宜。如果真能提前一年給他銀兩，那就更好了。曹頫也不忘提及他的父親曹寅經辦銅觔八年，並無任何虧空、拖欠之情事。

康熙的硃批毫不含糊：

此事斷不可行。當日曹寅若不虧出，兩淮差如何交回，後日必至嗟嘆不及之悔。[82]

康熙最後的硃批之一寫於康熙五十九年，在另一件事情上頭也讓曹頫感到挫餒。曹頫顯然是在為皇帝經辦某些差事，其中包括將磁器還有像燒琺琅之類器物解送京城。但磁器不翼而飛，曹頫接獲如是的硃批：

今不知騙了多少磁器，朕總不知，已（以）後非上傳旨意，爾即當密摺內聲名奏聞，倘瞞著不奏，後來事發，恐爾當不起，一體得罪，悔之莫及矣。即有別樣差使，亦是如此。[83]

毫無疑問，康熙在位的末期，對曹家的容忍已經到了極限。

曹家的沒落

康熙六十一年十二月（陰曆十一月），康熙皇帝駕崩，李煦幾乎隨即被革去蘇州織造一職。[84]對曹家而言，這是新朝伊始的不祥之兆。此時已七十多歲的李煦曾是康熙皇帝的寵臣，[85]無顯赫治績，他的去職確實表明舊秩序已經有變。

雍正皇帝待人與治理政務的態度對曹家很不利。雍正講究紀律嚴明，管教包衣甚嚴，甚至公然辱罵包衣，苛評他們低賤、不誠實、不服從。[86]他不認為織造一職有何重要，認為織造「不過採聽風聞入告」。[87]而巡鹽御史「但能清楚錢糧即為稱職」。[88]他痛惡黨爭，絕不寬貸駑鈍欺瞞之徒。[89]雍正登基的第一年，四十五位各部大臣、御史，就革去或調動了三十七位。[90]他關切各省財政，特別是江蘇，錢糧龐大，卻一再虧空。[91]他從兩方面來整頓錢糧、澄清吏治——在制度層面上，雍正元年至雍正三年間，會考府發揮節制支出的作用；[92]在人事方面，他授予許多小官以密摺的形式奏報同僚行為的權力。[93]於是雍正進一步擴展了康熙始創的密摺制度，並苛責應奏報但未奏報地方輿情的官員。[94]

三大織造在雍正即位初年的多災多難，正是新皇帝偵刺、摧折他認為庸碌之輩的典型。胡鳳翬繼任李煦視事蘇州織造，就開了第一刀。胡鳳翬曾任知縣、內務府郎中，他之所以能得意官場，是因為他的妻子是雍正皇帝寵妃年妃的姊妹。[95]胡鳳翬因雍正的眷顧而被擢用，李煦當年上任第一件事就是清查曹寅的虧空，而胡鳳翬所辦的第一件差事也是清查李煦的虧空，而且查得很賣力，甚至挖出遠在康熙三十二年的一筆欠款。[96]胡鳳翬的第二次奏報極為出色，以致於雍正諭令他與江蘇巡撫一同辦差。[97]不過，當胡鳳翬轉而以密摺奏報同僚的事情時，卻是惹禍上身。在他第一件臧否其他官員的奏摺旁，雍正硃批道：「少不慎密，須防爾之首領（譯註：指項上人頭）。」而當他提到見到官員阿爾法犯錯並給予糾正時，他接到的硃批更是令人心驚：「教導阿爾法猶為次之，教導胡鳳翬要緊。」[98]

情勢每下愈況。爾後的硃批指責他進呈的奏摺含糊不清、漫不經心、不恭順；[99]同時，地方官員亦監視他的動靜，從而雍正更是一再訓誡他。[100]最後，在雍正四年三月十五日（陰曆二月十二日），江蘇巡撫偕同內務府官員高斌來到胡鳳翬的衙門，知會他已被革職了。三月底，胡鳳翬、妻子年氏、妾盧氏一同自盡。[101]

胡鳳翬與家人一同自盡，一個原因是署理織造時欺君，但主要關鍵是他牽連到宮廷政爭。康熙皇帝的八、九皇子允禩和允禟，雍正認為這兩人持續反對他御極，而遭雍正革爵圈禁後，於雍正四年死在獄中。[102]胡鳳翬的妻子年氏是敦肅皇貴妃的姊妹，而她的弟弟正是權傾一時的重臣年羹堯。不過，到了雍正三年年底，年妃病重，不久就歿故了；爾後年羹堯以勾串雍正皇弟允禟罪名下獄。年羹堯被削爵革職，以九十二大罪議處，賜其自盡。[103]曹家想必是心懷惶悚，密切關注這一連串猙獰事件的進展；這不僅因為曹頫的織造做得不稱職，更是江寧織造衙門左側萬壽庵還藏了一對高逾五尺的鍍金獅子——這也是皇弟允禟送給曹家的禮物。[104]曹家的局面撐得稍久些。其間，李煦又再度淪為祭品。他雖在雍正元年去職，但肯定仍在官方的監管之下，到了雍正五年三月底，他因饋贈「阿其那」侍婢禮物的罪名而下獄。[105]阿其那是滿洲話，意指「雜種」，這是雍正皇帝強加給皇弟允禩的名字。李煦似乎牽連政爭，不過他的確切罪名並不清楚，而他最後的下場也不得而知（譯按：根據周汝昌《紅樓夢新證》的記載，李煦因勾串阿其那案而被流放打牲烏拉〔位於黑龍江布特哈旗〕）。

此時，另外兩位織造亦非安然無事。曹寅的故交孫文成自康熙四十五年即署理蘇州織造，在雍正登基頭一年便受到懷疑。雍正認為孫文成強行勒索以支付修繕寺廟的花銷，以及其他非法的勾當。雍正諭令浙江巡撫調查孫文成，並以密摺奏聞，不過並無確鑿罪證，所以孫文成還可保住官位。[106]往後數年，孫文成辦差並未受到雍正的非議，不過在雍正四年之後，孫文成又開始受到雍正責備，特別是孫文成並未定期奏報商品價格，並試圖以扭曲的奏報取悅龍顏。雍正五年五月，孫文成接獲雍正的警告，乍讀之下宛如定罪宣定：

凡百奏聞，稍有不實，恐爾領罪不起。須知朕非生長深宮之主，係四十年閱歷世情之雍親王也。[107]

從此再也沒有孫文成上奏摺的記錄，雍正皇帝亦並無進一步的批示。不過，八個月後，即雍正六年一月，孫文成因不明之罪遭議處革職。[108]孫文成的下場亦不得而知。

曹頫在雍正登基頭一年盡可能不去觸怒龍顏。雍正元年，戶部決議取消由兩淮巡鹽御史支應江寧織造花銷的制度。新任兩淮巡鹽御史接獲戶部指示時，已把銀兩解給曹頫了；於是他幾度致書曹頫欲索回款項，但俱無回音。最後，他上奏理應命曹頫把款項歸送戶部。雍正下旨了，但曹頫並未因推託而獲罪。[109]曹頫定期解送絲織品赴京，覲見雍正；這時他會代其他織造向皇上請安。的確，曹頫曾因與其他織造共同為宮廷經辦的用品太過揮霍而受責備，但這種責備通常並不嚴厲。[110]

幾乎可以肯定的是，曹頫倒臺的直接原因是皇帝收到一道不利於他作為的奏摺。當年曹家也以奏摺上奏康熙皇帝這類情事。如今，說來諷刺，同樣的報應也落在曹家身上。雍正通常閱過這類奏報之後便留存日後參考；對曹頫而言，不幸的是，這回上奏的官員十分受雍正寵信。此人是噶爾泰，雍正二年視事兩淮巡鹽御史，直至雍正七年。[111]噶爾泰為官嚴謹負責，他奏摺上的硃批是曹頫與其友人永遠無從得知的：「爾之可嘉處朕筆諭不盡，勉之，勉之，勉之。」或者「凡人靡不有初鮮克有終，須堅守此志，勿使遷移，勉之。」[112]

雍正五年二月八日（陰曆一月十八日），噶爾泰上了一道摺子，評點各地官員的能力——他臧否的對象從鹽商之子、江寧和揚州知府，到省級的布政使、按察使。曹頫名列第三，噶爾泰如是描述：

> 訪得曹頫年少無才，遇事畏縮。織造事交與管家丁漢臣料理。臣在京見過數次，人亦平常。

雍正在這段文字的行間寫了兩則硃批：在曹頫名字旁邊，雍正硃批道：「原不成器」，而在「人亦平常」這句文字的旁邊，雍正硃批云：「豈止平常而已！」[113]倘若進呈的是如此的奏摺，而皇帝又細心閱讀且認可奏報人的判斷，那這位官員的仕途必定堪慮。

這道奏摺進呈時曹頫人在京城。曹頫於三月十九日回到南方，並前往位於儀徵（儀真）的巡鹽御史衙門拜見噶爾泰，向他傳達雍正三令五申禁革奢華的諭旨。[114] 一想到這麼一幅場景，便覺得不可思議：這兩人以公開儀節傳達皇上諭旨，而其中一人才剛以密摺批評同僚；另外一人或許正覬覦這個父親、舅舅長期署理的巡鹽御史之職。

曹頫於雍正六年一月遭革職，同時去職的還有杭州織造孫文成。將曹頫革職的官方理由是他虧空。[115] 這些虧空究竟是先前曹寅未填補遺留下來，還是曹頫自己未及時將銀兩解送戶部，抑或是曹頫因供應宮中絲織品所需而積欠的，並未詳細說明。除了官方的罪名之外，還得再加上噶爾泰對曹頫處事無能的評語，而且皇帝亦認可噶爾泰的這些看法。雍正仍然持續整肅牽連允禟、允禩諸王爺的人，並未鬆手，或許也是原因之一。奉旨查抄江寧曹家府邸的大臣隋赫德，奏報發現曹家與允禟勾串的證據——雍正皇帝把這位皇弟稱作「塞思黑」——意思是「豬」：

江寧織造衙門左側萬壽庵內，有藏貯鍍金獅子一對，本身連座共高五尺六寸。奴才細查原由，係塞思黑於康熙五十五年遣護衛常德到江寧鑄就。後因鑄得不好，交與曹頫，寄頓廟中。今奴才查出。不知原鑄何意，並不敢隱匿，謹具摺奏聞。或送京呈覽，或當地毀銷，均乞聖裁，以便遵行。[116]

這道奏摺顯示隋赫德對他的發現感到非常悚懼；允禟與曹頫在這件事情不必然有密切關係，而在隋赫德進行調查之前，很可能也不知道曹家有這麼一對鍍金獅子。不過，曹家很可能和李煦一樣，只要與允禟、允禩黨人有往來，就足以讓皇帝將之革職。

曹家被抄的進一步詳情無從得知。進一步的可能線索來源《紅樓夢》，也沒有關於曹家被抄的直接描述，因為曹雪芹還沒寫完即已辭世。小說中僅有一些暗示，家族成員犯了滔天大罪，一方面官司失敗，另一方面亦牽連地方上幾戶大富人家一起垮臺。[117]

他們當然是富甲一方。隋赫德查抄完畢後奏報曹家的家產：

房屋并家人住房十三處，共計四百八十三間。地八處，共十七頃零六十七畝。家人大小男女共一百四十口。

這只是曹家的家底而已，在抄家之前，曹家人就已設法將值錢東西搬了出去；隋赫德後續的調查並未提及絲綢、書籍、藝術品、西洋珍玩、御賜禮物。這些值錢的東西在雍正五年肯定被搬到安全的地方。隋赫德列的僅有「桌椅、床杌、舊衣零星等件及當票百餘張外，並無別項」。另外，曹家人又供出地方上還有人欠曹頫債，共計白銀三萬二千餘兩，而隋赫德正在料理這些欠戶。

曹頫所有田產、房產、僕侍奉旨俱歸繼任的江寧織造，也就是隋赫德所有。而皇帝又特別網開一面，恩賜曹家得以保留京城裡的部分房產、僕侍。[118]

隨著家逢變故，曹頫從此自歷史消失。不過乾隆朝伊始，曹家顯然已得到寬赦，曹寅的幼弟曹宜還在世，官拜護軍參領兼佐領加一級，他的先人得到追封。乾隆元年誥命，授曹寅的祖父曹振彥為資政大夫；授曹振彥的元配、繼配「夫人」銜。[119]這時的曹頫可能受封為內務府員外郎的小官。[120]不過，曹家並未恢復往日局面，也沒有得到更高的官位。曹家的運勢持續衰微，及至乾隆十年，曹寅的孫子曹雪芹落魄京城西郊，[121]開始寫小說。

在《紅樓夢》第十三回，曹雪芹藉著嫁入賈府的秦可卿在死前說道：

> 如今我們家赫赫揚揚，已將百年，一日倘或樂極悲生，若應了那句「樹倒猢猻散」的俗語，豈不虛稱了一世的詩書舊族了？[122]

在這句俗語的旁邊，點評曹雪芹手稿的叔叔寫道：

「樹倒猢猻散」之語，余猶在耳。曲指三十五年矣。哀哉，傷哉！寧不慟殺？[123]

這個批語可能寫於乾隆二十七年左右，所以寫的人必定在雍正五年間聽過這句話，或許是聽曹頫說的，而他們總是為曹頫感到沉痛的悲哀，因為在曹家沒落之前，他們曾經擁有過一段美好的時光。

這話也不是曹頫自己說的。曹頫的嗣父曹寅熟知這句話，並樂於當眾提及。曹寅的友人施瑮寫有一首詩：「楝子花開滿院香，幽魂夜夜楝亭旁。廿年樹倒西堂閉，不待西州淚萬行。」他在一首詩的結尾處寫道：

曹楝亭公時拈佛語對坐客云：「樹倒猢猻散」，今憶斯言，車輪腹轉！以瑮受公知最深也。[124]

這句俗語教人悲從中來，迴盪在整個家族的歷史之中，而曹寅的引述乃是雙重諷刺。因為這句俗語典出一則廣為人知的故事：曹咏在其靠山死後被流放，就收到一篇以這句俗話為題的賦。[125] 曹寅顯然有感於同姓本家的故事（譯按：「樹倒猢猻散」這句俗話，又出自宋人談藪，記曹咏為秦檜黨徒，起初得勢，後秦檜倒臺，被貶至新州。厲德斯乃作《樹倒猢猻散賦》諷刺曹咏。史景遷這裡所談即曹咏的這段典故）。

庇蔭曹家七十餘年的這棵大樹，樹葉繁茂，蓊蓊參天，集種種因素於一身：官位、財富、能力、伶俐，以及曖昧的包衣身分，它既為人僕役，也是一種特權地位，兼蓄滿人與漢人的世界。但這棵大樹的根並不牢固，其屹立全看皇帝的意思。沒有皇上作為靠山，這棵大樹必定傾倒，猢猻自然也就四散了。

這個隱喻並無輕蔑之意，畢竟曹寅本人也引述過它，而曹寅身故後，他的後人也一再演繹這則隱喻。樹倒，猢猻自然散去，如此而已。不過，曹寅的孫子寫出《紅樓夢》這部中國最偉大的文學瑰寶之一，則是整個家族歷史最奇特的轉折。它也舒緩了歷史的蒼涼，因為它給這個家族處境的內在必然性，增添了偶然性的成分。所以也應該把這則隱喻推向合理的結論，並借用中國章回小說中最迷人的角色之口來告別曹家：

既允了……須與他了這願心才是哩，為人為徹，一定等那大王來吃了，才是全始全終，不然……反而不美。[126]

附錄

■附錄一：生絲價格（康熙五十一年至雍正四年）

在這段期間，李煦每年五月或六月都會在奏摺裡匯報絲的價格。李煦依質地奏三種絲線價格：一、線經絲，拉長織布的強韌絲線；二、單經絲，拉長織布的輕柔絲線；三、緯絲，橫穿織布的短線。所有價格都以每兩若干分為單位（百分之一銀兩）。

日期	線經絲	單經絲	緯絲	李煦奏摺
康熙五十一年五月六日（一七一二年）	八分四厘	⋯	七分五厘	頁二九b
康熙五十二年閏五月二十三日（一七一三年）	八分九厘	八分二厘	七分八厘	頁四四
康熙五十三年六月九日（一七一四年）	八分五厘	八分一厘	七分七厘	頁五四
康熙五十四年六月六日（一七一五年）	八分	七分	六分六厘	頁六三b
康熙五十五年五月十二日（一七一六年）	八分三厘	七分二厘	六分九厘	頁七一
康熙五十六年六月三日（一七一七年）	八分一厘	七分	六分七厘	頁八三b
康熙五十七年六月十六日（一七一八年）	八分二厘	七分六厘	七分二厘	頁九三b
康熙五十八年六月二十四日（一七一九年）	八分	七分四厘	七分	頁一〇三b
康熙五十九年六月十三日（一七二〇年）	七分九厘	七分	六分五厘	頁一〇六b
康熙六十年六月六日（一七二一年）	七分二厘	六分二厘	五分八厘	頁一一一
康熙六十一年六月七日（一七二二年）	七分九厘	六分七厘	六分三厘	頁一一四

另外，曹頫上奏如下的價格：一、康熙五十四年七月三日，頭等絲，每兩七分八厘；次等絲，每兩七分二厘；二、康熙五十五年六月十三日，頭等絲，每兩七分九厘；次等絲，每兩七分三厘（參見曹頫奏摺檔案原件二八四六、二八七四號）。

雍正四年，杭州織造孫文成向雍正皇帝奏報如下價格：

年分	頭等絲	次等絲
雍正元年（一七二三年）	七分八厘	七分二厘
雍正二年（一七二四年）	七分二厘、七分三厘	六分七厘、六分八厘
雍正三年（一七二五年）	七分	六分五厘、六分六厘
雍正四年（一七二六年）	七分	六分五厘、六分六厘

資料出處：《雍正硃批諭旨》，冊四十七，頁一〇〇，奏摺日期：雍正四年九月一日。

有關十八世紀時的價格比較，詳見彭澤益，〈清代前期江南織造的研究〉，《歷史研究》，一九六三年第四期，頁一一〇。

■附錄二：江蘇米價（康熙四十五年至康熙六十一年）

在曹寅和李煦的早期奏摺，他們時常奏報米價，到了康熙五十二年，奏報米價便成為李煦和曹寅子嗣們的例行公事。常態性奏報米價，以及這類奏報見於許多奏摺的事實，我們似乎可以理有據地在此匯聚這些價格，從中我們可以看到在這段承平盛世期間，米價時有波動。

這附錄可以用來做為全漢昇與王業鍵，〈清雍正年間的米價〉（載於《台灣中研院歷史語言研究所集刊》本，一九五九年，頁一五七至一八五）一文的補充。本附錄中可增加我們對康熙時期米價的知識，同時也可修正兩位作者在另文〈清中葉以前江浙米價的變動趨勢〉（載於《台灣中研院歷史語言研究所集刊》增刊第四號，一九六〇年，頁三五一至三五七）所勾勒米價穩定、緩步攀升的圖象。康熙朝的數據顯示，除開康熙四十五年、康熙四十六年因乾旱和洪澇所引發不尋常的高價，不管哪一年，每個月的米價都有相當程度的波動。在米價穩定、每個月米價數據都保留下來的年分，便可做出某些確切的結論；例如，緩慢攀升的理論便與以下的事實不符：康熙五十四年至康熙五十六年的平均米價就比康熙五十八年至康熙六十年的平均米價高二、三錢。

本附錄米價數據的出處：《曹寅奏摺》、《曹寅奏摺檔案原件》、《李煦奏摺》、《曹顒奏摺檔案原件》、《曹頫奏摺》、《曹頫奏摺檔案原件》。在早期的奏摺裡，曹寅寫道他所奏報的是稻穀和糙米價格，李煦奏報的則是白米和糙米價格。後來的奏摺裡，就未特別標明米的種類。當某個月出現兩種價格時，即可假定這兩種價格是分別指上級米和次級米的價格，這似乎是通常的做法。當兩位奏報的是同一月分的米價，低者即錄於高者後面括號中。如遇年中有閏月的情形，則放在該月米價數字之前來表示。此處所引米價都是江蘇省內的蘇州江寧和揚州。所有價格皆以每石（約一百三十三磅）若干錢（十分之一兩）。

康熙四十五年之前，李煦、曹寅列出幾個數據：康熙三十二年七月，九錢、七錢；康熙三十二年十月，十錢；康熙三十六年十月，八錢、七錢；康熙三十七年十一月，十錢、八錢。

月分	一	二		三		四	五	六	閏	七		八		九		十	十一	十二	十二
康熙四十五年	—	—		十四錢三分	十三錢五分	—	—	—	—	十三錢	八錢	—		—		—	—	—	
康熙四十六年	—	—		—		—	—	—	—	—		十四錢七分	十二錢	—		十二錢	—	十七錢	十六錢
康熙四十七年	—	—		十三錢	九錢	八錢	—	—	〔三錢〕十錢	—		—		十三錢	十錢	—	—	—	
康熙四十八年	—	十三錢	十二錢	十四錢	十二錢	—	—	—	—	十二錢	十一錢	八錢四分		八錢		—	—	—	
康熙四十九年	—	—		十二錢	十一錢	十二錢	—	—	—	—		—		七錢		—	—	—	
康熙五十年	—	—		—		—	—	—	—	—		—		—		—	—	—	
康熙五十一年	—	—		—		—	—	—	—	—		八錢	七錢	—		八錢	—	八錢	七錢

月分	康熙五十二年	康熙五十三年	康熙五十四年	康熙五十五年	康熙五十六年
一	九錢（八錢）	十錢	十一錢	七錢四分	十一錢
	八錢（七錢）	九錢	十錢	六錢	十錢
二	—	—	—	十錢	十一錢
				九錢	十錢
三	—	十錢	—	十一錢	十一錢七分（十一錢）
		九錢		十錢	十錢七分（九錢）
四	—	十錢	十三錢	十一錢	十一錢六分（十一錢）
		九錢	十二錢	十錢	十一錢四分（十錢）
五	九錢	十錢	十一錢八分	十一錢（八錢五分）	十一錢（十錢四分）
	八錢	九錢	十錢五分	十錢（七錢八分）	十錢（九錢四分）
六	十一錢（九錢）	十一錢（十錢）	十一錢七分（十一錢）	十一錢（八錢六分）	十一錢（十錢四分）
	十錢（八錢）	十錢（九錢）	十錢六分（十錢）	九錢（七錢八分）	十錢（九錢四分）
閏	〔五錢〕十錢	—	—	〔三錢〕十一錢	—
	九錢			十錢	

月分	七		八		九		十		十一		十二	
康熙五十二年	十錢	九錢	十錢（九錢）	九錢（八錢）	九錢	八錢	十錢（九錢）	九錢（八錢）	十錢（九錢）	九錢（八錢）	十錢	九錢
康熙五十三年	十錢五分（十錢）	十錢五分（九錢）	十錢六分（十一錢）	九錢	十一錢	十錢	十錢五分	九錢二分	—		—	
康熙五十四年	十二錢（十一錢）	十一錢（十錢）	十二錢	十一錢（七錢）	十二錢（七錢四分）	十一錢（六錢八分）	七錢四分	六錢	七錢四分	六錢	七錢四分	六錢
康熙五十五年	十一錢（九錢八分）	九錢（八錢）	十一錢（十二錢）	十錢	十一錢（十一錢）	十錢（九錢五分）	十一錢五分（十一錢）	十錢	十一錢	十錢	十一錢	十錢
康熙五十六年	九錢四分	八錢二分	十一錢	九錢五分（七錢五分）	十錢（八錢四分）	九錢（七錢）	九錢	八錢	九錢五分	八錢	九錢五分	八錢

月分	一		二		三		四		五		六		閏		七		八	
康熙五十七年	—		—		—		十錢	九錢	十錢五分（九錢）	九錢五分（八錢）	十錢（九錢）	九錢（八錢）	〔八錢〕九錢五分（八錢）	七錢（六錢四分）	九錢	八錢	十錢（八錢）	九錢（七錢）
康熙五十八年	—		—		—		九錢	七錢五分	九錢	七錢五分	九錢	七錢三分	—		八錢七分	七錢三分	八錢七分	七錢三分
康熙五十九年	八錢二分	七錢	八錢二分（七錢五分）	七錢（六錢四分）	八錢六分	七錢四分	八錢四分	七錢二分	九錢	七錢六分	九錢五分	七錢八分	—		九錢五分	八錢	九錢六分	八錢二分
康熙六十年	—		—		—		九錢七分	八錢三分	—		九錢七分	八錢四分	〔六錢〕九錢七分	八錢四分	九錢八分	八錢五分	十一錢	九錢六分
康熙六十一年	—		十錢五分	九錢	十二錢	九錢七分	十二錢	九錢七分	十一錢八分	九錢六分	十一錢八分	九錢六分	—		十二錢五分	十錢三分	十二錢	九錢八分

月分	九		十		十一		十二	
康熙五十七年	—		八錢五分	六錢五分	八錢五分	六錢五分	—	
康熙五十八年	八錢七分	七錢三分	八錢	七錢	八錢	七錢	八錢	七錢
康熙五十九年	九錢二分	八錢	九錢四分	七錢八分	九錢	七錢	—	
康熙六十年	—		—		—		—	
康熙六十一年	十一錢四分	九錢五分	十一錢	九錢二分	—		—	

■附錄三：新種米產量（康熙五十四年至康熙六十一年）

蘇州播種畝數	第一季下種日期	第一季收割日期	每畝產量	第二季下種日期	第二季收割日期	每畝產量	每畝年產量
六畝	康熙五十四年四月十日	康熙五十四年七月十三日	三石六升	康熙五十四年七月二十八日	康熙五十四年十一月（約）	一石以下	—
五十畝	康熙五十五年三月二十八日	康熙五十五年六月四日	三石七斗	康熙五十五年六月十六日	康熙五十五年九月十五日	一石五斗※	五石二斗
八十畝	康熙五十六年三月九日	康熙五十六年六月二十一日	四石一斗	康熙五十六年六月二十九日	康熙五十六年十月二日	二石五斗	六石六斗
八十畝	康熙五十七年三月二十日	康熙五十七年七月三日	四石一斗五升	康熙五十七年七月十二日	康熙五十七年九月二十日	二石六斗	六石七斗五升
一百畝	康熙五十八年三月一日	康熙五十八年六月十五日	四石二斗五升	康熙五十八年六月二十三日	康熙五十八年十月三日	二石二斗	六石四斗五升
一百畝	康熙五十九年三月十三日	康熙五十九年六月二十四日	四石	康熙五十九年七月四日	康熙五十九年九月二十八日	二石	六石
一百畝	—	康熙六十年閏六月六日	四石	康熙六十年閏六月十六日	—	—	—
一百畝	康熙六十一年三月五日	康熙六十一年六月十六日	四石※	康熙六十一年六月二十五日	—	—	—

※強風

資料出處：李煦奏摺，頁六五b—一一四。頁一〇九，日期：康熙五十九年十月三日，比較了新舊種稻米，五月十二曰播種，九月二十五日收割。李煦詳列康熙五十七年商人和地方精英第一季和第二季的收穫情形；全都比他低（前揭書，頁九四至九五，九九至一〇〇），李煦要麼就是一個好農夫，要不就是在自吹自擂。

■附錄四：有關《紅樓夢》的假設

我無意在此處理《紅樓夢》詮釋的紛雜，僅涉及到準備寫作本書時所遇到的問題。其中最棘手者（也是研究《紅樓夢》的學者過去和未來都會遇到的問題）有：首先，曹雪芹生年何時，他的親生父親是誰；其次，小說中那座富麗堂皇的花園大觀園，究竟位於哪裡。比較歷史和文學的記載，我得到一些結論：一、曹雪芹生於康熙五十四年，他是曹顒的兒子，不過，出生之前父親就已經過世，所以是曹寅的直系孫子（亦即他並非曹寅嗣子曹頫的兒子）；二、大觀園是一種文學性的重構，取材自曹寅位於江寧織造衙門的花園，以及曹家位於江寧山上的花園，這座花園日後由袁枚購得，將之命名為「隨園」（其名得自花園前擁有者隋赫德之姓的同音字）。

稱說這些是「結論」，似乎有點言之過早；我寧可說這是我寫作時的假設，因為它們似乎可以為這部小說其他不解之處提供較為合理的解釋。為了對目前汗牛充棟的《紅樓夢》研究做點微薄貢獻，於此提出我所假設的理由。

我同意吳世昌的見解（《紅樓夢探源》（*On the Red Chamber Dream*），頁一一七至一一八），曹雪芹生日最可信的時間應該是康熙五十四年春。這意指曹頫去職，曹家離開江寧前往北京時，曹雪芹十三歲；所以，曹雪芹是有充裕時間積累曹家在江寧奢華生活的經驗。

然而，這不必然意指曹雪芹就是曹頫的兒子。康熙五十七年，皇上硃批說曹頫是一個「小孩」（《曹頫奏摺檔案原件》，二八五九號）。雍正五年，有位官員說曹頫還「年少」（《雍正硃批諭旨》，第三九冊，頁九二b），亦即曹頫不可能在康熙三十七年此很久之前出世。所以，曹頫看來似乎不可能是康熙五十四年出生的曹雪芹的父親，曹家並無這麼年輕就有小孩的先例。

曹顒，曹寅唯一活下來的兒子，於康熙五十三年突然辭世。曹顒死時，妻子馬氏正懷有身孕（《曹頫奏摺》，頁二九b至三十，日期康熙五十四年三月七日），這個小孩，出生於康熙五十四年春或初夏，可能就是小說家曹雪芹。曹雪芹是曹顒遺腹子的說法並非原創；俞平伯在《紅樓夢八十回校本》前言中（頁九，註六）就有所討論。吳世昌則斥之為明顯錯誤（《紅樓夢探源》，頁一一五，註四）。不過，在曹家本身就有這般稱謂的先例！曹頫過繼給曹寅作為嗣子之後，他總是稱呼曹顒我的「哥哥」。那麼曹雪芹在成為曹頫嗣子之後，為什麼不能稱曹頫的兒子「弟弟」呢？

小說本身也提供一些佐證。對一般讀者而言，主人翁賈寶玉有三點特別值得關注之處：第一，他深受賈府女大家長祖母的寵溺。第二，他與父親賈政的關係疏遠，幾乎有些對立。第三，他和所有兄弟的關係都不親近，而總是與家中的女孩或府外的朋友玩在一起。幾乎所有這部小說的評論家都同意，這部小說的自傳色彩濃厚，寶玉即是曹雪芹的化身。假設我們以曹雪芹是曹顒遺腹子為立論，運用研究曹家右史所得到的知識，這三點全都有合理的解釋：首先，曹寅寡妻李氏在曹寅死後還活了很久。她唯一的兒子曹顒，卻不幸早逝。身為江寧曹家的女大家長，自然而然寵愛曹雪芹這個曹寅的唯一血脈，她唯一的親孫子，她對曹雪芹的愛一定超過其他孩子。其次，曹頫不是曹雪芹的親生父親，是他的嗣父。曹頫對曹雪芹並無特別親近，甚至某種程度上怨懟這位女大家長（曹頫是她的嗣子）對曹雪芹的愛勝過他自己親生的孩子。再者，曹雪芹是個孤兒，唯一的孩子。他仰仗祖母的保護，從未真正與曹頫的孩子融洽相處，他們都比曹雪芹年幼，視曹雪芹為外人。

這些理由都非最終定論，爭辯依舊延續不斷。不過，最近一本有關《紅樓夢》論文集的一篇文章，開頭即說，「曹雪芹可能是曹顒的兒子」（參見吳恩裕，〈曹雪芹生平為人新探〉，收錄在吳世昌編，《散論紅樓夢》，香港，一九六三年，頁九十）。這一觀點或許可能成為蓋棺論定，而曹寅重新恢復作為曹雪芹親生祖父的身分，長期以來人們都是如此認定，直到最近的研究披露確認曹頫是曹寅的嗣子，但也證明曹雪芹只是曹頫的嗣子。目前，中國有關《紅樓夢》的研究如雨後春筍般湧現，幾乎很難試著提供一份相關的書目；有關這一主題最佳的引介文獻，還是吳世昌，《紅樓夢探源》（牛津大學出版社，一九六三年）；這本書蒐集了自乾隆朝到五四運動（一九一九年）期間，有關曹雪芹和《紅樓夢》的所有文獻材料。另外，還可輔之以一粟的《紅樓夢書錄》（上海，一九五八年），這是一本有關《紅樓夢》和其評論作品的書目研究，涉獵當代評論文獻的良好基礎之作。

有關曹雪芹小說和史實關聯性的最重要元素之一，是這部小說情節開展的地點。元春省親的地點是大觀園，這是賈家特意修葺的一座花園。詩人袁枚宣稱他位於南京城內的著名花園隨園，即是小說裡的大觀園；評論家多謂此說信口開河，不予採信；不過，近來研究顯示，袁枚之說是基於對曹雪芹友人的評論「所謂大觀園，即今隨園故址」（吳世昌，《紅樓夢探源》，頁一一一）。

周汝昌，研究《紅樓夢》最傑出的學者，相信曹雪芹自懂事以來大半生活都是在北京度過，因而「大觀園」舊址應在北京，可能就在他所標定的該城西北某處（《紅樓夢新證》，頁一三四、一四四）。而當代評論家吳世昌，仔細審視周汝昌的論據，最終否決周汝昌有關曹雪芹生平和小說情節開展地點的說法，而論斷大觀園肯定在南京，在江寧織造衙門內，後來轉手歸袁枚擁有（吳世昌，前揭書，頁一四二至一四四。吳世昌和周汝昌都各自在他們的其他著作補強這些論點，不過，他們的基本觀點是很明顯的）。

對曹寅生平的研究，動搖了兩者詮釋的立論，所以有必要提出新的解說。審視南巡的記載以及曹寅在其中扮演的角色，庶幾可以確定曹雪芹寫元春回賈家省親的靈感，得自康熙皇帝親臨江寧織造衙門無上殊榮的家族記憶。然而，在清初，基於對皇上的感恩戴德，實在難以想像皇上作為行宮的花園會任其荒廢，僅四十年後就轉手賣給當地的詩人。這點無意反駁中國城市、建築隨處可見的所謂「有計畫的曇花一現」（planned ephemerality），詳見芮沃壽，（Arthur Wright）〈象徵與功能：反思長安和其他大都城〉（Symbolism and Function, Reflections On Changan And Other Great Cities，24（1965），pp.667-679）；而僅僅只是考慮到在十七、十八世紀清皇家的態度，在這樣的脈絡下是「很難想像的」。行宮是負載著皇帝記憶的聖地，而不能讓別人使用。

對此，可以做一簡單的說明。康熙皇帝的南京行宮及其周遭花園，就在織造衙門圍牆之內。為了裝飾這座花園，康熙五十年，皇上送曹寅十株珍稀樹苗（《曹寅奏摺檔案原件》，二七一三號，日期康熙五十年三月一日。皇上送了二十株樹苗，告訴曹寅其餘分送他處，而曹寅送給揚州五十佛寺各兩株）。十六年後，雍正皇帝回憶先皇的作法和象徵性動作時寫道，衙門裡的這些樹「係聖祖遺愛，當加意培養，毋令損傷。」（《雍正硃批諭旨》，第四七冊，頁一百。對孫文成奏摺的硃批，日期：雍正五年一月一日。雍正所指涉的是杭州織造行宮中類似的樹株，不過似乎可以合理假設他對江寧織造衙門內的樹株也有同等的珍視。）最終，在乾隆二十四年，江寧衙門成為乾隆皇帝的永久行宮，織造得遷往他處（詳見前述，第四章，註六十六）。

江寧織造衙門內有一座美侖美奐的花園，稱作「西堂」，用以紀念北京城內的同名花園。曹寅有個別號「西堂掃花行者」，友人稱呼他「西堂公」（吳世昌，頁一三五、七九，《紅樓夢新證》，頁一六一）。曹雪芹在小說中寫道府後有一處花園，許註者脂硯寫說：「『後』字何不直用『西』字？恐先生墮淚，故不敢用『西』字。」這大概是為了康熙皇帝而重新修繕裝飾的花園。小說中的大觀園可能以此為參本，《紅樓夢》十八回，元春出入這座花園取道前往賈府各處建築物。

然而，袁枚聲稱他的隨園即是大觀園可能也不是妄說。誠如小說中的勾勒，大觀園占地廣大，較之江寧城內緊鄰總督衙門的織造衙門擁有的空間，還要大許多（《紅樓夢新證》，頁一五九、一六二）。在《隨園詩話》（頁五八七）中，袁枚提到，他從江寧織造隋赫德手中買到此園而成為隨園，買時該園即業已傾圮。在《小倉山房文集》卷十二，袁枚進一步描繪花園的位址，距江寧城北門以西二里處，在小倉山上。自小倉山巔可以鳥瞰全城，東北方是雞鳴寺，東南方有莫愁湖。這裡全都與織造衙門的位置不相吻合。袁枚繼續描述說：「康熙時，織造隋公當山之北巔，構堂皇，繚垣牖，樹之荻千章，桂千畦，都人游者，翕然盛一時，號曰隨園。因其姓也。后三十年，余宰江寧，園傾且頹弛……余惻然而悲，問其值，曰三百金，購以月俸。茨墻剪闔。」

顯然，這裡或許是曹家私人的一處花園，是在鼎盛時期買下的。自然而然的，在山上有了這麼一處花園，辭官之後便可到這裡避暑，欣賞旖旎風光。隋赫德，袁枚提及的康熙朝織造，其實直到雍正六年才走馬上任。從康熙三十一年到雍正六年，所有歷任江寧織造，都是曹家人。極有可能是雍正六年，曹家遭罷黜，曹家家產被隋赫德充公、造冊時，隋赫德便接收了曹家山上的花園，此時，這座花園被視同是織造的財產（周汝昌在《紅樓夢新證》（頁四一九）、吳世昌《紅樓夢探源》（頁一四三）都提到有這種可能性，不過都不是從隨園已知的位址論起）。如果前述分析是正確的話，那麼曹雪芹對這座花園想必十分熟悉，而身為一個富創造力的作家，他是有能力把這座花園的規模和陳設，結合西堂的樣貌，組織構成他的大觀園。

值得思考的最後一點，曹雪芹小說原名《石頭記》，用以指涉小說開篇作者奇幻引子的那顆石頭。後來採用了另一書名《紅樓夢》，原先的《石頭記》便捨棄不用。袁枚花園的所在地南京城，長期以來即以

「石頭」為城名，而清代和前朝所刊印的地圖也以石頭為城名。曹寅的故交納蘭性德和杜岕在為曹寅所寫的送別詩裡，也以「石頭」作為地名。納蘭性德和杜岕都用以指稱江寧（南京），並在他們詩詞的鋪陳中添附「高」的涵義：納蘭性德云「飲罷石頭城下水」，而杜岕則說「仰觀石頭壘」（納蘭性德的詞和杜岕的詩，輯錄在《紅樓夢新證》，頁二三三和二二八）。如果他們是在指涉曹寅位於江寧城山上的花園，就可以很好理解了。對十八世紀的中國讀者，《石頭記》必然意味著「石頭上的記錄」，也同時意指「江寧山上的記錄」。

對《紅樓夢》的讀者，徘徊在大觀園的繁茂曲徑，他們當可設想曹寅想必也曾信步走過十分類似的花園，而至少康熙亦曾徜徉其中。

註釋

第一章

1 有關滿族背景（我無意在本書做詳細研究），最有價值的英文引介：和田清（Wada Sei）：〈有關滿清王朝奠基者太祖崛起的若干問題〉（Some Problems Concerning the Rise of T'ai-tsu, the Founder of Manchu Dynasty），《東洋文庫研究所紀要》（*Memoirs of the Research Department of Toyo Bunko*），一九五七年，卷十六，頁三十五至七十三；梅谷（Franz Michael），《滿人統治中國的根源》（*The Origin of Manchu Rule in China*）（Baltimore, Johns Hopkins Press, 1942）；柯拉迪尼（Peiro Corradini），〈清初的文官治理〉（Civil Administration at the Beginning of the Manchu Dynasty），《遠東學刊》（*Oriens Extremus*），一九六二年，卷九，頁一三三至一三八；以及《清代名人傳略》（*Eminent Chinese of the Ch'ing Period*）中的相關傳記。許多日本學者對滿人入關之前的歷史研究做出貢獻，和田清是其中最多產的學者。和田清關於滿蒙史地的大量開創性著作，可參考《東洋文庫研究所紀要》，一九六〇年，卷十九，頁iii-xix所附的書目。和田清關於早期滿漢的合作，詳見《東亞史研究：滿洲篇》（東京：一九五五年），頁六三七至六四九，論龔正陸的文章，以及他在《東亞史論藪》（東京：一九四二年）頁三六二至三七九，論李成梁的文章。和田清有關李成梁的文章，最先收錄在另一位重量級清史學者稻葉岩吉的祝賀論文集（《稻葉博士還曆紀念滿鮮史論叢》）。稻葉岩吉最具影響力的作品可能要屬他的《清朝全史》（東京：一九四三年），翌年翻譯成中文，仍以同名出版。稻葉岩吉有關一六一六年前滿人的細膩研究，可參考他與人合編之《滿洲歷史地理論集》，卷二（東京：一九一二年）。最近有關八旗組織的研究，可見安部健夫，〈滿洲八旗牛彔研究〉，《東洋學報》，卷二十，頁一至一三四。不過，這些學者並未特別關注包衣的問題，我也沒發現有其他日本學者觸及相關題材。所以我主要集中在像《八旗滿洲氏族通譜》和《八旗通志》這類中文史料，以及如孟森、鄭天挺、莫東寅等二手資料，而在相關註釋中引述。

2 《八旗通志》，卷一，頁四。亦可參見《清代名人傳略》，努爾哈赤生平，頁五九四至五九九。

3 《八旗通志》，卷一，頁四；以及《清代名人傳略》，頁五九六。這裡僅用漢語。滿漢術語轉換的官方對照表出現於一六六〇年，列於會典的八旗項目；《欽定大清會典事例》，頁一八一六九至一八一七〇（卷四，頁二

b至三）。這些官位早期漢語轉換的變化，可參考孟森，〈八旗制度考實〉，頁三七五。語言轉換的種種問題，參見聶崇岐，〈滿官漢釋〉，《燕京學報》，卷三二，頁九七至一一五的詳細分析。聶崇岐的結論是，儘管漢語名稱更為通行，但轉釋方法頗為混亂，時常出現同一滿語有不同漢語的轉釋（頁一一四至一一五）。

4 《八旗通志》，卷一，頁十b、十四至十五。一六三七年，已有漢族成立兩個旗，一六三九年擴增為四個旗。初期旗將領和數量，可參考蕭一山，《清代通史》（上海：一九二七年），第一章，頁二一〇。另可見《清代名人傳略》，頁七九七，佟養性生平；《欽定大清會典事例》，頁一八一六九（卷四，頁二）。

5 劉家駒，《清朝初期的八旗圈地》，英文摘要，頁一。

6 早在雍正朝即有如此情形。見雍正八年上諭，轉引自孟森，〈八旗制度考實〉，頁四一一至四一二：「漢軍生齒日繁，當籌所以教養之道……且如在外駐防漢軍，子弟日漸繁衍，即本身錢糧各有定數，難以養贍，應令餘丁回京當差。」

7 《八旗通志》記佐領數目，卷三至五。鑑於至少有二名在職，所以合理的數目應該是二百四十七。「逕傳另丁」，意指成員之間的關係確實載明（如子、孫、兄弟，或侄子），佐領中血緣關係被打破者至多僅一例（如傳給後代子孫前遭罷黜）。「長期」，意指載明關係之同一族人定期掌控揮軍權的佐領。屬第一例者有一百八十個，兼屬兩例者有二百一十六。一六九〇年代共有六百五十個滿州佐領；可以假定，單單上三旗就足以提供例證。

8 《八旗通志》，卷十三至十六。由於《八旗通志》編纂疏漏，這些數字偏低。例如，卷十三，頁十五b，雖列出范承勳與其子范時繹的名字，但並未載明二人的關係。

9 《八旗通志》，卷十一、十二。

10 《清代名人傳略》，頁一〇八至一〇九、八三七至八八〇、二六五至二六八。

11 我有關順治和康熙兩朝任用督撫的研究發現，得到凱斯勒（Lawrence Kessler）的證實。我們彼此在不知情的情況下，用不同的史料，處理相同的問題。我很感謝他在台灣從事研究時抽空寄資料給我。

12 結論和數據得自《清史》，頁二八四七至二八八九，包括河道、漕運在內之總督表與《八旗通志》（乾隆六十年），表列出任總督之滿人、漢軍的比較。《八旗通志》（乾隆六十年）有時會忽略其實是旗人的部分：譬如洪承疇奉命編入鑲黃旗（《清代名人傳略》，頁三五九），以及十八世紀的張廣泗（前揭書，頁四三）。

13 此人是吳庫禮，《八旗通志》（乾隆六十年），卷三三九，頁三。

14 《欽定大清會典事例》，頁五三五〇（卷二三，頁八b）。甘肅的所有巡撫幾乎是滿人。《八旗通志》（乾隆六十年），卷三四〇，頁一至九。順治六年甘肅巡撫列為滿人者（《八旗通志》（乾隆六十年），卷三四〇，頁二b），其實不是滿人，而是如滿人族譜所顯示的乃是漢人，其中提到張文興（該巡撫）是以非包衣身分被納入滿旗的漢人家庭成員（《八旗滿洲氏族通譜》，卷七四，頁一b）。他名字的最後一個字有不同的記法，《八旗滿洲氏族通譜》記作「興」，而《八旗通志》和《清史》記作「衡」。不過，所有記載皆表明他屬鑲黃旗（儘管《清史》把他列為漢軍），是順治朝初期的甘肅巡撫，這兩個名字指兩個不同的人看來機率不大。滿人不僅出任邊省巡撫；馬祜自康熙八年至康熙十五年擔任江蘇巡撫（《清史》，頁三〇一九至三〇二四，記為「馬祜」）。

15 金德純，《旗軍志》，頁一。

16 《清代名人傳略》，頁一六七。

17 佟養性生平，參見《清代名人傳略》，頁七九七。當然，日後獲罪，仍有人淪為包衣。鄭天挺，《清史探微》，頁六十，提到覺羅畫特案例，其家族因康熙二十二年覺羅畫特失誤軍機而被編入包衣佐領。後由於覺羅家族不宜納入包衣佐領，他本人被除包衣佐領籍。其餘康熙時代的佐領，見《八旗滿洲氏族通譜》，卷五二，頁十。

18 轉引自莫東寅，《滿族史論叢》，頁一三七。

19 莫東寅，前揭書，頁一三九。

20 鄭天挺，《清史探微》，頁六十。《八旗滿洲氏族通譜》，卷四八，頁一，顯示入關前奴僕就被作為禮物送給佐領。

21 莫東寅，頁一三六。

22 鄭天挺，頁六三。

23 莫東寅，頁一三六；鄭天挺，頁六一。

24 莫東寅，頁一三七。

25 前揭書，一四三；鄭天挺，頁六三。

26 豪爾（Erich Hauer），《滿語辭典》（東京：一九五二年至一九五三年）。羽田亨，《滿語辭典》（東京：一九三七年）。孟森，〈八旗制度考實〉，頁三七五。

27 莫東寅，頁一四一。

28 劉家駒，英文摘要，頁二。觀察敏銳的耶穌傳教士張誠（Gerbillon，一六八八年）曾目睹漢人奴僕在主人的土地上耕作。參見杜赫德（Du Halde），《中華帝國全志》（*History of China*），卷四，頁三二七至三二八。

29 例如《八旗通志》，卷三至十，包衣佐領名冊，以及《八旗滿洲氏族通譜》，卷七四至八十，包衣佐領名冊，幾乎未提戰功的獎掖或擢升，但在一般的滿族和漢軍都會提到。孟森，〈八旗制度考實〉，頁三七五，述及：下五旗包衣，「有時亦隨主馳驅」。上三旗可以韓大任為例，他係鑲黃旗包衣，曾投入征噶爾丹戰役，《八旗滿洲氏族通譜》，卷七四，頁八。

30 莫東寅，頁一三五：「努爾哈赤的女真社會，已經形成了兩個最大的階級，是奴隸和奴隸所有者，同時那裡也興起了一個封建的階級和依存於這個階級的農民階級。」毫無疑問，莫東寅極度誇大奴隸的數量，不過他的證據還是與此相關。類似的分析，見頁一四六：「滿族統治主為發展和鞏固其專制政權，不僅在政治上對於滿族貴族有所控制；而且在經濟上，也要對他有所控制……控制他的家人，亦即其私屬的奴僕。」

31 包衣佐領形成的時間，《八旗通志》通常稱說是「國初」之時，而這個模糊的術語，可以用來指涉努爾哈赤崛起，一六一六年（萬曆四十四年，天命元年）、一六三六年（崇禎九年，天聰八年）或一六四四年（順治元年）。包衣佐領的形成不可能早於一六一五年旗制建立，可能是在一六二一年（天啟元年、天命六年）瀋陽陷落時。起初，由於功能分畫，必然區分為兵丁和家奴，前者隨入旗營而地位上升。

32 鄭天挺，頁六二。

33 《清代名人傳略》，頁四九九，七九九。

34 漢人可直接納入滿旗。參見《八旗通志》，卷三至十，佐領名冊，以及《八旗滿洲氏族通譜》，卷七十四至八十，列出的非包衣漢人。

35 數字得自《八旗滿洲氏族通譜》，卷七四至八十。其餘一百三十二個包衣出身北部廣大地區。諸如此類源自清初文獻的數字不完全可靠，因為其中時常有誤，名冊含糊。此處引用的人物，列名在《八旗滿洲氏族通譜》者，僅簡單註明是遼東人，而非所引三大城市，雖然他們可能出身於這三個城市。高家和陳家後來被除去包衣籍，在這裡還是被包括在包衣裡；他們直到一七三〇年代才獲自由之身。

36 《八旗滿洲氏族通譜》，卷七四，頁八b。

37 《皇清開國方略》（上海：一八八九年），卷七，頁五，以及豪爾對比書的翻譯，頁一〇五，《大清太祖高皇帝實錄》（台北：一九六四年重印），頁八六（卷七，頁十六b），接受奴隸和戰利品者，奉命即刻將之帶回，這大概是為了避免失誤軍機。因此，顯然毫無疑問，漢族俘虜是與滿人並肩作戰。更早的滿文檔案也提到征服者瓜分了瀋陽被俘者；《滿文老檔》（一六〇七至一六三七年）（東京：東洋文庫，一九五五年），卷一，頁二六三。《八旗通志》，卷六一，頁三，二六b，列出瀋陽或撫順的曹姓漢軍家族。漢軍在此也被鬆散指涉包衣，或者在瀋陽數千投降者當中，有少部分成為包衣。雖然這些觀點很重要，但目前並無足夠證據以為答案。

38 《八旗滿洲氏族通譜》，卷七四，頁三；卷七五，頁三；卷七七，頁七；還有其他出處，列明天聰時期（一六二七至一六三五年）來自瀋陽，加入八旗的包衣家族，這可能輾轉來自私人擁有者。

39 《清代名人傳略》，頁二一九，房兆楹所撰多爾袞生平描述了這一過程。亦可參考房兆楹所撰雍正帝傳記，《清代名人傳略》，頁九一六至九一七。

40 雍正時期的兩個例子，見《永憲錄》，頁二二〇、二八八。

41 鄭天挺，頁六四，《中國清末政治組織》(*Present Day Political Organization of China*)（一九一一年）。這解釋了會典中的註釋，譬如，《欽定大清會典事例》，頁一八一七七（卷四，頁十八），八旗部分，讀者若要查上三旗包衣佐領，應該看「內務府事例」，而不是「八旗事例」。

42 鄭天挺，頁六五至六七。

43 《欽定大清會典事例》，頁一八七四九（卷一一七〇，頁一）。《清代名人傳略》，頁二五八。鄭天挺，頁六五至六八。鄭天挺根據順治十年的上諭確定十三衙門建立的時間，而沒有採納順治十一年、順治十三年的說法。

44 鄭天挺，頁七十一。《清代名人傳略》，頁二五八。

45 《欽定大清會典事例》，頁一九一九七（卷一二一六，頁十一b）。

46 前揭書，頁一九一九二（卷一二一六，頁一）。

47 前揭書，頁一九一九五（卷一二一六，頁八）。

48 《國朝宮史》，卷二，頁二b，上諭日期康熙二十年一月六日。

49 前揭書，頁一，二b，康熙十二年、康熙二十六年上諭。

50 前揭書，頁二b，康熙二十一年七月八日上諭。列出四名犯錯的太監，這可能是這四人職位較高。

51 前揭書，頁三，康熙二十八年三月二十五日，皇上諷刺說，太監只有一個身子，一張嘴。

52 《欽定大清會典事例》，頁一九一九七（卷一二一六，頁十一b至十二）。

53 前揭書，頁一九二〇七（卷一二一七，頁十六）。官員雖被要求遏制太監的放肆行為。康熙五十一年，滿人將領海善因縱容其太監李煥行為不端而受罰。《東華錄》，康熙朝，卷九十，頁八。

54 《欽定大清會典事例》，頁一九一九七，（卷一二一六，頁十二）。

55 《國朝宮史》，卷二十，頁二。鄭天挺，頁七八至八十，討論了清朝後期宦官的歷史。他認為道光朝期間宦官仍為有效控制，而清朝並未重演「明宮官之禍」，主要歸因於包衣制度。

56 《八旗滿洲氏族通譜》是重要的文獻，頁七四至八十，滿洲氏族系譜這個部分處理降滿的漢人家族，因而編纂者視為滿人。

57 這些官職屬步軍營、驍騎營，或前鋒營（《中國清末政治組織》，九七A–C條）；筆帖式、主事、員外郎和郎中（《中國清末政治組織》，七六條）；以及侍衛（《中國清末政治組織》，九九條）他們似乎從未在侍衛中升至最高位階；唯一罕見的例子是正黃旗包衣蘇楞額，《八旗滿洲氏族通譜》，卷七八，頁九。

58 《八旗滿洲氏族通譜》，卷七四至八十。《中國清末政治組織》，四五至四九條，王府官職。

59 《八旗滿洲氏族通譜》，卷七四至八十，另可散見卷七四，頁一；卷七五，頁三；卷七六，頁二。此處粗略區分同知、州同、知州、知縣（《中國清末政治組織》，八四九、八五一A、八五五、八五六條。）

60 《八旗滿洲氏族通譜》，卷七四至八十。卷七四，頁九b；卷七五，頁十三b；卷七七，頁十八b。

61 所提的官職，依序見：《八旗滿洲氏族通譜》，卷七四，頁三b；卷七八，頁二；卷七六，頁九；卷七七，頁五；卷七七，頁九b；卷七七，頁十一b；卷七八，頁六b。

62 前揭書，武職：卷七四，頁二b；卷七七，頁三；文職：卷七七，頁十；卷七六，頁十一。

63 前揭書，例子散見，卷七四，頁四b；卷七五，頁二b；卷七七，頁五b。提到該級功名時，前置「現」字，意指此書編纂時（約當一七三五至一七四五年）還在世，他們通常是包衣家族的第五代或以下的子弟，這意味著他們時值雍正朝，最早也當值康熙朝後期。包衣舉人可另參見《八旗通志》，卷一〇五。

64 前揭書，卷七五，頁八；卷七七，頁十八b。

65 前揭書，卷七五，頁十一b，河南；卷七七，頁六b，浙江；卷七七，頁十六b，江蘇；卷七八，頁十，江西。

66 前揭書，卷七五，頁六b；卷七六，頁十五b。

67 前揭書，卷七四，頁八，韓大任因討噶爾丹有功而授雲騎尉（《中國清末政治組織》，九四四條）。卷七四，頁八，桑格授吏部尚書（漢族包衣多起用滿族名字，一如十七世紀起伏的年代，許多滿人用漢名。見陳捷先，《滿洲叢考》（台北：一九六三年），頁二八，和英文摘要，頁三〇）。《八旗滿洲氏族通譜》，卷七四，頁八b。曹璽是工部尚書。不論桑格或曹璽，都並未被列為這些官職的實權者。不過，被編入滿旗而列名《八旗滿洲氏族通譜》的非包衣漢人而擁有部職者，往往是實權者：性桂（《八旗滿洲氏族通譜》，卷七四，頁八b）是浙江巡撫，雍正七年至雍正八年；兵部尚書，雍正十一年至雍正十三年；吏部尚書，乾隆元年至乾隆三年（《清史》，頁二八九三、二六二一至二六二八）。綽爾岱（《八旗滿洲氏族通譜》，卷七九，頁一）是雍正四年的吏部侍郎（《清史》，頁二六一三）。哲先（《八旗滿洲氏族通譜》，卷八十，頁一）是雍正四年至雍正五年的工部侍郎（《清史》，頁二六一三至二六一四）。

68 《八旗滿洲氏族通譜》，卷七四，頁九b，正紅旗包衣。《八旗通志》，卷三四〇，頁十八（列為漢軍）。《清史》，頁三〇四九至三〇五一。

69 《八旗滿洲氏族通譜》，卷七四，頁四b，鑲黃旗包衣。《八旗通志》，卷三四十，頁九b（列為漢軍）。《清史》，頁三〇二三至三〇二五。第三個包衣可能是一位巡撫。張滋德（正白旗，山西巡撫），《八旗滿洲氏族通譜》，卷七四，頁一b，可能是《清史》，頁三〇一二至三〇一三，三〇一五至三〇一八的張自得；順治十六年至順治十七年，張自得擔任陝西巡撫；康熙元年至康熙七年，張任河南巡撫。《清史》的與《八旗通志》，卷三四十，頁五，記載不同，他被列為正黃旗漢軍。鄭彬（滿洲正黃旗包衣）也列於《八旗滿洲氏族通譜》，卷七四，頁九b，是江蘇巡撫，不過鄭彬並未列於《清史》、《八旗通志》、《江南通志》。

70 關於吳興祚，參見《清史列傳》，卷九，頁一至四b，詳述他擢升、罷黜的過程。不過，這本書和《八旗通志》，卷一七九，頁二二至二七，都將吳興祚列為正紅旗漢軍，只有《八旗滿洲氏族通譜》，卷七四，頁七，以及《八旗藝文編目》，卷一，頁十b，將他列為包衣。

71 《八旗滿洲氏族通譜》，卷七四，頁三；《清代名人傳略》，頁四一二至四一三。

72 《八旗滿洲氏族通譜》，卷七八，頁十b。他後來編入正黃旗；參見《八旗通志》，卷四，頁四一；卷五，頁四十。《清代名人傳略》，頁四四二。唐英也是知名的文藝贊助者，南方聞人；參見亞瑟·韋利（Arthur Waley），《袁枚，十八世紀中國詩人》（*Yuan Mei, Eighteen Century Chinese Poet*），（倫敦，一九五六），頁一五九至一六〇。

73 關於這些官僑裡包衣的詳細數字和情形，參見第三章、第五章。

74 克勞福（Robert B. Crawford），〈明朝太監的權力〉（*Eunuch Power in the Ming Dynasty*），《通報》（*T'oung-Pao*），四九（一九六一），頁一一六，分析明朝太監的權力，明朝太監的權力自然超過包衣。

75 李文遜（Joseph R. Levenson），〈君主制崩潰的問題〉（The Problem of Monarchical Decay），收錄在《儒家中國與其現代命運》（*Confucian China and Its Modern Fate*），二卷（倫敦，一九六四），頁四五。我不同意李文遜「普通滿人成為集權者工具」的分析，而認為包衣非滿洲旗人，才是「代理人」，他們構成一種「人際關係集團」、「一種機制」、「第三勢力」。在某種意義上，包衣才是皇上的人馬，一般滿人並不是。另一方面，滿洲八旗組織複雜，它本身即是一種權力核心，一直到一七二〇年代，它不僅並未臣屬於皇上，甚至與皇上處於關係緊張的狀態；看來明朝太監與滿朝滿人並非「功能對等」（李文遜，前揭書，頁四六）。包衣可能在功能上與太監更對等，但包衣從未發展出屬於自己的權力，也沒有濫用權力。滿人扮演維持太平、駐防、自我維持的角色，不過是被動扮演，且遍及全中國，這是局限於宮廷內的太監所不能及的，縱使太監奉派地方上當差。

76 《李煦奏摺》，頁四至五，時值康熙三十七年六月，李煦的包衣李永受可能是列在《八旗滿洲氏族通譜》，卷七十五，頁十b中的同名者（最後一個字是「壽」），他是正白旗包衣兼「司庫」（這是一個織造得以任命的職位，類似李煦所提到他時任的「烏林達」）。

77 直到一九二一年胡適經典的《紅樓夢考證》一文刊出，曹家的右史仍鮮為人知。在這篇論文中（尤其是頁五八六至五九三），胡適追索有關曹家的模糊文獻（其中也包括錯誤的），利用方志、滿人族譜、曹寅與其同時代文人的文學作品，為後續的研究奠定紮實的基礎。毫不奇怪，胡適以為曹寅有二個兒子，曹頫和曹顒，因為他們的名字都出現在可用的證據中。李玄伯一九三一年的論文《曹雪芹家世新考》斧正了這個錯誤。李玄伯所運用的史料是《文獻叢編》裡的奏摺，以及故宮博物院所整理出的原始檔案。他的論文披露關於曹家的可觀新細節。杜聯喆為《清代名人傳略》所撰寫的曹寅生平，巧妙綜整胡、李兩人的論文，並增添新的史料。不過，最重要也是本書廣泛運用的著作，要屬周汝昌一九五三年於上海出版的《紅樓夢新證》。這本書是研究曹寅背景的傑出作品，同時彙集相當豐富的史料彙編。本書的第一章，以及第二章的大部分，就是建立在周汝昌的研究基礎上。周汝昌對曹家旁系親屬的挖掘，是他研究方法的典型。周汝昌列出《奉天通志》裡瀋陽、遼陽兩地所有曹姓之人，並核對他們與曹寅的關係，最後發現奉天曹秉楨，字峙乃，並記起曹寅在送友人詩的標題下註釋道：「時峙乃二弟同行」。其餘便可解了。《紅樓夢新證》，頁一一八至一二一。

78 曹錫遠的真正名字可能是「曹世選」，因為這是康熙七年授予他孫子誥命上所載的名字。誥命上的這個名字，可能比乾隆十年刊行滿洲系譜上的名字「曹錫遠」正確。毫無疑問，兩者是同一人。目前並未發現有關他的新資料，在最近出土的曹家「家譜」可能會有新的發現。一九六四年冬，中國政府將之作為小說家曹雪芹家族相關的物品，運至東京巡迴展覽。不過，主辦單位不允許貼近觀看或複印這份文件，然後就被運回中國。我感謝崔瑞德（Denis Twitchett）提供我這則資訊。

這份「誥命」目前保存在燕京大學圖書館，周汝昌發現與曹家有關的，還另有兩份「誥命」，見《紅樓夢新證》，頁三一至三二；這一份則參見頁二一三至二一四。「資政大夫」與「夫人」銜，分別參見《中國清末政治組織》，九四五條和九四五條的第二部分。

79 因此，父親被俘時他還是個少年。既然他的兒子曹璽出生於明崇禎三年（一六三〇年），那曹振彥就不可能晚於萬曆三十八年（一六一〇年）出生，包衣鮮少早婚的。

80 各種地志的記載，詳見《紅樓夢新證》，頁四一、二一〇。生員和貢士是貢生的別稱。

82 轉引自色瑞色（Henry Serruys），《洪武時期在中國的蒙古人》（*The Mongols in China during the Hung-wu Period*）（布魯塞爾，一九五九），頁二五。

83 《江南通志》，卷一〇五至一〇八。

84 誥命內文，見《紅樓夢新證》，官職見《中國清末政治組織》，九四五條。

85 《吉州全志》，卷一，頁二五，見《紅樓夢新證》，頁二〇六。

86 他的官銜是由兩個衙門結合而成，都轉運鹽使司鹽法道，《中國清末政治組織》，八三五、八四一條

87 《紅樓夢新證》，頁二〇八。

88 曹振彥生活和官職生涯十分模糊。他出任知州和知府，和誥命的日期是已知的。但鹽法志中的任官日期是互有矛盾，最早是在順治十二年，最遲是在順治十六年。這些問題的討論，可見《紅樓夢新證》，頁二〇八至二〇九。周汝昌在既有的紀錄上並未發現明確的答案。他認為曹振彥卒於順治十五年，享年五十三歲，因此推斷他生於萬曆三十四年。

89 《八旗滿洲氏族通譜》，卷七四，頁八b。

90 《八旗通志》，卷五，頁四一。

91 參見《清代名人傳略》，頁七四〇至七四一。

92 《八旗通志》，卷三至四，包衣佐領列於每旗末尾。世襲平衡的一個例外是正黃旗獨特的高麗包衣佐領，《八旗通志》，卷四，頁三八，儘管人名有許多變化，但始終言明是世襲繼承。這並不否認有更多例外的可能性。譬如，《八旗通志》，卷七八，頁三，正黃旗包衣的沈家，四代有五人被任命為包衣佐領。但這並非嚴格的繼承制度。因為頭一人（第六代沈瑜（玉）——《八旗滿洲氏族通譜》和《八旗通志》記載的名字同音不同字）列於第四旗鼓佐領，列於《八旗通志》，卷四，頁三八；但是第二、三人（蘇伯、雅爾岱）是第一旗鼓佐領，列於《八旗通志》，卷四，頁四十。並且，他們之間被一個肯定非同一家族的任職者隔開。第四、第五代家族成員，列於《八旗通志》，卷五，頁三六b和三八，任職第五參領；永忠是第一旗鼓佐領，卓爾岱是第三旗鼓佐領。

93 《八旗通志》，卷五，頁四一。

94 前揭書，第二旗鼓佐領。他與曹寅的關係，見《八旗滿洲氏族通譜》，卷七四，頁八b。

95 《紅樓夢新證》，頁二〇五，載有康熙三十年的六十大壽的賀壽序文。

96 這個重要事例僅見於《永憲錄》，頁三九〇，在有關曹寅生平的註語有一句話——「母為聖祖保母」。鑑於《永憲錄》有關曹家其餘細節的記載格外真確，這一條也可以視為確鑿的證據，而假如曹寅的母親是皇上的保母，那曹寅與皇上關係中許多令人費解的部分，就可以解釋得通了。周汝昌接受《永憲錄》作為他的重要史料（《紅樓夢新證》，頁三五）。

97 內管領是包衣，《中國清末政治組織》，一〇四D條。他們與包衣佐領和旗鼓佐領同列於《八旗通志》，卷三至十。直到康熙二十四年，他們有二十人和二十個襄助。他們負責打理內宮雜役，灑水、打掃、裱糊、裝飾，掌管熏香、獻供、內宮的糧倉、鹽倉、酒、冰。他們還管理約四百四十名工匠，後者可能是地位更低的包衣。參見《雍正會典》，卷一二六，頁七，卷一三二，頁二十至二一b。

98 《欽定大清會典事例》，頁一九二一二（卷一二一八，頁七）。

99 前揭書，這條律例訂於雍正元年，但無庸置疑，它反映了當時宮廷的慣例。

100 前揭書，頁一九二一四（卷一二一八，頁十一），順治十八年律令，該律令補充註解說，必須僱用其他乳母餵養自己的孩子的皇家乳母可獲八十兩白銀。

101 《紅樓夢新證》，頁二〇九至二一〇，得出的出生日期是十月三日，而不是《清代名人傳略》，頁七四〇所記載的十月十三日。

102 見《清代名人傳略》，頁三二八，房兆楹的記述。

103 《紅樓夢新證》，頁二二九，引自熊賜履對曹璽的頌詞。

104 《清稗類鈔》，部十，頁十一：「此吾家老人也。」《紅樓夢新證》，頁三一九。

105 康熙的硃批，見《曹寅奏摺》（見《文獻叢編》〈清康熙硃批諭旨〉）。

106 《紅樓夢新證》部分引用，頁三一六至三二〇。

107 《江南通志》，卷一〇五，頁九；《大清聖祖仁皇帝實錄》，卷八，頁七。

108 織造記載於《江南通志》，卷一〇五，頁十。

109 見下述第三章。

110 《紅樓夢新證》，頁二一三。

111 前揭書，頁四二。

112 見杜聯喆在《清代名人傳略》，頁九三五至九三六。

113 許多有關曹璽的文章在此略而不論，儘管這些文章顯示曹璽可能是個好官。

114 《清代名人傳略》，頁九三五至九三六。

115 尤侗，《艮齋倦稿》（文），卷五，頁一。此處全引自《紅樓夢新證》，頁三五三至三五五。楝樹是曹寅一生中反覆出現的主題，他最鍾愛的書房便是以楝樹為名，見第二章。

116 《清代名人傳略》，頁一七三至一七四。

117 《楝亭文鈔》，轉引自《紅樓夢新證》，頁二一三。

118 《清代名人傳略》，頁六六二至六六三。

119 轉引自《紅樓夢新證》，頁二三四。

120 《曹寅奏摺》，頁十九b，康熙四十八年二月八日。

121 周汝昌在《紅樓夢新證》討論了此說。周汝昌提到，北京有位學者告訴他燕大圖書館藏有八冊康熙朝的文書，其中提到曹寅是「侍帝讀」。這位學者忘記書名，周汝昌也遍尋不著。《紅樓夢新證》，頁二二五，周汝昌在詩文裡發現新線索，曹寅是皇上的伴讀。事實上，周汝昌在概述曹寅生平時，以證據不足，對曹寅這個職務存而不論，頁四三至四五。富室之家的子弟確實會有伴讀，不論伴讀者出身自由人或奴僕家庭。

122 例如《曹寅奏摺》，頁二三，康熙五十年三月九日：「臣自黃口充任犬馬，蒙皇上洪恩。」

123 李煦歷任職務見傳記集《碑傳集》，卷六六，頁一，收錄在他父親李士楨傳中。李玄伯首度引用，見《曹雪芹家世新考》，第一段（誤印為卷六）。提到李煦是蔭生身分的是《寧波府志》，轉引自《紅樓夢新證》，頁二三一（前揭書，頁一〇四，正確引李士楨資料）。李士楨生平見《三十三種清代傳記綜合引得》，頁一四一，而《清史列傳》，卷七二，頁五十a，所列的是嘉慶朝的同名官員。李煦在內閣的職位是內閣中書。

124 《中國清末政治組織》，頁一三七。

125 鑾輿衛中的正儀尉，前者見《中國清末政治組織》，一〇九條，後者見同書，一二六條。

126 順治九年至雍正三年，學者、有名的清官，生平見《清代名人傳略》，頁五一至五二。

127 周汝昌在書中各處引用部分祭文，全文徵引見《紅樓夢新證》，頁三八八。

128 《中國清末政治組織》，一二五和一二三條。選擇治儀正，《中國清末政治組織》，一二三條，而不是《中國清末政治組織》，一二五條的理由如下：僅有《中國清末政治組織》，一二三條較符合張伯行的描述。鑾儀衛和侍衛的任命有時是重疊的；參見《欽定大清會典事例》，頁一八一五〇（卷一一〇八，頁十五b至十一），其中提到第六班統領和以上職務是覲見時接受任命。

129 《歷代職官表》，卷四二。這部書見《圖書集成》，卷八四六至八六五。

130 《欽定大清會典事例》，頁一八一四五（卷一一〇八，頁一）。

131 《欽定大清會典》，頁八三三（卷八三，頁一）。

132 前揭書，頁八三三至八三六（卷八三，頁一至八b）。

133 前揭書，頁八三六至八三八（卷八三，頁八b至十一）。這四種包括：三大祀、祭祀、巡幸於皇城及省方若大閱。

134 《欽定大清會典事例》，頁一八一五六至一八一五七（卷一一〇九，頁六至九）。這裡指的是乾隆十三年，可能較康熙朝更為豪奢，不過自一六七〇年代以降，會典對組織的規定就沒有多大變動。

135 前揭書，頁一八一五〇（卷一一〇八，頁十b至十一）。

136 《戶部則例》，卷九一二，頁二十。

137 《欽定大清會典事例》，頁一八一五〇（卷一一〇八，十一）。

138 前揭書，頁一八一四九（卷一一〇八，頁九b）。

139 前揭書，頁一八一五二至一八一五三（卷一一〇八，頁十五至十六）。

140 前揭書，頁一八一五二（卷一一〇八，頁十五）。在參加文官科考的一般滿人的限額中也包括包衣。雍正十一年上諭，上三旗包衣的名額從滿人移出，而置入漢軍的額度中。《八旗通志》，卷一〇二，頁十二。這是雍正朝旗制設置官職壓力大增的例證。

141 《欽定大清會典》，頁八四〇至八四一（卷八三，頁十六b至十七）。《中國清末政治組織》，一二〇條。

142 《欽定大清會典》，頁八三七（卷十三，頁九）。

143 前揭書，頁八四一（卷八三，頁十七）。這些侍從是舉旗的民尉和陪同車駕的旗尉；參見《欽定大清會典事例》，頁一八一六一（卷一一〇九，頁十六至十七）。

144 《八旗通志》，卷五，頁四一，未載明革職的日期。

145 領侍衛內大臣，《中國清末政治組織》，九八條。

146 總管內務府大臣，《中國清末政治組織》，七六條。確切地說，並非旗鼓佐領，而是隸屬每一旗鼓佐領的護軍（《中國清末政治組織》，七三四條），受侍衛節制。這必然造成指揮權紊亂的困擾，康熙十三年廢除這種安排。不過，到了康熙三十四年，又恢復舊制，這或許是兵丁需要軍事而非文職的紀律。《欽定大清會典事例》，頁一九〇四六至一九〇四七（卷一二〇一，頁一至二）。

147 《中國清末政治組織》，七七條。

148 《雍正會典》（雍正十年），卷二二六，頁一。

149 《欽定大清會典》，頁九〇五（卷八九，頁一）。

150 明確規定，見《欽定大清會典》，頁九〇六（卷八九，頁三）。

151 《欽定大清會典事例》，頁一八七四九至一八七五四（卷一一七〇），不同官銜的歷史。《欽定大清會典事例》中相關部分，見《中國清末政治組織》，七七、八十、七九、一八三、七八、八二、八一條。

152 《欽定大清會典事例》，頁一八七五二至一八七五三（卷一一七〇，頁八至九）。

153 前揭書，頁一八七五五至一八七七三（卷一一七〇至一一七二）。

154 奉宸苑（《中國清末政治組織》，九十條），誠如《欽定大清會典事例》，頁一八七五八至一八七六二（卷一一七一，頁七至十六）的描述，它是掌管皇家園林和獵場的機構。起初，隸屬都虞司（《中國清末政治組織》，八十條），這是主管內務府侍衛和皇家狩獵的部門。順治十三年，基於與禁城有關，又移交給太監管理。康熙十年，則又改由侍衛和內務府彼此協調，共同管理，直到康熙十六年，又移交給重組後的都虞司。不過，即使在此之後，又進一步協調，由侍衛和內務府共同管理。康熙二十三年，改組奉宸苑，官印由總管內務府大臣執掌。雍正四年，規定今後奉宸苑職缺須上報吏部，由吏部遴選適任者。由六「部」之一控制人事的決定表明，內務府的自主性被削弱。

155 孟森，〈八旗制度考實〉，頁三七六。

156 在這之前，它們可能是以類似的方式鬆散組成（當然，正白旗是在多爾袞失勢之後才真正隸屬皇帝）。《欽定大清會典事例》，頁一二三三二（卷五四三，頁二六），記載內管領（等同包衣大）在滿人入關前隸屬內務府，儘管當時只有四人。對於當時可能的包衣數量，這似乎遠遠不足；而順治元年，必然有許多內務府內的人被納編進來，對包衣和旗鼓佐領情況亦同。一三

157 《欽定大清會典事例》，頁一二三三二，或《八旗通志》，卷三，頁三十六至三十八b，兩者必有一處記載錯誤，因為後者有標明日期的先前記錄中，鑲黃旗只有三個旗鼓佐領，康熙十七年一個，康熙三十四年二個。

158 《欽定大清會典事例》記載的佐領可能是康熙十七年以後的。隨意的關聯性：陳秉恒（《八旗通志》，卷三，頁三八b，及《八旗滿洲氏族通譜》，卷七四，頁四b，滿洲鑲黃旗旗鼓佐領和漢人包衣）；高國元（《八旗通志》，卷五，頁四一，及《八旗滿洲氏族通譜》，卷七六，頁十，滿洲正白旗旗鼓佐領和漢人包衣）；鄭連（《八旗通志》，卷五，頁四一，及《八旗滿洲氏族通譜》，卷

七七，頁六b，滿洲正白旗旗鼓佐領和漢人包衣）。另外，還有曹寅、高斌、唐英、見本章第一部分。很多漢人有滿洲名字這是很自然的，但是核對記載於《八旗通志》，但並未收錄入《八旗滿洲氏族通譜》的包衣佐領，證實了包衣佐領多為滿洲人的普遍結論。

159 每個旗鼓佐領約轄五十個馬甲是在順治元年定下來的。同時，滿洲包衣佐領的安排更有彈性——每個包衣佐領中，馬甲與包衣的比例是一比二。於是，數量最大的佐領，擁有最多資源，轄下正規部隊最眾。《欽定大清會典事例》，頁一九〇四六（卷一二〇一，頁一）。

160 《中國清末政治組織》，七二九條。

161 護軍校，《中國清末政治組織》，七三四A條。《欽定大清會典事例》，頁一二二三二（卷五四三，頁二七）。

162 前揭書，分別是護軍參領和驍騎參領。

163 《欽定大清會典事例》，頁一九〇四七（卷一二〇一，頁二）。

164 譬如，康熙二十年，任命了十五個「代理參領」，《欽定大清會典事例》，頁一二二三二（卷五四三，頁二七）。

165 參見以上引用之《欽定大清會典事例》中兵部和內務府的共同規定：頁一二二三二（卷五四三，頁二七），以及頁一九〇四七（卷一二〇一，頁二）。

166 依據包衣佐領的職責，《欽定大清會典》，頁九六一至九六二（卷九五，頁六b至七）。

167 所有各種職責，見前揭書。

168 《欽定大清會典》，頁九六〇（卷九五，頁四）。《中國清末政治組織》，九七A、B、C條。

169 包衣護軍營，《中國清末政治組織》，九七A條為「內護軍營」，意思是相同的。

170 侍衛，《中國清末政治組織》，九九條。

171 《八旗滿洲氏族通譜》，卷七四，頁八b。

172 《八旗通志》，卷五，頁四一。

173 《清稗類鈔》，第二二部，頁六。

174 金德純，《旗軍志》，頁五。

175 《楝亭詩鈔》，卷一，頁十一b。這首詩亦收錄在徐世昌編的詩集《晚清簃詩匯》，刊於《清詩匯》（台北：一九六一年），卷二，章五十，頁八。

臥牛位於山西北部府谷縣西北方；澶州是濮陽縣的唐代舊名，清朝時隸屬南直隸的大名府，參見劉鈞仁，《中國地名大辭典》（北平，一九三〇年），頁七八三、六二三、九八一和六二六。皇上在古北口的活動，參見張誠神父的描述，收錄在杜赫德，前引書，頁四三五八。

176 《楝亭詩鈔》，卷一，頁二。關於西巡，可參考《大清聖祖皇帝實錄》，卷一〇七，頁十七b，至卷一〇八，頁二。皇上西巡的行程並未超過山西五台山，但部分軍隊可能續行到過府谷縣。

177 《永憲錄》，頁六七，述及官員擁有特權騎馬進紫禁城時提到包衣衙門的地位。

178 《八旗滿洲氏族通譜》，卷七四，頁三、四b。

179 《清稗類鈔》，第二七部，頁八七。《清代名人傳略》，頁一五九。利用家族中的妃嬪對皇帝施壓是極端危險的做法。在《上諭八旗》（雍正帝給八旗的上諭），冊四，頁六十九，有一道給試圖營救「阿其那」（允禩）家人的震怒諭旨。皇上說道，這位妃鑌，即「阿其那」的母親，野心勃勃。結束時，皇上以一貫嘲諷而誇張的口吻提到，若有人膽敢妄言滋生事端，著滿門抄斬；傳旨曉諭，看其有何可說。允禩之母為康熙帝妃（《清代名人傳略》，頁九二六）。

180 《清稗類鈔》，第二二部，頁六。這可能是《簡明中國史》（*An outline History of China*）（北京，一九五八），頁一五八所提到的：「努爾哈赤繼承人皇太極，解除漢人的奴隸身分，將之組織為平民家庭，由漢官治理。」亦即將多餘奴隸、包衣編入漢軍。

181 《欽定大清會典事例》，頁一八二一三至一八二一九（卷一一一六，頁一至十四）。

182 參見《八旗通志》，卷七，頁九b；卷七，頁十二；卷八，頁三一b；卷八，頁三三；卷八，頁三三b；卷九，頁七；卷九，頁十六；卷九，頁三二b。

183 《八旗通志》，卷三，頁二六b；卷三，頁三一（二人）；卷三，頁三一b；卷四，頁十八；卷四，頁二四；卷四，頁三二；卷五，頁二四；卷五，頁二七；卷五，頁三四b。

184 前揭書，卷三，頁三八b；卷四，頁三四；卷四，頁三四b；卷四，頁三六；卷四，頁三八b；卷四，頁三九b；卷五，頁四一；卷九，頁三一b；卷九，頁三五b。

185 《欽定中樞政考》（八旗），卷四，頁十八。

186 出包衣籍，《八旗通志》，卷三，頁三六；卷三，頁三七b；卷四，頁三四；卷四，頁三六（二人）；卷四，頁三八b。《八旗滿洲氏族通譜》，卷五六，頁十五，另有其他例子。

187 慎刑司郎中，《中國清末政治組織》，八一條。

188 《欽定大清會典》，頁九五七（卷九五，頁一）。《中國清末政治組織》，八一條，提到慎刑司乃處理宗人府之事，這是錯誤的。《欽定大清會典事例》，頁五一九一（卷十，頁一），記載宗人府處置府內小案，而所有重大刑案則須要有特諭。

189 《紅樓夢新證》，頁三八八。

190 前揭書，頁二三一至二三二，引《上江志》，《紅樓夢新證》，頁四三，進一步探討了這個問題。

191 順治十二年確立，《欽定大清會典事例》，頁一八七五四（卷一一七〇，頁十一b至十二）。

192 番役處，《中國清末政治組織》，八一條。

193 《欽定大清會典》，頁九五九（卷九五，頁一）

194 《雍正會典》（雍正十年），卷一三二，頁十二。冰塊顯示牢房酷熱，而不是說囚犯可以享受。律例表明十分關注窒礙難行的細節，記載表明必須確保五個藏冰塊處儲藏二九二二六塊冰。前揭書，卷一三二，頁二十一b。

195 前揭書，卷一三一，頁二。

196 《欽定大清會典事例》，頁一九一四九（卷一二二二，頁二b），順治十八年上諭。

197 前揭書，頁一九一四八（卷一二二二，頁一），康熙十一年上諭。三法司，見《中國清末政治組織》，二一五條。

198 《欽定大清會典事例》，頁一八七五四（卷一一七〇，頁十二），在康熙三十七年、三十八年、六十一年。

199 他的祭文，參見《紅樓夢新證》，頁三八八。

第二章

1 轉引自卡列森（Gösta Carlesson），《社會流動性與社會結構》（*Social Mobility and Class Structure*），Lund Studies in Sociology. I（Lund, 1958），頁十一至十二。卡列森的研究是建立在森特思（Richard Centers）有關階級（class）與階層（strta）的區別上

2 理查、沈德思，《社會階級心理學》（*The Psychology of Social Classes*）（普林斯頓，一九四九），頁二七。

3 前揭書。

4 巴特莫爾（T. B. Bottomore），《精英與社會》（*Elites and Society*）（倫敦，一九六四），頁八。

5 何炳棣（Ho Ping-ti），《中華帝國的成功之階》（*The Ladder of Success in Imperial China*），頁三五。

6 《唐土名勝圖繪》，第一輯，卷二，頁一。

7 前揭書，卷一，頁十三，近西華門。

8 前揭書，卷三，頁一，內城與旗人區的大致地圖。正白旗區域細部地圖，見前揭書，頁三十四。

9 《曹頫奏摺》，頁三一，康熙五十三年八月四日，他列出家產清單。這房舍可能是曹寅或曹頫購得，但他們大都住在南京，所以最有可能的購買者是曹璽，他家財萬貫，且直到康熙二年才寓居南京。

10 《八旗通志》，卷一一三，頁一至二。自願依附八旗將軍（為奴或為僕）的漢人是例外。皇上（透過攝政王多爾袞）為強制搬遷的不便感到遺憾，不過認為這是確保滿漢和平共處的治本之道。漢人可以搬家或賣掉房舍。每搬一間的房間，就給四兩銀子。這筆錢由戶部親自徵收，以避免人謀不臧。

11 前揭書，卷一一三，頁二至三。同時，價格也固定，從大宅邸的一百二十兩，到普通房舍的二十兩（到了順治九年，最低價格提高為三十兩）。

12 《紅樓夢新證》，頁一五七，描述了內城的宅邸。曹家宅邸的可能位置，見周汝昌，《紅樓夢新證》，頁一三七。周汝昌是通過對曹寅的詩作，以及孫子曹雪芹《紅樓夢》小說裡的勾勒的徹底研究，得出結論，而他相信小說的場景，就在北京。周的論證別出心裁，但並非全屬可信。

13 花園及其位置在《紅樓夢新證》，頁一四五至一五一，有所討論。周汝昌相信這座花園就是《紅樓夢》裡的大觀園；在小說中，曹雪芹將其置於兩幢房舍的北面，而這兩幢房合就是小說中的榮國府。

14 《楝亭詩鈔》，卷一、二。所有參考資料，可參考《紅樓夢新證》，頁五十九至六十。

15 有關他的年齡可參考《紅樓夢新證》，頁六一至六二。周汝昌依據當時他詩作的線索，主張他們是孿生兄弟。儘管這個弟弟存在的說法是可信的，不過孿生兄弟之說的可信度就十分薄弱。曹寅和曹子猶若是雙胞胎，那麼同時代的人沒有理由不提及，並以歷史典故和詩文隱喻點出這個事實。曹子猶的卒年推斷是在康熙四十四年（前揭書，頁六二），證據來自曹寅於康熙四十八年的悼念詩。至於曹子猶出任侍衛，參見尤侗，《艮齋倦稿》，卷四，頁二六，轉引自《紅樓夢新證》，頁二五八。

16 《紅樓夢新證》，頁三十、六十、二二三至二二六。有關朱彝尊，參見《清代名人傳略》，頁一八二至一八五；有關翁方綱，前揭書，頁八五六至八五八。

17 《曹寅奏摺》，頁十八，日期是康熙四十七年四月三日：「孫文成與臣弟曹宜……到普陀山。」《八旗滿洲氏族通譜》，卷七四，頁八b。《八旗通志》，卷五，頁四十，他是康熙三十四年新編立的旗鼓佐領。關於兩兄弟的存在，周汝昌在《紅樓夢新證》，頁五九，已有令人信服的論證，如果曹宜是在順治十五年（至遲是順治十七年）出生，他不可能成為包衣佐領，更不可能在雍正十三年時年七十五歲時出任護軍參領，因為這個差事忙錄，並非閒職，若無法勝任，便要退休。曹宜可能出生於康熙十九年曹璽去世前不久。

18 周汝昌根據曹璽給兒子曹寅、曹宜命名的特點，猜測孿生兄弟的名字應該是「曹宣」。但僅僅根據這樣的討論，就認定曹宣是一個歷史人物（如吳世昌，《紅樓夢探源》，頁一一五的做法），看來似乎並不合理。這第二個弟弟的字「子猷」，作為他的名字可能更好，而最小的弟弟則是曹宜。少文，〈記楝亭圖咏卷〉，頁二十三，明確反駁了周汝昌的觀點，他肯定說道：「筠石乃曹寅弟曹宜」，爭論又回到原點。

19 《楝亭詞鈔》，王朝瓛康熙五十二年序。曹寅是否是侍衛的問題仍有待釐清。雖然王朝瓛在康熙十九年左右確實寫道，曹寅「以期門四姓官為天子侍衛之臣」，但這不是確鑿的證據，因為王並非談論曹寅的仕宦生涯，可能有誇大之嫌。而張伯行在祭文裡概述曹寅生平，不可能忽略這項重要成就。張伯行確實提及曹寅照料豹尾旗，頭戴貂冠昂然前行等等之語，並不等於說曹寅即是「豹尾班侍衛」（《中國清末政治組織》，九九・三條）周汝昌亦不能論斷曹寅是否為「侍衛」。周在《紅樓夢新證》，頁二一六，提到曹寅是在康熙十二年擔任侍衛；不過，在同書頁四三至四五述及曹寅官職時，卻漏掉侍衛一職。周汝昌引顧景星說曹寅是「侍中」（前揭書，頁二二二）；這是元朝之前對侍衛的別稱。但侍中亦可指一般朝廷官員，譬如鑾儀衛或內務府官員。

20 《欽定大清會典》，頁八二九（卷八二，頁五）。《中國清末政治組織》，九九條，列出這四個等級。這裡另有皇族、漢人、豹尾侍衛。

21 《欽定大清會典》，頁八二七（卷八二，頁一）。「掣」，是「掣簽」的縮寫。

22 《欽定大清會典事例》，頁一八一二二（卷一一〇六，頁一）。

23 各項職責的細節，見《欽定大清會典》，頁八二七至八三二（卷八二，頁一至頁十二）。

24 《曹寅奏摺》，頁十九b，康熙四十八年二月八日。東華門位於紫禁城的東南側。

25 《八旗通志》，卷四，頁十五，納蘭性德生平，見《清代名人傳略》，頁六六二至六六三。

26 《紅樓夢新證》，證據得自韓菼的文章。徐乾學生平，見《清代名人傳略》，頁三一〇至三一二。

27 曹寅的第一本詩集刊於康熙十八年，時年二十一歲，顧景星作序；序文見《楝亭集》卷首。

28 初試、候選、和中第者的序等，見《欽定大清會典事例》，頁一七五二七至一七五二八（卷一〇四六，頁一至三）。衛德明（Hellmut Wilhelm）曾寫過一篇論科考的短文，〈康熙十八年博學鴻儒科考〉（The Po-hüseh hung-ju Examination of 1679），《美國東方學會學刊》（*Journal of American Oriental Society*），七一（一九五一），頁六十至六六。

29 《清代名人傳略》，明珠，頁五七七，納蘭性德，六二二。

30 《紅樓夢新證》，頁二三一。

31 梅庚的跋，轉引自《紅樓夢新證》，頁二一九；施閏章孫子施瑮在給曹寅詩作的序文中的回憶，前揭書，頁二二九。施閏章生平，見《清代名人傳略》，頁六五一。

32 《清史列傳》，卷七十，頁四七b至四八。

33 曹寅，《楝亭集》，顧景星序文，時間是康熙十八年四月。

34 《清史列傳》，卷七十，頁四七b至四八。

35 《清代名人傳略》，頁一八二至一八五，一〇三。

36 曹寅，《楝亭詩鈔》，王朝瓛序，康熙五十二年閏五月。

37 蔣景祈，轉引自《紅樓夢新證》，頁二二三。

38 傳教士張誠對此有全面的描述，他曾於康熙三十一年秋隨康熙帝北遊行獵，見杜赫德，前引書，頁四三五八至四三八〇。

39 韋利，《袁枚：十八世紀的中國詩人》，頁六八。

40 前揭書，頁一八七。

41 《紅樓夢新證》，頁一二七。儘管周汝昌在頁十三提到，滿漢衝突是曹雪芹的生活張力之一。

42 吳世昌（Wu Shih-ch'ang），《紅樓夢探源》（*On the Red Chamber Dream*），頁六三，一〇九至一一〇。

43 《楝亭詩鈔》，卷一，頁三。

44 前揭書，卷一，頁八b。

45 王昶生平，見《清代名人傳略》，頁八〇五至八〇七。

46 龍女的故事，見愛德華斯（E. D. Edwards），《唐代中國散文文學》（*Chinese Prose Literature of the T'ang Dynasty*）（倫敦，一九三八），頁八六至九四。

47 收錄在王昶，《國朝詞綜》，冊一，卷四，頁二b，刊於《四部備要》。

48 《清代名人傳略》，頁一三〇。曹寅提到他與「迦陵」（即陳維崧的號）在一塊，陳卒於同年。

49 曹寅《荔軒詞》，頁一b至二。

50 《楝亭詩鈔》，卷一，頁十。

51 前揭書，卷一，頁一b至二。

52 這裡是清代文人著名的聚會之所。周汝昌提到，清初詩集幾乎都會提到這個地方（《紅樓夢新證》，頁二二〇）。

53 《江南通志》，卷一〇五，頁十。

54 《紅樓夢新證》，頁四二。

55 前揭書，頁二二七。

56 《清代名人傳略》，頁三〇八至三〇九。祭文全文轉引自《紅樓夢新證》，頁二二八至二三〇。

57 周汝昌在北京私人蒐藏家處發現四卷本的紀念文集、圖冊，書況良好。《紅樓夢新證》，頁三十三至三十四。周汝昌根據已知或可能完稿日期，幾乎把全部內容依編年方式收錄到《紅樓夢新證》的「年譜」部分，頁二三一至三〇〇。其中有些可能做於康熙三十年之後，因為其中有二十一款沒有標明日期。不過，大數是在康熙二十三年到三十年這七年間完成的。前揭書，頁三四，周汝昌列出散佚卷中可能的作者名字。葉燮的文章，是的確有第五卷存在的最好證明，見《紅樓夢新證》，頁二四八。這篇文章顯然是為《楝亭圖》所做，日後收錄在葉燮的文集中（本書所徵引的作品，都是出自周汝昌所列的卷本）。少文針對《楝亭圖》寫過一篇特別的文章，題為〈記楝亭圖咏卷〉，《文物》，一九六三年，第六期，頁二三至二五。本文是為紀念曹雪芹逝世二百週年而做。在未提及周汝昌的情況下，少文重複周的發明，儘管增添不少有趣的細節。少文發現現存的卷本其實是由數量不明的卷子編纂而成——四方形的紙張、紙張顏色不一就是明證。打散後再重新編成書卷的做法並非僅有一例，而是有二例，清代文人陸時化描述出現在卷本中的惲壽平畫作；他的描述並非與現有卷本裡的內容完全吻合。如果卷本的內容確實重組過，那麼《楝亭圖》散佚的內容可能比原先設想的還多。卷本可能由湖南巡撫俞明震蒐藏，因為上頭有俞的印章。參見少文，頁二三。

58 曹寅對納蘭性德的描述，《紅樓夢新證》，頁二三四。

59 見尤侗的描述，《紅樓夢新證》，頁二三四。

60 葉燮，《紅樓夢新證》，頁二四八。

61 這種樹原生於東南亞，不過遍長於亞、澳地區。參見普瑞奥（L. D. Pryor），《坎培拉的樹》（*Trees in Canberra*）（Canberra: Department of the Interior, 1962），頁六五；以及卡瑞森特（Babbage Crescent）（Canberra, A. C. T., Australia）的觀察（我要感謝Helen Spence提供我這則訊息）。

62 他的集子稱為《楝亭集》，其他的集子如《楝亭十二種》，也都用這個名字。但在北京的熟人仍舊稱他荔軒，而後才慢慢改過來；參見杜岕，《楝亭詩鈔》序文，頁二。

63 《紅樓夢新證》，頁二三四。

64 前揭書，頁三三，第三卷，第八個名字。引自前揭書，頁二三一。

65 《清代名人傳略》，頁九六〇至九六一。根據房兆楹的評斷，頁九六〇。色任（Osvald Sirén），《中國繪畫》（*Chinese Painting*），卷五，頁一九二至二〇〇；卷七，四六二至四六六。

66 譬如淩叔華畫集中的〈山石李花圖〉，一九六四年五至七月在英國藝術協會展出時，我見過它，以及下述提到曹寅友人的畫作。

67 《清代名人傳略》，頁九六〇。

68 少文在〈記楝亭圖咏卷〉正對頁二二的第二張圖，即是這張畫的複製。少文認為（前揭文，頁二五），這幅畫作得漫不經心，顯示惲壽平對捐獻一事十分嫌惡，以及曹寅在江蘇一帶的勢力，足以讓一流的畫家可以不顧對清廷的感受為曹寅效命作畫。然而，少文勾勒出曹寅作為內務府的權勢者看來肯定是誇大其辭。惲壽平這幅畫必定是完成於康熙二十九年之前（他卒於這一年），但曹寅直到康熙二十九年之前在江蘇並無任何官職。因此，很難令人相信，一個慎刑司的郎中能威嚇得了惲壽平。

69 《紅樓夢新證》，頁二五三。

70 《清代名人傳略》，頁九四一。《紅樓夢新證》，頁三三。色任，《中國繪畫》，卷五，頁九二；卷七，頁四五七至四五八。

71 參見他的〈主婢熏衣圖〉，大英博物館，藝術協會於一九六四年展出。

72 凡諾提（Franco Vannotti）收藏他的〈奇景圖〉，藝術協會於一九六四年展出。戴本孝生平，見《國朝書畫家祕錄》（一九一一年），卷一，頁三十六。色任，《中國繪畫》，卷一七，頁四〇一。

73 少文，〈記楝亭圖咏卷〉，頁二二對頁第一幅圖畫。

74 前揭文，第三幅圖。

75 《清史列傳》，卷七十，頁三七b至三八。

76 刊於葉燮的文集中（轉引自《紅樓夢新證》，頁二四八），可能是散佚的第五卷內容。

77 《清代名人傳略》，頁一三五至一三六。

78 《紅樓夢新證》，頁三三，以及第二卷，第五個名字，轉引自《紅樓夢新證》，頁二六一。

79 亦即他們的名字不見於《三十三種清代傳記綜合引得》。

80 《清代名人傳略》，頁二七五，卷三，詩刊於《紅樓夢新證》，頁三〇〇。

81 《清代名人傳略》，頁八三一，卷三，詩刊於《紅樓夢新證》，頁二八九。

82 《清代名人傳略》，頁三一〇，卷三，詩刊於《紅樓夢新證》，頁二六六。

83 《清代名人傳略》，頁六八九，卷三，序文和詩刊於《紅樓夢新證》，頁二八八。

84 《清代名人傳略》，頁八二六，卷三，詩刊於《紅樓夢新證》，頁二五〇至二五一。

85 《清代名人傳略》，頁四三五，卷一，詩刊於《紅樓夢新證》，頁二三五。

86 這四人的生平，見《清史列傳》，卷七十，頁三四b、四六b、三四、四七。

87 《清代名人傳略》，頁五六三，卷二，兩首詩刊於《紅樓夢新證》，頁二八九。

88 《清史列傳》，卷七十，頁十六b，卷二，四首詩刊於《紅樓夢新證》，頁二九四。

89 《清代名人傳略》，頁五六六。

90 前揭書，頁八八，卷一，詩刊於《紅樓夢新證》，頁二九二。

91 少文，〈記楝亭圖咏卷〉，頁二五。

92 《紅樓夢新證》，頁三四，二三二至二三三的分析，同樣的見解，可參考頁三四、二三三，僅措辭稍有調整。

93 這資料的來源有二，作家劉廷璣和永憲錄，《紅樓夢新證》，頁二七二至二七三，亦引相關段落。前揭書，頁二七一，周汝昌證明此劇又名《表忠記》，但不管是《表忠記》還是原名《虎口餘生》，此劇並未流傳下來。

94 納蘭性德，卷一，文刊於《紅樓夢新證》，頁二三四。

95 《江南通志》，卷一〇五，頁九至十。

96 《江南通志》，卷一〇五，頁十。《紅樓夢新證》，頁二四三、二六九。

97 參見《紅樓夢新證》，頁二四三、二五一、二六八的概述。

98 文章轉引自《紅樓夢新證》，頁二五七至二五八。

99 《清代名人傳略》，頁二七五。《紅樓夢新證》，頁二五一。

100 《清史列傳》，卷七一，頁六一。

101 《楝亭詩鈔》，卷二，頁三，在尤侗處餐會所作的詩，行文夾注說：「是日諸君皆不飲。」

102 前揭書，卷二，頁二，行文間夾注。

103 他們的名字散見於曹寅詩作的序文，以及尤侗的各類著作。這些名字連同相關材料刊於周汝昌，《紅樓夢新證》，頁二四三至三〇一。周汝昌對清初史料研究十分透徹，甚至可以假定曹寅的好友無一被遺漏，儘管我們亦要承認，清代文集數量多牛毛，周汝昌可能錯過有關曹家的參考資料（前揭書，頁二九）。友人的名字列了十二個，另外在註一一七中列出五個。這些人大都住在蘇州附近，其他人則在此逗留作客。為了排除純粹形式上的關係，這裡並未採納《楝亭集》中眾多的留名者。

104 《清代名人傳略》，頁九三五至九三六。《清稗類鈔》，第十部，頁八，以及第五九部，頁三至四。《紅樓夢新證》，頁二四四至二四五。《蘇州府志》，卷六三，頁一b。

105 《清代名人傳略》，頁二七五至二七六；康熙三十四年奉召返回北京，任職禮部尚書，後飲酒卒於任內。《蘇州府志》，卷六三，頁八b。《紅樓夢新證》，頁二五一、二六九。

106 《清代名人傳略》，頁六一六至六一七；康熙三十二年他返回任內一年，但鬱悶不樂，從此辭官歸隱。他日後與曹寅一同完成《全唐詩》的編纂。參見《曹寅奏摺》，頁十二b至十四，日期：康熙四十四年五月一日到康熙四十五年七月一日。《蘇州府志》，卷六三，頁九。《紅樓夢新證》，頁二六八、二七〇。他與韓菼在康熙十一年都考取舉人（《蘇州府志》，卷六四，頁七b）。

107 《清代名人傳略》，頁九四二，《紅樓夢新證》，頁二四三。

108 《清代名人傳略》，頁一三五至一三六，《紅樓夢新證》，頁二六九，姜宸英是受曹寅友人之託而做。

109 《清史列傳》，卷七十，頁三七b。《蘇州府志》，卷六四，頁六b；卷六三，頁八b，記載他是康熙五年舉人，康熙九年進士，被喻為吳江縣的榮耀，儘管葉燮是浙江人，參加順天府試。這是何炳棣，《中華帝國的成功之階》，頁二五四，點出某種危險的絕佳好例，何炳棣指出，地方史家提供取得功名者的人數，往往較官方列出的還多。《江南通志》，卷一〇八，頁二一，他是康熙十四年至十六年的寶應縣知縣。參見《紅樓夢新證》，頁二四三、二四七。

110 《清史列傳》，卷七十，頁十六b。《紅樓夢新證》，頁二三二、二三九、二四一、二四三。《楝亭詞鈔》，頁五。

111 《紅樓夢新證》，頁二六八至二七〇、二八五。崇明縣康熙五十八年前隸屬蘇州府太倉州，《江南通志》，卷一〇八，頁三一。他的官職是「學博」，七品，見《中國清末政治組織》，八五〇．七條。

112 《紅樓夢新證》，頁二三七、二五一，《楝亭詩鈔》，卷一，頁十七b。

113 《八旗滿洲氏族通譜》，卷七四，頁一b，列名正白旗包衣，知府，巡撫張自得子。他的父親十六歲時補博士弟子員，十九歲時從河北豐潤遷遼東。在遼陽為滿人所俘，納為包衣。他順治四年中進士，歷任御史，陝西、河南巡撫。參見《碑傳集》，卷六二，頁二二，以及《八旗滿洲氏族通譜》，卷七四，頁一b。
張純修有兩個概述傳記，見《國朝畫識》，卷六，頁十六b，稱張是知縣，《清畫家詩史》，頁四九a，稱張是廬州知府。這兩段傳記都以文學措辭記載，並未提到他是旗人或包衣。不過，兩者皆說他是巡撫元公之子，元公是張自得的字。張自得、張純修一起列名於《八旗滿洲氏族通譜》，雖然他的名字與官位與其他史料記載不同，然而，這似乎可以肯定是同一人，除非是十分巧合，名字剛好一樣。

114 《蘇州府志》，卷六四，頁十一b，長洲縣人，康熙二十九年舉人；前揭書，卷六三，頁十二b，康熙三十九年進士，任庶吉士（《中國清末政治組織》，二〇一條），他的字是觀三，出現在《紅樓夢新證》，頁二四三、二五〇（後一頁提及他的字）。

115 《蘇州府志》，卷六四，頁十二b至十四，列出康熙舉人名冊；前揭書，卷六六，頁二至四，列出貢生名冊，僅有一名姓嚴的，名字完全不同。前揭書，卷五五至五七，地方官員名冊；卷五八，頁五，康熙二十九年官員名錄。

116 葉藩（字桐初），見《楝亭詩鈔》，卷一，頁九b；卷一，頁十一b；卷二，頁二；曹寅，《荔軒詞》，頁二b（康熙二十三年），頁八、頁九b；《楝亭詞鈔》，頁四。這不是在《三十三種清代傳記綜合引得》，頁一三二，列出的葉藩（同名），傳記分別見3/237/10a和17/7/28a。這些傳記所處理的葉燮有兩個字，他是乾隆朝進士。當時，蘇州昆山縣葉家是個顯赫家族，家中有二人參加博學鴻儒考試，全部名落孫山（《蘇州府志》，卷六三，頁一b，行間夾注）。葉藩可能是這個家族的子弟，曹寅參加科考時認識他。

117 這五個人是葉南屏（《紅樓夢新證》，頁二六七、二七〇），梅梅谷（《紅樓夢新證》，頁二六八、二七〇），梅鼎（《紅樓夢新證》，頁二四三、二四四），嚴弘（《紅樓夢新證》，頁二六九），以及朱赤霞（《紅樓夢新證》，頁二五一、二六八、二七〇，以及《楝亭詞鈔》，頁五）。梅谷可能是梅鼎的字或號。但「南屏」，不可能是葉藩的另一個字，因為在曹寅和尤侗詩中比較常見的是桐初。這些人的姓——葉、梅、朱、嚴——頻頻出現在地方歷史文獻，但常出現的是字，且出現的字或名字，都沒有與上述是一致的。嚴弘可能是後述那位辭官的將軍。

118 前揭書，頁四、五。

119 主要史料見《江南通志》，卷一〇五，頁一至六；卷一〇六，頁一b至八；卷一〇七至一〇八。列為「旗人精英」者，在《江南通志》標為「奉天人」，因為核對旗人文獻中列為「奉天人」的高官，通常是同義的。在《江南通志》中有兩位總督被列為「奉天人」和「瀋陽人」；他們是郎廷佐（《八旗通志》，卷三三九，頁三b，鑲黃旗漢軍），以及范勳（前揭書，卷三三九，七b，鑲黃旗）。列為河道總督和漕運總督的「奉天人」，有屈盡美，鑲白旗（前揭書，卷三三九，頁五）；興永朝是鑲黃旗（前揭書，卷三三九，頁八）；靳輔，同前（前揭書，卷三三九，頁六b）；于成龍是鑲紅旗（前揭書，卷三三九，頁七）；王新命是正藍旗（前揭書，卷三三九，頁七）。

河道總督名冊依《江南通志》，載明是康熙十八年以來江南省級任命。核對《清史》和《八旗通志》的河道總督名冊，顯示五位早期的在任者中，一名是漢人，四名是旗人。靳輔是重複任命，所以僅計算八位，而不是九位河道總督。不過，轉任者，如于成龍，從總督轉職河道總督，每個職位都被列入計算。

如果他們任命的時間出現康熙年號，都列入康熙年間計算。如此一來，就會去掉少數由順治朝過渡到康熙朝的官員，而增加從康熙六十一年過渡到雍正朝的官員。郎廷是例外，因為他不尋常地擔任很長時間的總督職，橫跨順治十三年到康熙十年。列名《江南通志》十位出身奉天的巡撫，全是漢軍；他們列名在《八旗通志》，卷三四〇，從張朝珍（頁六b，正藍旗）到李成龍（頁十八，正藍旗）。在《江南通志》列為旗人的兩位巡撫，于成龍是漢軍，正藍旗（卷三四〇，頁十五b）。他是這個時期同名的第三位高官（《清代名人傳略》，頁九三七），葉夷思也是鑲藍旗漢人。六位旗人江蘇巡撫之中，僅有兩位是滿州人。

在所有布政使和按察史中，很難找到奉天／旗人的相互關係，但是從其他面向著手，我們可以發現列名《八旗通志》，擢升江蘇、安徽布政史、按察史的所有佐領，在《江南通志》中都被列為「奉天人」。隨機舉例，石琳（《八旗通志》，卷十四，頁二；《江南通志》，卷一〇六，頁四），崔澄（《八旗通志》，卷十五，頁八；《江南通志》，卷十五，頁八；《江南通志》，卷一〇六，頁一b）。有時，旗人在地方或全國的史料都找不到記載；因此，丁思孔在《江南通志》，卷一〇六，頁五，以及《清史稿》，卷二四五，頁十一a，被列為奉在進士。不過，丁思孔又以漢軍鑲黃旗列名在順治元佚的旗人進士名冊中（《八旗通志》，卷一〇四，頁三b）。因此，總體結論是：地方歷史編修者往往會模糊高官的旗人出身。

120 《江南通志》，卷一〇五，頁四至五；卷一〇六，頁二至三。總計三十七名旗人對二十九名漢人。漢人之所以人數較少，部分原因出在閩人宋犖長期任職，宋犖從康熙三十一年至康熙四十五年擔任江西巡撫。

121 何炳棣，《中華帝國的成功之階》，頁一一一至一一七，頁一一二至一一三表九的數據，顯示他康熙二十一年至康熙四十三年間的A類，是除同治十三年外，整個朝代最低者。不過，何炳棣提醒說，如果十八世紀數據可用，那它們或許在總數上比康熙朝更低（頁一一四）。

122 前揭書，頁一八五。

123 《江南通志》，卷一〇六，頁一至六；卷一〇七，頁三至八b。為了降低偏差，布政使和按察的數據包括所有在職的漢官，即使他們並無詳盡資料，縣級的數據僅包括明確載明進士和舉人的官員。最高等級的官員被《江南通志》排除，理由不明——可能只是疏忽了。例如，總督、漕運總督董訥並未列出功名，但他是康熙六年進士（《清史稿》，卷二八五，頁九b）。

124 《江南通志》，卷一〇八，頁一b；卷一〇五，頁四至六。儘管可以直接參考有關董訥的上一條註釋；但僅有十人列出功名，二位漢人並未標明，值得懷疑。

125 馬許（Robert M. Marsh），《達官貴人：中國的精英流通，一六〇〇至一九〇〇年》（*The Mandarins: The Circulation of Elites in China, 1600-1900*）（Glencoe, Ill., The Free Press, 1961），頁五六。何炳棣，《中華帝國的成功之階》，也得出相同的觀點：「若非進一步取得更高官職，監生作為治者是無法入朝為官。」（頁三四）許多監生縣令的官位有可能是買來的，尤其是清代財政困絀的時期，功名和官位可以自由買賣，這種現象在康熙十七年至康熙二十一年期間達到高峰（前揭書，頁四七）。但不否認的，有些監生單憑這樣的資格而被擢用：例如，在康熙朝，有兩位監生、兩位官生擔任安徽巡撫；參見《江南通志》，卷一〇五，頁五。

126 史料出處：《蘇州府志》，卷五十五，頁一b至卷五六，頁二五b；《江南通志》，卷一〇七，頁九b至十七。《蘇州府志》所列要比《江南通志》完整，但時常未給出任期的時間，有時甚至也沒有所列之人的資料。所以，名冊必須從兩種史料來編纂，不過，這也未必完全正確。上述如總督與布政使這類高官，奉天人與旗人有完整的對應關係，但在低階的知府和知縣，則並不總是吻合。例如，有一位蘇州知府和一位吳江知縣，在《江南通志》被列為奉天人，而在《蘇州府志》雖被列為奉天人，但卻不是旗人。但大多數都列為旗人，只有一位直隸生員（崑山知縣）變成旗人。這唯一的結論是：有關省級低階官員的資格和身分，應該綜合兩種（或者最好是更多）地方史料來衡量。

127 教諭（《中國清末政治組織》，八五七條），參見《蘇州府志》，卷五七，頁七b；總捕同知（《中國清末政治組織》，八四九條），前揭書，卷五五，頁九。瞿同祖（Ch'ü T'ung-tsu），《清代中國地方政府》（*Local Government in China under the Ch'ing*），頁九，包括官階低下的學校督導。

128 《八旗通志》，卷一〇二，頁二至四b。《欽定大清會典事例》，頁九六九〇（卷三四八，頁三b），以及頁九七一七（卷三五〇，頁一b），顯示進士的名額立即提高，雖然日後有所調降，最後遠低於原初的名額。

129 《八旗通志》，卷一〇四，頁一b至七，順治九年和順治十二年的科考。房兆楹和杜聯喆，《增校清朝進士題名碑錄》（*Harvard-Yenching Index Series, 1941*），頁一三至一八。

130 如果百位滿人進士，再加上何炳棣，《中華帝國的成功之階》，頁二二八，中五十六名進士，那麼順治朝的旗人進士便超過福建和安徽兩省。

131 《八旗通志》（乾隆六十年），卷一〇二，頁二至十四，以及《欽定大清會典事例》，卷三四八、三五〇，旗人內部考試制度的各種變化，較之此處的概述更為複雜。善於武術的旗人、監生、生員都是參加順天府的考試，因此旗人名額也相應加在順天府的一般名額中。自康熙三十五年以降，滿人和漢人包衣時常獲得舉人功名，而進士則是從康熙三十九年以後。這兩種考試的中第比例不如普通旗人高，康熙朝有五十七個包衣考中舉人，但中進士者僅九人（滿人的比例是三〇一：九十五，漢軍是一五〇比四十）。到了雍正十一年，包衣因其漢人血統，規定其列入漢人的考試名額，而不占滿人的名額。乾隆三年，再度嚴格重申此項規定。旗人學生惹事生非。自康熙四十四年開始，有鑑於以往的紊亂，幾位高階武官不得不出席旗人的考試，並負責管教旗人考生的秩序。

132 舉兩個例子：鑲白旗包衣趙世勳，康熙四十四年舉人（《八旗通志》，卷一〇五，頁二十），必定與其佐領雷世俊關係密切（前揭書，以及《八旗滿洲氏族通譜》，卷十四，頁四），他與原先服侍過的親王關係也不錯。趙世勳做了知府（《八旗滿洲氏族通譜》，卷七六，頁十五），所以他有足夠的勢力推護上司的利益。索任，正黃旗包衣，也是康熙四十四年舉人（《八旗通志》，卷一〇五，頁十九b），與孫文成同屬一個包衣佐領，孫是曹寅的好友，長期署理杭州織造。自從索任擔任內務府管理（《八旗滿洲氏族通譜》，卷七五，頁三），對於須定期向內務府運送絲綢的孫文成和曹寅，彼此之間就有了從事交易的條件。

133 何炳棣，《中華帝國的成功之階》，頁三八。

134 瞿同祖，《清代中國地方政府》，頁一七二。

135 張仲禮（Chang Chung-li），《中國士紳》（*The Chinese Gentry*）（Seattle: University of Washington Press, 1955），頁三，頁七。

136 馬許，《達官貴人：中國的精流通，一六〇〇至一九〇〇年》，頁五四至五五。

137 《李煦奏摺》，頁九五，奏摺附件二，康熙五十年二月十六日。幾乎相同的名冊見前揭書，頁九九，康熙五十七年九月二十五日，奏摺附件一。

138 這道奏摺引用如下。康熙帝送每個人一幅書法，可能是要酬庸他們有關科場案的詳情奏。科場案將於第六章討論。有關他們的任命，見《江南通志》，卷一〇五，頁九至十，後敘第三章。

139 《曹寅奏摺》，頁二六，康熙五十一年六月三日。

140 《李煦奏摺》，頁二九，康熙五十一年五月二十二日。有關康熙二十三年南巡的描述，進一步將「高、低文武官員」與「地方縉紳士民」區分開來（《大清聖祖仁皇帝實錄》，卷二一七，頁十九）。

141 《李煦奏摺》，頁三一，康熙五十一年五月二十六日。

142 例如《聖祖五幸江南全錄》，頁七，于成龍的奏摺，見賀長齡編，《皇朝經世文編》（上海，一八八七年），卷七四，頁二五b。于成龍的奏摺，在蕭公權（Hsiao Kung-chuan），《鄉土中國：十九世紀的帝國控制》（*Rural China: Imperial Control in the Nineteenth Century*）（Seattle: University of Washington Press, 1960），頁六八至六九亦有引用。

143 《曹寅奏摺》，頁五b，康熙五十一年四月三十日（？）。

144 何炳棣，《中華帝國的成功之階》，頁四十，以及瞿同祖，《清代中國地方政府》，頁一六九至一七〇。

145 傅里曼（Maurice Freedman），評張仲禮《中國士紳》，《太平洋事務》（*Pacific Affairs*），二九（一九六五），頁七九。

146 基於相同的理由，「縉紳」和「紳縉」亦翻譯為「地方精英（local elite）」，因為至少在曹寅和李煦的奏摺裡，就像「鄉紳」的用法也是含糊其詞。

第三章

1 《中國清末政治組織》，八四五條。本書不採取Brunnert和Haglestrom的譯法，把「織造」翻譯成「Superintendents of the Imperial Manufacturies」，因為織造一詞在本書裡反覆出現，若採取這種譯法顯得很笨拙，此外，這種譯法的另一個缺點是它隱約指涉像是其他的製造行業（譬如，瓷器，它也是皇家的作坊，但與織造並無相關性），同時「Superintendent」這個字也會誤導是定期督導作坊的工作。所以全書以「textile commissioner」翻譯為「織造」。

2 織造的組織架構，見《欽定大清會典事例》，頁一六五三九至一六五四一（卷九四〇，頁十五至十八），以及頁一八九五四至一八九五九（卷一一九〇，頁十二b至二十二）。

3 「兩」，指銀兩，清代中國的基本貨幣單位。兩的進一步換算如下：千厘為一兩；百分為一兩；十錢為一兩。有關銀兩的購買力文本亦有例證，不過值得注意的是某些外國人對其價值的評估。康熙三十四年，李明（Le Comte）神父估計一兩等於四里弗（livre）、二塞爾（sel）、二丹尼爾（denier）；詳見李明，《中國近事報導》（*Nouveaux mémoires sur l'état présent de la Chine*）（巴黎，一六九六），頁一一〇至一一一。而傅聖澤（Pelisson）神父於康熙三十九年在廣州寫道，一兩恰於五里弗（參見*Lettres édifiantes et curieuses, 16. 411.*）。

另外，在格蘭瑪拜恩（J. L. Cranmer-Byng）編，《中國使節團》（*An embassy to China*）（倫敦，一九六二），頁二四二至二四六，記載了馬嘎爾尼勳爵（Lord Macartney）在一七九三至一七九四年出使期間，就有趣地記下有關中國各種商品的價格和中國貨幣的註解。馬嘎爾尼認六塞爾、八丹尼爾等於一兩，並估計中國農民一天只要五十厘，一年十八兩白銀就可以過活。

4 《欽定大清會典事例》，頁八五六三（卷二六三，頁二）。雍正朝之後，總督年俸一萬二千兩白銀，布政使，九千兩白銀。

5 《欽定大清會典》，頁九〇九（卷八十九，頁十b）。

6 《曹寅奏摺》，頁十四b至十五。諭旨是由孫文成口述，曹寅將之引述在他康熙四十五年七月一日的奏摺裡。從曹寅隨後在奏摺裡的評述，似乎有可能該由他和李煦來為敖福合在杭州去官一事負責，而他們樂見孫文成的任命，因為曹、李、孫三人是好友。

7 《江南通志》，卷一〇五，頁九。該文獻並未指明開始任命的時間，大體上應該是明朝時期。

8 《欽定大清會典事例》，頁一九一九二至一九一九七（卷一二一六，頁一至十一），有關遇到太監的規定。有關這些問題的探討，見第一章。最近對明朝太監的分析，可參考克羅福德，〈明朝太監的權力〉，《通報》，四九（一九六一）。

9 《江南通志》，卷一〇五，頁九至十，列出蘇州和江寧兩織造及其略傳。《浙江通志》，卷一二一，頁九，杭州織造列表並無略傳，但是前三位織造中，陳有明是奉天人，周天成是滿洲人。這個太監是鄧秉忠。而其餘有稽可查的人都標為滿洲人、奉天人或旗人。

10 彭澤益，〈清代前期織造的研究〉，《歷史研究》，八二（一九六三，第四期），頁九一至一一六，一文對織場的重建有出色的描述。我要感謝吳秀良（Silas Wu）讓我注意到這篇文章。

11 他並未列名在《三十三種清代傳記綜合引得》中，但《江南通志》確實提到他。

12 《明清史料》，第三輯，頁二八六。

13 前揭書，頁二八六b。

14 前揭書，頁二九一。

15 前揭書，頁二九五。

16 前揭書，頁二九四。

17 前揭書，頁二九七。某些參考資料是引自陳有明上呈的奏摺。有關他工作的細節，可參考《蘇州府志》（乾隆十三年），卷十四，頁六，以及彭澤益，〈清代前期織造的研究〉，頁九十三至九十八。

18 《江南通志》，卷一〇五，頁九。

19 康熙三十一年至康熙三十二年他同時署理江寧和蘇州織造。

20 《江南通志》，卷一〇五，頁十。

21 《浙江通志》，卷一二一，頁九。《曹寅奏摺》，頁十五，康熙四十五年七月一日。《紅樓夢新證》，頁九一。周汝昌根據曹寅母親姓孫，推斷她和孫文成一樣，也是出身上三旗包衣。

22 《浙江通志》，卷一二一，頁九。《紅樓夢新證》，頁九一，周汝昌的假設是曹寅的姊妹之一嫁給一個姓金的人。

23 有關曹家，可參考《八旗滿洲氏族通譜》，卷七四，頁八b至九，有關李煦，可參考《紅樓夢新證》，頁九九至一〇〇。

24 《八旗通志》，卷四，頁三五、三八b。

25 江寧包衣織造有：張嘉謨，順治十三年，鑲黃旗（《八旗通志》，卷三，頁三六b，是旗鼓佐領；《八旗滿洲氏族通譜》，卷七五，頁十二b，名字最後一個字載為「謀」，但屬同一旗，又是同樣官銜，顯然是同一年）；周天成，順治十三年至康熙二年，鑲黃旗，（《八旗滿洲氏族通譜》，卷七四，頁五）；桑格，康熙二十三年至康熙三十一年（因為有七個相同的名字列在《八旗通志》，而《八旗滿洲氏族通譜》有二十四個，所以無法分辨是哪一個）；許夢閎，雍正九年至雍正十年，正白旗（《八旗滿洲氏族通譜》，卷七七，頁四，名字最後一個字記為「忠」，但指明他是郎中；《江南通志》，卷一〇五，頁九b，提到他是內務府郎中）；高斌，鑲黃旗，雍正十一年（《八旗通志》，卷三，頁三六b，以及《八旗滿洲氏族通譜》，卷七四，頁三b）。

26 張嘉謨、周天成、高斌在署理江寧之前都在蘇州任官。馬偏俄，順治十三年、順治十五年至順治十七年，康熙二年至康熙三年，正白旗（《八旗滿洲氏族通譜》，卷七十四，頁八）。

27 雷先聲，康熙五年至乾隆四十一年（《八旗滿洲氏族通譜》，卷七四，頁三b）。

28 李秉忠，雍正六年至雍正八年（《八旗滿洲氏族通譜》，卷七五，頁十一b）。日後他出任河南按察使。

29 周天成從蘇州到杭州，許夢閎去江寧前任職於杭州。還有一個桑格，比那位署理江寧織造的桑格早二十年，因此可能是不同的人。李長春，順治十五年至順治十六年，正黃旗（《八旗滿洲氏族通譜》，卷七五，頁八），日後出任福建布政使。陳秉正，鑲黃旗（《八旗通志》，卷三，頁三十七b，《八旗滿洲氏族通譜》，卷七十四，頁四b）。

30 《大清聖祖仁皇帝實錄》，卷八，頁七。

31 《欽定大清會典事例》，頁一八九五四（卷一一九〇，頁十二b），順治元年上諭。順治十八年上諭限制任期僅一年，但又被康熙二年的規定所取代。

32 張嘉謨這年同寺署理蘇州和杭州織造。

33 「誥命」，《中國清末政治組織》，九四五條。《欽定大清會典事例》，頁一六五三九（卷九四〇，頁十五）。有關誥命的詳細描述，見傅吾康（Wolfgang Franke），〈清代蔭襲品級和賜贈名銜〉（Patents for Hereditary Ranks and Honorary Titles during the Ch'ing Dynasty），《華裔學志》（*Monumenta Serica*），七（一九四二），頁三八至六七。

順治九年，滿人對朝服做出明確的規定，參見卡曼（Schuyler Cammann）〈滿大人規矩的發展〉（Development of the Mandarin Square），《哈佛亞洲研究雜誌》（*Harvard Journal of Asiatic Studies*），八（一九四四至一九四五），頁八一。這篇文章附有精美的清朝服飾的圖片。

34 彭澤益，〈清代前期織造的研究〉，頁九十三至九十五。

35 《欽定大清會典事例》，頁一六五四〇（卷九四〇，頁十七）。關於曹寅如何處理相同命令詳見本章下述。前揭書，頁一八九五四（卷一一九〇，頁十二b），時間是康熙六年。

36 《明清史料》，第三輯，卷三，頁二九五。

37 前揭書，頁二八六。

38 前揭書。

39 前揭書，頁二九四。這些卑下的府位於江蘇境內，他們直接把錢送到織造。浙江各府則是將錢送至布政使，而且必須準時。相較於常設性官員，這裡簡單勾勒出在地方行政中織造權力的弱勢。

40 《欽定大清會典事例》，頁七四八二（卷一八二，頁二十三）。

41 《紅樓夢新證》，頁二六九。時間出自尤侗的一首詩。

42 例如，張嘉謨在順治十三年就任江寧織造前，同時署理蘇州和杭州兩織造。周天成，順治十年為蘇州織造，順治十三年為杭州織造，順治十五年為江寧織造，直到康熙二年，才由曹寅繼任。《江南通志》，卷一〇五，頁九至十。《浙江通志》，卷一二一，頁九。織機數據的比較，見彭澤益，〈清代前期織造的研究〉，頁九十九。

43 《紅樓夢新證》，頁二一二，轉引自《續纂江寧府志》，卷十一，頁十三；又《紅樓夢新證》，頁一五八，轉引自卷十三，頁九。曹寅署理期間，並不能保證時一時間、同一地點的所有織機都能同時運轉，但前述應該是對江寧官府絲織業者規模較為精準的描述。彭澤益，〈清代前期織造的研究〉，頁九九，得出稍有出入的數據，江寧織機數量從順治二年的五百三十八台，到了乾隆十年增加為六百台。彭澤益的分析顯示，唯有江寧的織機數量是成長的，蘇州、杭州的織機數量都緩步下滑。

44 《欽定大清會典事例》，頁一六六四〇（卷九五二，頁四b）。

45 《雍正硃批諭旨》，第四十冊，頁五八。浙江巡撫李衛奏摺，雍正五年二月十七日。前揭書，第五三冊，頁七b，浙江布政使許容雍奏摺，雍正五年三月十三日。

46 前揭書，第四八冊，頁一〇一b，胡鳳翬奏摺，雍正六年四月五日。

47 彭澤益，〈清代前期織造的研究〉，頁一〇〇、一〇三至一〇四。曹寅手下有多少織匠不得而知；最少二千五百人，最多三千人，因為乾隆三年，有二千九百三十六名織匠，乾隆十年有二千五百五十名織匠。另可參見《戶部則例》，卷七八，頁八三。

48 彭澤益，〈清代前期織造的研究〉，頁九七、一〇五至一〇八。根據曹寅康熙四十七年的奏摺（後述討論），彭澤益估計一個窮苦的織匠，平均一年的工錢是七兩三錢銀子，再加上特定工作時期給予的口糧津貼；前揭文，頁一〇九。為使曰糧津貼等值折算成現錢，我把這時期的一石米（十斗）定為一兩白銀（有關康熙時期的米價，參見本書附錄二），因此，一個月四斗米約等於一年五兩銀子。

49 《李煦奏摺》，頁六六，康熙五十四年九月十日：「今秋……龍衣進京，讓輪臣煦解送。」這段引言顯示，織造必須親自擔綱這項任務。陳有明曾派人代行其勞；參見：《明清史料》，第三輯，卷三，頁二九一，順治四年七月（一六四七年八月）。在明朝，這項任務自然由太監執行。利瑪竇（Ricci）自南京北上京城時，即與押解絲船的太監同行。鄧恩（George Dunne），《巨人的世代》（*Generation of Giants*）（倫敦，一九六二），頁七一，及頁八，註一。

50 《李煦奏摺》，頁七，康熙四十年三月，以及頁八，康熙四十年八月，奏報維修工作的細節。當織造以這類維修工作為由向地方官員索錢就會出現弊端；《雍正硃批諭旨》，第十三冊，頁四六。

51 《李煦奏摺》，頁二三，康熙四十七年六月，曹寅與康熙討論時提到它。

52 參見第五章的討論。

53 《鹽法通志》，卷五一，頁八b，首度提到以鹽稅用於織業是在康熙四十三年。《曹寅奏摺》，頁九b，康熙四十三年十月十三日，顯示以其他巡鹽御史上繳的餘錢三十萬兩銀子，用以平衡織造衙門的度支。

54 《李煦奏摺》，頁三，康熙四十七年六月，曹寅說他已和皇上討論過織造的問題，並大體解決；他如今要處理剩餘的部分。

55 這份奏摺（《李煦奏摺》，頁二三至二四b，康熙四十七年六月）雖由曹寅和李煦共同執筆，但在覲見皇上時討論它，並且在為文時稱「臣寅」，並未提到李煦，因此顯然是以曹寅為主。曹寅，康熙四十七年六月十六日奏摺檔案原件（第二七九二號）寫道：「今部文已到，現在與李煦商酌，公同具本題請，不敢另奏」，由此可知，這份長摺是一份「本」，儘管它和其他奏摺印在一起。有關奏摺的分析，見第六章。

56 《李煦奏摺》，頁二三b。

57 一五九三至一六六五年，明清之交的重要官員，見《清代名人傳略》，頁三五八至三六〇。

58 「倭緞」，卡曼譯為「Japanese Satin」，見《中國龍袍》(*China's Dragon Robes*) (New York: Ronald Press, 1952) 織絲緞的織工，每月僅能得到七斗米的口糧，因此，這些窮苦的織工每天口糧不足一升，一年僅有四到五兩白銀。《戶部則例》，卷七八，頁八三。

59 《李煦奏摺》，頁二四。

60 透過相距一個半世紀的數據對比，可以看到皇家督管的織場並沒有成長。曹寅在康熙四十七年的奏摺提到，估計三百七十個織工須二千七百兩白銀；《戶部則例》，卷七八，頁八三b，列出三百六十一個人須二千六百三十四兩白銀。

61 《李煦奏摺》，頁一一三，康熙六十一年三月八日，授權李煦依康熙四十四年任兩淮巡鹽御史時的辦法處理。鹽務史料提到變更的時期是康熙四十三年。曹寅說康熙四十七年就已完成了。這有可能自康熙四十三年（曹寅始任）以降，巡鹽御史逐漸將餘錢用於織場上，不過是在康熙四十七年以後，才全部用於織場各個方面。

62 《曹寅奏摺》，頁二八b至二九，曹顒康熙五十二年十一月十三日奏摺的附件，涉及李煦對家產處置的問題。

63 《明清史料》，第三輯，卷三，頁二九四。彭澤益，〈清代前期織造的研究〉，頁一〇〇，顯示一六六〇年代，兩部支付蘇州、江寧每年逾二十二萬五千九百九十二兩白銀。

64 卡曼，《中國龍袍》，頁一八一。這段並非專指曹寅，而是對清初織業與乾隆時期做對比。曹寅和李煦在各自任所的城市，是織品品質的最終負責人。卡曼這段文字僅是以織品品質的高低來看清朝的興衰，為朝代循環的慣見論述提供有趣的補充。

65 見前述第一章所引祭文。

66 這裡清楚顯示曹寅的動作最終結束舊制，而以鹽稅貼補織業，見前述康熙四十七年奏摺的分析。

67 《紅樓夢新證》，頁三八八。
68 《紅樓夢新證》，頁三〇一。
69 尤侗，《艮齋倦稿文集》，卷十，頁二至三。《紅樓夢新證》，頁三〇三至三〇四，全文引述這篇文章。
70 《紅樓夢新證》，頁二四八，為曹寅所寫的一篇文章。
71 袁枚，《隨園詩話》，頁四三〇，論及他作詩的造詣，當劉芳獲罪入獄時，袁枚曾用以作為支持他的例證，以及頁五一九，論及他的才智。
72 《袁枚：十八世紀的中國詩人》，頁八九至九〇，描述兩人的會面。
73 袁枚，《隨園詩話》，頁四二。
74 納蘭性德為曹璽所寫的祭文，轉引自《紅樓夢新證》，頁二三四，以及前述第二章。
75 康熙十九年至乾隆十年，雍正朝的大政治家；他的生平見《清代名人傳略》，頁六〇一至六〇三。有關他任職慎刑司（《中國清末政治組織》，八一條），參見《永憲錄》，頁一一五。
76 海保即是一例，他是皇帝保母之子，雍正八年署理蘇州織造（雖然這年他服毒自盡）；參見《永憲錄》，頁二六六，《江南通志》，卷一〇五，頁十。
77 十七世紀末，雖然織造顯然從巡鹽御史收到錢，但還是再從鹽商拿了三十萬兩白銀，據說用以貼補織場開銷。
78 《曹寅奏摺》，頁九b，康熙四十三年十月十三日。
曹寅並未上奏絲的價格（至少從現存的奏摺裡沒有發現），但李煦在每年五月或六月，都會奏報時價。見以下註釋。
79 《李煦奏摺》，頁二九b、四四、一一四。有關這幾年等的絲價，見書後附錄一。
80. 《李煦奏摺》，頁二四。
81 《欽定大清會典事例》，頁一八九五五至一八九五九（卷一一九〇，頁十四b至二二）。乾隆十年的價格：上等是每兩八分二厘；次等是每兩十分五厘。乾隆二十年：分別是每兩一錢三厘、八分二厘。一八六六年：分別是每兩二錢六分五厘、二錢三分三厘。
82 《李煦奏摺》，頁三，康熙三十四年九月。
83 前揭書，頁六八，康熙五十五年二月三日。詳細討論見後述第七章。
84 《李煦奏摺》，頁六四，康熙五十四年六月十五日。李煦詳細奏報複雜的運作細節，並卑微地懇請朝廷再下新的藍布訂單，因為剩餘的布肯定在十年後用罄，皇上批示要仔細思考，因為這事很複雜。

85 三萬三千三百三十三兩這個數字看似有些奇怪，很可能是他以百分之十的利息借貸三萬兩，為使文字好看，再加上三百三十三。三萬三千三百三十三兩也有可能指「一大筆銀兩」，別無他意，就如同楊聯陞（Lien-Sheng Yang），《中國制度史研究》（*Studies In Chinese Institutional History*）（Cambridge: Harvard University Press, 1961），頁七七，所討論的，只是一個虛數。

86 《曹寅奏摺》，頁二十b，康熙四十八年二月二十八日。

87 《李煦奏摺》，頁六，康熙三十四年四月。滿文硃批由《文獻叢編》的編纂者翻譯成漢文。

88 上三旗署理鈔關的例子：董殿邦，康熙三十四年，旗鼓佐領（《八旗滿洲氏族通譜》，卷七四，頁五b；《八旗通志》，卷四，頁四十b）；李延禧，康熙四十五年，正白旗，後出任內務府總管旗鼓佐領（《八旗滿洲氏族通譜》，卷七四，頁二b，《八旗通志》，卷五，頁五二）；華善，康熙四十八年，正白旗，三等侍衛（《八旗滿洲氏族通譜》，卷七八，頁三b）；劉武，康熙五十年，正黃旗，後來出任知縣（《八旗滿洲氏族通譜》，卷七六，頁二）。劉武可能是滸墅關監督；家族系譜顯示他們是康熙朝晚期才入籍包衣。如果他的名字連同上任知縣的時間出現在地方志裡，且兩個時間大致吻合，才稱得上有明確答案。

早期龍江關漢族包衣監督有：馬爾漢，康熙二十年，正白旗（《八旗滿洲氏族通譜》，卷七五，頁五，《八旗通志》，卷四，頁三b）；尚志杰，正白旗，郎中、佐領，後來出任內務府總管（《八旗滿洲氏族通譜》，卷七十四，頁七b；《八旗通志》，卷五，頁四一，及卷五，頁四二）；他進泰，康熙二十四年（？）正藍旗（《八旗滿洲氏族通譜》，卷八十，頁九b）。在他之後，《江南通志》並未載明任官者的日期和資料。

不過，總體而論，任鈔關監督的滿人較漢人多。《江南通志》，卷一〇五，頁十一至十四列出的監督，和《八旗通志》，卷三至十列出的包衣佐領和管領，有許多同名者（這些名字並不包括在《八旗滿洲氏族通譜》的漢族名字中），這亦支持一般性的假設，即鈔關監督大多由上位滿人包衣把持。但滿人的名字通常都很相似，而且頻頻出現，所以無法明確說明。

89 《廣東通志》，卷四四，頁一至三，粵海關監督下，參見《中國清末政治組織》，八三三A條。康熙四十二年，孫文成出任粵海關監督。在康熙二十六年至五十一年間，有十二名包衣的名字也出現在《八旗滿洲氏族通譜》和《八旗通志》，漢人包衣名冊中。除孫文成之外，還有薩哈達，康熙三十九年監督，《八旗通志》，卷五，頁三八，《八旗滿洲氏族通譜》，卷七五，頁一b，正白旗；安泰，康熙四十三年監督，《八旗滿洲氏族通譜》，卷七七，頁十八b（日後出任江蘇布政使）；李國屏，康熙四十九年監督，《八旗滿洲氏族通譜》，卷七四，頁二b，正白旗；薩克素，康熙六十一年監督，康熙二十六年、二十八年、三十二年、三十八年、四十年、五十六年、六十年，他們的名字經常見於《八旗滿洲氏族通譜》和《八旗通志》漢族包衣的部分，但出現的頻率太高，以致無法看出明確關係。馬士（H. B. Morse），《中華帝國對外關係史》（*The International Relations of the Chinese Empire*）（3vols., London:1910-1918），注意到監督總是用滿人出任，他們也都是「包衣，皇家世襲的奴僕」。至少在康熙朝，這可以改為「滿族和漢族包衣」。

90 《欽定大清會典事例》，頁八二〇三至八二〇四（卷二三四，頁九b至十一b）。

91 高斌自稱蘇州織造，兼滸墅監督，雍正硃批諭旨，第四七冊，頁三九b，第四八冊，頁一〇四。

92 前揭書，第五十冊，頁六五，第四七冊，頁三九至四十。

93 如閔明我（Friar Domingo Navarrete）於康熙四年寫道：「根據同行的官員告訴我們，兩名韃靼人在（大運河鈔關監督位置上），每人每天能得到通關者所致贈的五百兩禮金。我們駁斥這個說法，認為此數額實在太多；但是他們對於上述說法，給出各項極具說服力的理由。」見卡明思（J.S. Cummins）編，《閔明我紀行與禮儀之爭》（*The Ttravels and Controversies of Friar Domingo Navarrete*），卷二（劍橋大學出版社，一九六二年），頁二〇七。

94 《李煦奏摺》，頁七十，康熙五十五年閏三月十二日。

95 前揭書，頁一〇六b至頁一〇七，與同摺附註。

96 前揭書，頁一〇九b，康熙五十九年十一月四日。

97 前揭書，頁一一三，康熙六十一年三月八日。

98 在《江南通志》（卷一〇五，頁十二至十四）的滸墅關歷任監督名單裡，李煦並未列名其中。

99 《曹寅奏摺》，頁二十b，康熙四十八年二月二十八日。

100 《欽定大清會典事例》，頁七九四五（卷二一四，頁十九）當中有康熙二十三年每斤幾錢的銅價。《曹頫檔案》（奏摺原件編號二八五〇，康熙五十八年六月十一日）則記載當時銅價，為每斤一錢二五，而此價格在運抵北京之前，還需要另加五分錢的運輸費用。曹頫可能對價格略有誇大，因為當時他正試圖以此手段暗中破壞其他競爭者的行情，以為自己謀求這個職位。參照後文第七章。在這個時候，長崎的日本商人正以每石十一點五兩的價格（每斤一點一五錢），販售質量相當不錯的銅，參見約翰·霍爾（John Hall），〈論清代前期與日本的銅貿易〉（Notes on the Early Ch'ing Copper Trade with Japan），《哈佛亞洲研究學報》（*Harvard Journal of Asiatic Studies*），十二期（一九四九），頁四五四，註三十三。我也得益於這篇論文之助，而找到《皇朝文獻通考》

當中關於銅的部分。

101 《皇朝文獻通考》，頁四九七九a，記載了在康熙五十五年，鑄錢局的年度銅需求量為四百四十三萬五千兩百斤。

102 前揭書，頁四九七六c。書中列出十六處鈔關，不過龍江與西新，北新與南新合起來各算一處，共計十四處。

103 《欽定大清會典事例》，頁一六五四四至四五（卷九四一，頁七至八）。

104 至於到了雍正十一、十二年之時，則是由高斌掌理，參見《雍正硃批諭旨》，冊五十，頁八六。

105 《欽定大清會典事例》，頁八二〇四（卷二三四，頁十一b至十三）。上繳盈餘定額的變化，是從嘉慶一朝來估算的。因此這十二萬一千兩的定額銀子，適用於十八世紀晚期的情況，可能也同樣適用於估算康熙朝的狀況。《皇朝文獻通考》，頁四九七六c。

106 《欽定大清會典事例》，頁八二〇一至〇二（卷二三四，頁五b至七）。臨清關是開徵鹽稅與糧船特別項目的鈔關之一。參見《欽定大清會典事例》，頁一六五四四（卷九四一，頁七）。

107 織造押運絲船可行陸路或水路，而在押解至京師後，通常會獲召覲見。《李煦奏摺》，頁六六，康熙五十四年九月十日，奏摺裡繼續引用上述關於護運絲船入京的內容：「至若漕河水枯……臣煦動身改由陸路赴都，而因得觀天顏。」

108 《欽定大清會典事例》，頁八二一五（卷二三五，頁九至十）。

109 前揭書，頁一八九五八（卷一一九〇，頁二十）。

110 前揭書，頁一六五四七（卷九四一，頁十二b）。《皇朝文獻通考》，頁四九七六c。

111 約翰．霍爾，〈論清代前期與日本的銅貿易〉，頁四四六。

112 《欽定大清會典事例》，頁七九四四至四五（卷二一四，頁十八至十九）。由鹽稅支付購銅至康熙二十年停止。所徵收的蘆床稅金額，則達到一個令人吃驚的數字：在江蘇每年可徵得十五萬三千二百兩，安徽五萬零三百四十七兩，江西六千零五十三兩。

113 約翰．霍爾，〈論清代前期與日本的銅貿易〉，頁四五二至五四。

114 《欽定大清會典事例》，頁七九四五（卷二一四，頁十九）。官府於康熙二十三年，終於准許使用這些舊「版塊」。

115 《曹寅奏摺》，頁二十b，康熙四十八年二月二十八日。

116 約翰．霍爾，〈論清代前期與日本的銅貿易〉，頁四五四。（這篇論文中有一處註釋〔註三五〕引用頁數有誤，康熙三十八年的法令見於《皇朝文獻通考》頁四九七六b，而不是頁四九七。）

117 《欽定大清會典事例》，頁八七四六（卷二七五，頁一）。

118 至少所有價格的穩定，皆由該部統籌辦理，如上引《欽定大清會典事例》，卷二七五。

119 對此，曹寅似乎頗為隨意，在報告裡對於米價通常只寫「正常」或者「如常」。不過檔案中也保存著若干他的請安摺子，他先是簡短的向皇上請安，接著便記下確切的米價。參見《曹寅檔案》，編號二七九七與二七九八，康熙四十八年八月三日與九月二日。李煦則斷斷續續的呈進這類價格報告，一直到康熙五十一年；自該年起，他每個月報告一次，直到康熙朝結束（《李煦奏摺》，頁三八摺頁）。對於米價的變化，也請參看後文的附表二。

120 《欽定大清會典事例》，頁七四二三至二四（卷一七七，頁十八b至十九）。乾隆元年皇上頒旨，江蘇與安徽巡撫於六月回報夏季收成，於十月回報秋收。這是在早熟稻種引進之後才開始的；參見本書第七章。

121 康熙諭令江西巡撫佟國勷（康熙五十一至五十六年任該省巡撫），未註明日期，故宮博物院檔案，台灣台中，第七十六箱，九十六包，編號二六〇〇：嗣後，須親手書摺呈進，將雨水與米價情形清楚報來。前揭檔案，第七十七箱，八十八包，皇上在康熙四十九年八月二十日之奏摺中諭令河南巡撫鹿祐，嗣後所有奏摺，需報告米價。

122 織造按月奏報氣候狀況，見《李煦奏摺》，康熙五十二年；六月，頁四五b；七月，頁四六；八月，頁四七；九月，頁四八；十月，頁四八b。未見曹寅這類的摺子，不能確定是否他於此方面並不經心，或者是奏摺遺失了。《曹寅奏摺》，頁二十，日期為康熙四十八年二月八日的摺子說明，曹寅正隨摺附上一月的氣候狀況以供御覽，皇上硃批「知道了，江南米價，有人來必入奏摺奏聞」。這表明，不論曹寅以何種方式，報告其他方面的事務時，皇上只要他呈報米價即可。

123 「漕運總督」銜，《中國清末政治組織》，八三四條。然而，這裡提到的桑格，似乎與前面提及的兩位同名織造並非同一人，因為漕督官職是官僚體系中最高級的職位之一，沒有道理區區一名織造便能獲得此頭銜。

124 《曹寅奏摺》，頁八，康熙三十六年十月二十二日。他另附帶說明，尚送了一份詳細的報告，分呈內務府。同時，巡撫宋犖正於押運後續賑糧與賑銀前來的途中。此四錢八分五厘的賑米價格（合零點四八五兩），約為平日冬季米價之半。通常，各織造均樂意呈報冬季米價，去殼的低至八錢，未去殼的至七錢。而在這個情形當中，想必不但是米糧供應短缺，百姓的生活也已經到了山窮水盡的地步。

125 《曹寅檔案》，編號二七一一，康熙三十八年十二月十二日，引用同年十一月十六日的詔諭。

126 前揭書，編號二七三六，康熙四十三年四月一日，引用同年三月二十日奉到之部令。

127 前揭書，編號二七四〇，康熙四十三年九月十六日。

128 《雍正硃批諭旨》，冊四八，頁一〇一，雍正元年三月二十二日。這道奏摺為新任蘇州織造胡鳳翬所呈。

129 《清稗類鈔》（第八十七類，頁十）裡，有一個關於此次乾旱與其對隨後各年米價一般影響的討論，對於米價的比較研究，提供了若干實用的事例。米價在康熙四十六年高至每石二兩四錢銀子，而至康熙四十八年時，仍須一兩七錢銀子。平均價位則應該是每石七錢左右。在雍正朝與乾隆朝期間，米價的均價為一兩。十九世紀初期，均價約為一兩五錢，不過在嘉慶二十年（一八一五年）發生的蝗災當中，作物顆粒無收，米價飆高至三兩五錢一石。十九世紀的平均米價在二兩七錢與三兩五錢之間；到本世紀結束之際，均價為八或九兩一石。

130 《李煦奏摺》，頁十八，康熙四十六年十二月。

131 《曹寅奏摺》，頁十六b，康熙四十七年三月一日。

132 《曹寅檔案》，編號二七七一，康熙四十七年三月十六日。

133 前揭書，編號二七七二，康熙四十七年三月二十一日，奏摺與硃批諭旨。

134 這一系列的五道奏摺都收在《曹寅檔案》中：編號二七七四，康熙四十七年閏三月十二日；編號二七七〇，康熙四十七年四月一日；編號二七八六，康熙四十七年四月十三日；編號二七七五，康熙四十七年四月十六日；編號二七七六，康熙四十七年五月十八日。

135 《曹寅奏摺》，頁十八，康熙四十七年五月二十五日。

136 《曹寅敕》。完整的出處請參見書後參考書目。我要感謝凱斯勒先生送給我這份檔案的抄件。

137 《曹寅奏摺》，頁十八b，康熙四十七年五月二十五日。

138 前揭書，頁二，康熙四十八年三月十六日。

139 提及這些物品的出處，按照正文中的順序，分別是：（一）《李煦奏摺》，頁二b，康熙三十二年十二月。當時對於「外國的」（foreign）的對應中文字是「洋」字，字面意謂「海」，若依照文意，則有「來自外洋」之意，此處所指，可能是來自於日本。（二）前揭書，頁一b，康熙三十二年十月。（三）前揭書，頁五，康熙三十七年十月。這些水果和花草油的特殊組合，可能是為了要釀造水果酒或其他佳釀而呈進的。這類配方，近似於冒襄的妾在一六四〇年代為他特別調製的飲料之成分。參見《影梅庵憶語》，英譯本《董小宛回憶錄》（*The Reminiscences of Tung Hsiao-wan*），潘子延譯（上海，一九三一年），頁六一至六三。（四）《李煦奏摺》，頁十二，康熙四十五年二月；頁十三b，康熙四十五年十二月十三日；頁十七，康熙四十六年十月十日。（五）前揭書，頁一一〇，康熙六十年四月十一日。這個特殊案例是李煦由北京南返時，於途中遇見自己的家僕，當時他正攜帶刺繡的衣領進京；因此李煦特地命他停下，重新查驗其品質後方才放行。（六）前揭書，頁十四，康熙四十六年六月。（七）前揭書，頁六三，康熙五十四年五月六日。

140 前揭書，頁四六b，康熙五十二年八月二十一日奏摺上的硃批，以及前揭書，頁八四，引自康熙五十六年六月二十二日的硃批。

141 前揭書，頁二，康熙三十二年十二月。葉國楨這位弋陽腔專家，於康熙三十二年十二月十六日抵達蘇州，李煦還補充說：「切想崑腔頗多，正要尋個弋腔好教習，學成送去。無奈遍處求訪，總再沒有好的。今蒙皇恩，特著葉國楨前來教導。」是以皇上此舉，特別受到歡迎。此事在《紅樓夢新證》頁三〇一、三〇四兩處有所討論。

142 《李煦奏摺》，頁四七b，康熙五十二年九月十八日，援引同年八月八日收到之諭令。李煦於十二月購入兩千段竹子，送入京師。參見前揭書，頁五十，康熙五十二年十二月二十四日。

143 《八旗滿洲氏族宗譜》，卷七五，頁六b；他是漢軍鑲藍旗人，後官至六品。

144 《中國方濟會志》（*Sinica Franciscana*），卷五，頁四四一。

145 《李煦奏摺》，頁七，康熙四十年三月，援引康熙三十九年十一月奉到諭令。李煦、曹寅、敖福合三位織造間的討論，事在康熙四十年元月。

146 前揭書，頁七b，康熙四十年六月，以及頁八b，康熙四十年十月。

147 《雍正硃批諭旨》，冊四一，頁六一，於李衛奏摺上的硃批，雍正六年八月八日。皇上將「莫爾森」名字的「莫」字，誤寫為同音的異字。兩處中姓名的第二、三字都是相同的。

148 這錠墨，長七點三公分，仿漢代石碑造型製成，上頭刻以十分精美的楷書，鑲以金漆，墨質黝黑而綿潤。參見《紅樓夢新證》，頁三〇七至三〇八。

149 《紅樓夢新證》，頁二四一，在此處，周汝昌也就方豪對這個問題的探討進行討論。吳世昌，《紅樓夢探源》（*On the Red Chamber Dream*），頁三五五。

150 《紅樓夢》，喬利（H. Bencraft Joly）節譯本，卷一，頁九七至九八。

151 引自吳世昌，《紅樓夢探源》，頁三五五。

152 如同周汝昌在整部《紅樓夢新證》當中所作的，透過小說中角色的比對，以及大事年表，來證明曹雪芹（即曹雪芹）的確就是《紅樓夢》的創作者。周汝昌在這裡所下的功夫，是一項十分精細而又嚴謹的學術成就，很難出錯；而他所蒐集來的資料，更是無價。只是，在若干更為精確的對比上頭，令我們產生了一些疑問：舉例而言，為了與曹雪芹的生涯相符合，周汝昌宣稱寶玉的第一個綺色春夢，以及隨後和他的侍女發生的性事，是發生在寶玉七歲（虛歲八齡）之時，見《紅樓夢新證》，頁一七六。在《紅樓夢八十回校本》裡面（頁五九），對於此事具體細節的描繪，卻是十分的語焉不詳。一說寶玉在初嘗雲雨時，很可能年已十二、三，而若是如此，則要不曹雪芹的誕生要早過周汝昌所稱的年份，或者就是《紅樓夢》這部小說，並不是對曹雪芹生涯的嚴謹記錄。

153 分別在康熙三十八、四十二、四十四、四十六年，參見本書第四章。

154 關於「真有是事」，參見吳世昌在氏著《紅樓夢探源》頁一九八當中，對於脂硯評語的引用以及討論。

155 《脂硯齋紅樓夢集評》，頁一九九。脂硯在「如今在江南的甄家」的字裡行間作評，認為甄家實乃緊要關鍵之處，不是隨意閒筆。

156 《紅樓夢八十回校本》，頁一五六。

157 榮振華（Joseph Dehergne），〈十八世紀前華中南京教區的地理〉（La Chine centrale vers 1700. I. L'évêché de Nankin, étude de géographie missionaire），《耶穌會歷史檔案期刊》（*Archivum Historicum Societatis Iesu*），二十八期（一九五九），頁三〇九。本文對織造衙門的「織」字部首有誤植，不過很明顯的就是指此處無誤。

158 見本書第四章。

159 身為當時的皇子，雍正皇帝在給江蘇巡撫陳時夏奏摺上的硃批裡，回憶起這件事來。見《雍正硃批諭旨》，冊五，頁一〇七b，雍正五年十一月二十四日。

160 如雍正五年，葡萄牙使節麥德樂（Metello）來訪時即如此。《雍正硃批諭旨》，冊四十，頁八六，雍正五年九月十九日李衛奏摺硃批。

161 郎廷極奏摺，《康熙硃批諭旨》，頁四十b至四二。

162 關於此佛像的護送，有兩道奏摺可以相互參照：《曹寅奏摺》，頁十八，康熙四十七年四月十三日；以及《李煦奏摺》，頁二二b，康熙四十七年三月二十九日。

163 《揚州畫舫錄》，頁一〇二。同書（頁二四）裡將天寧與高旻兩寺（雖然不是金山寺）列入「揚州八大名剎」之中。

164 《南巡盛典》（卷九八，頁二）裡有對於此寺的略圖以及簡短敘述。

165 《揚州畫舫錄》，頁一六一至一六二；《南巡盛典》，卷九七，頁二一。

166 《揚州畫舫錄》，頁八二至八六。

167 《李煦奏摺》，頁一一二，康熙六十年十月十四日。李煦分別於康熙四十六年九月（前揭書，頁十五）以及五十六年七月（前揭書，頁八七b）將御賜禮品送至天寧寺。在皇太后重病期間，該寺合寺僧眾為她誦經祈福一週，李煦也參與其事（前揭書，頁八九，康熙五十六年十一月七日）。

168 《曹寅檔案》，編號二八一四，康熙四十二年七月三日。御筆親書由高士奇自宮中攜出，曹寅率僧眾叩謝天恩，並收入寺中珍藏。《曹寅奏摺》，頁九，康熙四十三年二月十五日。

169 這是於康熙四十三年隨後的事，當時滿州將軍馬三奇奉命協助曹寅。

170 《曹寅奏摺》，頁十一b，康熙四十三年十一月二日，以及頁十三b至十四，康熙四十四年十月二十二日。

171 前揭書，頁九，在康熙四十三年十月十三日奏摺上的硃批。

172 如曹寅經手負責將皇上賞賜的一批菩提樹南運，這些菩提樹經他分配，分別栽植在他自己的織造署衙門，以及高旻、天寧、金山等寺院。《曹寅檔案》，編號二七一三，康熙五十年三月一日。

173 如發生在康熙五十六年的事：當時李煦替僧廣明轉達對皇上賞賜禮品的謝恩之意，不久後他便收到硃批：「知道了。廣明如何無奏摺？」下個月李煦回奏：廣明之謝恩摺已經遞出。《李煦奏摺》，頁八六b，康熙五十六年七月二十七日奏摺硃批，以及前揭書，頁八七，康熙五十六年九月九日。

174 關於僧紀蔭與欽賜金佛一事的首尾始末，俱見於《曹寅奏摺》，頁十二，康熙四十三年十二月十日。

第四章

1 《大清聖祖仁皇帝實錄》，卷一一六，頁三十b；卷一三九，頁三b；卷一九二，頁七；卷二一一，頁三b；卷二一九，頁七；卷二二八，頁四b。

2 參見：白晉（Father J. Bouvet），《康熙傳》（*Histoire de l'empereur de la Chine*）（海牙，一六九九），頁五二；以及李明（Louis Le Comte），《中國現狀新志》（*Nouveaux memoires sur l'état présent de la Chine*）（巴黎，一六九六），頁三六至三七。對於白晉的《康熙傳》最好的評價，參見赫倫（J.J. Heeren），〈白晉神父的康熙皇帝圖像〉（Father Bouvet's Picture of Emperor K'ang-hsi），《亞洲》（*Asia Major*），系列一，七期（一九三二），頁五五六至五七二。

3 《康熙南巡祕記》，頁一。文中所顯露出的諷刺，似乎並非是有意為之。

4 《欽定大清會典事例》，頁九二六一至九二六二（卷三一一，頁十六b至十八b）。其他幾次的西巡，分別在康熙三十七年、四十一年、四十二年，以及四十九年。

5 《實錄》（康熙朝），卷一一六，頁十二。

6 《欽定大清會典事例》，頁九二三四（卷三一〇，頁六b）將此次出巡列為第一次南巡，不過在頁九二五三（卷三一一，頁一）又指皇上由南方返駕，途經山東亦稱東巡。此為唯一一次載入的東巡。《實錄》（康熙朝）（卷一一六，頁三十b）則稱康熙二十三年那次出巡為東巡。

7 「光祿寺」，《清末中國政治組織》，九三四條。

8 《實錄》（康熙朝），卷一一六，頁二三b至二四。

9 《欽定大清會典事例》，頁九二三四（卷三一〇，頁七至八）。

10 當時他正在北京內務府供職，參見本書第一章。我們知道納蘭性德此次亦隨駕南巡；參見《紅樓夢新證》，頁二二七，以及在《納蘭詞》（香港，一九六〇）裡（頁一〇六至一〇七），他所作歌詠江南的熱烈詩詞。

11 《欽定大清會典事例》，頁九二三三（卷三一〇，頁六b）。

12 前揭書，頁九二三四（卷三一〇，頁八）。「鴻臚寺」見《清末中國政治組織》，九三五條。

13 關於皇上至泰山遊覽，可參見沙畹（Edouard Chevannes），《泰山：中國崇拜論》（*Le T'ai Chan, essai de monographie d'un culte chinois*）（巴黎，一九一〇），特別是頁五九以及頁三九二至三九三（感謝芮沃壽教授告知有此項資料）。

14 《實錄》（康熙朝），卷一一六，頁三十b至卷一一七，頁三三。

15 前揭書，卷一一七，頁九b，繞過揚州；卷一一七，頁二十，回程時直接由儀真到江都縣。王秀楚（揚州屠城的見證者）的記載《揚州十日記》，其翻譯可參見《清代名人傳略》中明末將領史可法的參考書目（頁六五二）。

16 冒襄在此次戰役當中的慘痛遭遇，可以參見潘子延譯，《董小宛回憶錄》，頁六六至八三。冒襄的生平見於《清代名人傳略》，頁五六六至五六七。

17 《實錄》（康熙朝），卷一一七，頁十三至十五b。恢復祀典的諭旨，於四天之前下達（前揭書，頁十一）。

18 前揭書，頁十八b。于成龍的生平傳記見《清代名人傳略》，頁九三八至九三九。皇上在此次南巡行將結束時，拔擢其擔任安徽按察使（《實錄》（康熙朝），卷一一七，頁二五）。此時的兩江總督，與這位于成龍同名同姓，容易造成混淆。

19 高士奇是著名的學者，同時也是康熙皇帝的心腹密友，參見《清代名人傳略》，頁四一三至四一五。

20 《實錄》（康熙朝），卷一一七，頁十九b。

21 前揭書，頁十三。

22 《清稗類鈔》，類十一，頁一。

23 《實錄》（康熙朝），卷一一七，頁十。

24 《上江兩縣志》（同治十三年），首卷一，頁一。

25 《實錄》（康熙朝），卷一一七，頁六至七，二一，二三b。

26 前揭書，卷一三九，頁二，三b。《欽定大清會典事例》，頁九二三四至九二三六（卷三一〇，頁八b至十一b）。

27 《實錄》（康熙朝），卷一三九，頁十。

28 前揭書，頁十b至十三。

29 前揭書，頁十七。

30 前揭書，頁二十至二三。

31 前揭書，卷一四〇，頁十b。

32 前揭書，卷一三九，頁十四。《欽定大清會典事例》，頁九二三五（卷三一〇，頁九b）。

33 《清稗類鈔》，類十一，頁一。《欽定大清會典事例》，頁九二三五（卷三一〇，頁九b）。

34 《實錄》（康熙朝），卷一三九，頁二五b，這個場面發生在蘇州。

35 《清稗類鈔》，類十一，頁一。

36 《實錄》（康熙朝），卷一三九，頁十三。《欽定大清會典事例》，頁九二三五（卷三一〇，頁九b至十b）。

37 《欽定大清會典事例》，頁九二三六（卷三一〇，頁十一）。

38 在這七名從駕皇子裡，皇太子胤礽與未來的雍正皇帝胤禛都不在其中（《實錄》（康熙朝），卷一九二，頁七）。康熙皇帝在康熙三十八、四十一、四十二、四十四、以及四十六年的五次南巡中，都攜皇十三子胤祥伴駕同行，沒有其他皇子能獲得如此頻繁隨駕的殊遇。這似乎有助於我們修正「胤祥並未獲得父皇垂青」的觀點，《清代名人傳略》，頁九二三。

39 留下皇太后，見《實錄》（康熙朝），卷一九二，頁十二；與其會合，見卷一九二，頁十三b；搭乘小舟離開，見卷一九二，頁十七；指示河道水位，卷一九二，頁十九。

40 前揭書，卷一一七，頁十六；卷一三九，頁二三，頁三一b。

41 前揭書，卷一九二，頁二九b至三十。

42 前揭書，卷一九三，頁一b至三。

43 《清稗類鈔》，類十一，頁二至三。

44 《實錄》（康熙朝），卷二〇九，頁二三，至卷二一〇，頁七。

45 《李煦奏摺》，頁十，康熙四十一年十月奏摺硃批。

46 第四次南巡，記載於《實錄》（康熙朝），卷二一一，頁三b至二一。此次為期達五十八日的南巡，卻只占了《實錄》（康熙朝）區區十八頁的篇幅。康熙二十三年的首次南巡，為期六十日，在《實錄》（康熙朝）中有三十四頁篇幅；康熙二十八年的南巡為期七十日，有四十一頁記載。康熙三十八、四十四、四十六年那幾次長時間的南巡，分別各占有三十七、三十八、三十七頁的篇幅記載。雖然這也表示康熙四十二年那次南巡，與這幾次南巡相比，在頁數與天數上的比例大致相當，情形仍然大不相同，因為很自然的，在這些步調緩慢的南巡行程裡，許多用來休憩與遊宴的日子，在《實錄》（康熙朝）當中便無記載，而對於處理公務日子的記錄，則總是鉅細靡遺。皇四子胤禛唯一一次伴駕南巡，便是康熙四十二年這一次（去年中途放棄的那次除外），這次南巡也是相關資訊匱乏的唯一一次。

47 《實錄》（康熙朝），卷二一九，頁七至卷二二〇，頁二十（康熙四十四年三月三日至六月十九日），以及卷二二八，頁四b至卷二二九，頁十七（康熙四十六年二月二十四日至六月二十一日）。

48 《欽定大清會典事例》，頁九二三七（卷三一〇，頁十四）。

49 《實錄》（康熙朝），卷二二八，頁十至十一b。《清代名人傳略》（頁五十）有對此事的簡要描述。

50 《實錄》（康熙朝），卷二二八，頁十七至二一。

51 前揭書，頁九，言及江寧織造曹寅於三月十六日（康熙四十六年二月十三日），在藤縣恭迎皇上御駕。

52 他在《實錄》（康熙朝）（卷二二九，頁三，頁十）當中提及極度的酷熱天氣，並且由藤縣啟駕，只花了十六天的時間，便回到北京（《實錄》（康熙朝），卷二二九，頁十六至十七）。

53 引文來自耶穌會教士汪汝望寫於一六八五年（康熙二十四年）五月十九日的信，刊載於約瑟夫．史托克連（Joseph Stöcklein）編，《新世界：耶穌會士往來書信全集》（*Der Neue Welt-Bott mit Allerhand Nachrichten deren Missionarien Soc. Iesu, 1642-1726*）（校訂版，奧格斯堡〔Augsburg〕與格雷斯〔Gratz〕，一七二八年），頁四八至四九。同時也參見：費賴之（Pfister），《在華耶穌會士列傳及書目》，頁三一七。汪汝望的生平，參見費賴之，《在華耶穌會士列傳及書目》，第九十六則；畢嘉的生平，見前揭書，第一一八則。關於賜酒這段插曲的詳細情節，以及皇上此次南巡期間賞賜給耶穌會士的餽贈，可在約森（H. Josson）與威勒特（L. Willaert）編，《耶穌會北京欽天監監正南懷仁書信集》（*Correspondence de Ferdinand Verbiest de la compagnie de Jésus（1623-1688）, directeur de l'observatoire de Pékin*）（布魯塞爾：國立學術院〔Palais des Académies〕，一九三八），頁四九九當中找到。波士曼斯（H. Bosmans）在他那卓越且至今仍難以被超越的南懷仁研究論文〈北京欽天監監正南懷仁〉（Ferdinand Verbiest, directeur de l'observatoire de Pékin）當中，翻譯了這封信，見《科學問題》（*Revue des questions scientifiques*），七十一期（布魯塞爾，一九一二），頁一九五至二七三，以及頁三七五至四六四。

54 《中國方濟會志》，卷五，頁三九七至三九八，康和之（della Chiesa）日期標為一六九九年（康熙三十八年）八月的信函。蓋拉德（Gaillard），《南京古今歷史與地理概述》也列出了當時在江寧的方濟會與道明會修士。

55 《耶穌會士書信集》（*Lettres édifiantes et curieuses*），卷十七，頁二七三至二七四，關於洪若翰，參見費賴之，《在華耶穌會士列傳及書目》，第一七〇則。

56 蓋拉德，《南京古今歷史與地理概述》，頁二四四至二四五。《耶穌會士書信集》，卷十七，頁二四五。杜赫德，《中國通史》，卷四，頁三四三至三五三。

57 《耶穌會士書信集》，卷十七，頁二七五至二七六。

58 前揭書，卷十六，頁三八四至三八九。關於白晉，參見費賴之，《在華耶穌會士列傳及書目》，第一七一則；關於張誠，參見前揭書，第一七三則。

59 《聖祖五幸江南全錄》，頁三九。

60 《耶穌會士書信集》，卷十七，頁二七五。

61 《趙弘燮奏摺》，頁三七b，康熙五十四年四月二日奏摺硃批。

62 根據宋君榮（Gaubil）神父留下的手稿，他在與其他人一同覲見雍正皇帝時，皇上曾向他們宣讀了若干其父皇的治國格言。刊載於《神學研究的哲學與歷史》（*Etudes de théologie de philosophie et d'histoire*），第二期（巴黎，一八五七），頁四九三至四九四。

63 盧勒神父（Francis A. Rouleau S.J.），〈鐸羅：羅馬教皇特使在北京朝廷〉（Maillard de Tournon, Papal Legate at the Court of Peking），《耶穌會歷史檔案期刊》，三十一期（一九六二），頁二九六至二九七。

64 安東尼奧・西斯托・羅索（Antonio Sisto Rosso, O.F.M.），《十八世紀教皇派往中國的使節》（*Apostolic Legations to China of the Eighteenth Century*）（加州南帕薩迪那〔South Pasadena〕，一九四八），頁一七一至

一七六。

65 《紅樓夢新證》（頁二二七至二三一）使用熊賜履為曹璽所寫的祭文作為主要的材料。關於皇上御駕抵達江寧的情形，參見《實錄》（康熙朝），卷一一七，頁十三。「內大臣」銜，見《清末中國政治組織》，九八條。

66 《紅樓夢新證》對於江寧織造衙門的地點位置，進行了詳細研究，並且結束了之前對於三織造處（絲織工場）與織造署（曹寅的辦公處與居所）之間難以釐清的混淆，見該書頁一五七至一五九。織造署與周圍的園林，構成了皇帝駐蹕的行宮。乾隆十六年，該處成為皇帝的永久行宮，直到乾隆三十三年，購入了更多土地，織造才另闢辦公處所。

67 《實錄》（康熙朝），卷一九三，頁四至六b，由康熙三十八年四月十日至十六日。

68 《清稗類鈔》，類十，頁十一。《紅樓夢新證》裡提供了與曹寅同時之人所留下的紀錄（頁三一六至三一九）。前揭書也討論了皇太后的這次談話（頁二〇五）。

69 《實錄》（康熙朝）（卷一九三，頁六）略述了此道諭旨的概要。學者張玉書有更為完整的記錄，並為《紅樓夢新證》所引用（頁三一六）。張玉書版本的諭旨裡面，有兩處提及曹寅的姓名，為《實錄》（康熙朝）簡版當中所無。

饒富興味的是，康熙皇帝挑選出明太祖，作為他特別欣賞與尊崇的對象。明太祖朱元璋——也就是洪武皇帝（一三六八至一三九八年在位）——是位殘忍而有效率的專制暴君，他將中國專制政治的發展帶向高峰。可參見牟復禮（F. W. Mote），〈中國專制政治的發展〉（The Growth of Chinese Despotism），《遠東學刊》（*Oriens Extremus*），八期（一九六一），頁一至四一；在這篇論文中，朱元璋被描述為「中國歷史當中，最為嚴酷且最不講理的暴君」（頁二十）。然而，康熙皇帝作此姿態，很可能只是為了對殘餘明朝遺老作出（他自認為）懷柔安撫的姿態，而不是對明太祖這位個性、特質都與自己截然不同的君主，有什麼特殊認同。不過，也應當承認，這兩位皇帝都頗能吃苦耐勞，並且都缺乏更高深的知識、教育涵養，從而使他們與那些更有學養的臣僚之間，發展出奇特的關係。

70 《曹寅奏摺》，頁八b，康熙三十八年五月二十六日。在此摺中，他補充道，因為自己身為皇上家奴，因此在向上級遞交正式的題奏（紅本）之前，先以摺本向皇上報告審議的結果，較為合適。在奏摺裡本段的用詞顯示出，「紅本」此時還未遞出，而紅本也不必然是已經由皇帝御覽的奏本。

陶岱此時署理兩江總督職務，這是因為現任的總督張鵬翮已受命在皇上南巡途中，全程扈從。參見《清史》，頁二八七七至二八七八。

關於「官吏俸工」，可以參見孫任以都，《清朝行政術語》（四二三條）當中有不同的措詞。

71 《曹寅檔案》，編號二七八七與二八〇九，兩件均為康熙三十八年五月二十六日奏摺。

72 《李煦奏摺》，頁九b，康熙四十一年八月奏摺硃批。《紅樓夢新證》當中對此道指示也有討論，見頁三二五。

73 《清稗類鈔》，類十一，頁二。

74 《聖祖五幸江南全錄》，佚名，刊載於《振綺堂叢書》，輯一。

75 張英，《南巡扈從紀略》，收於《昭代叢書》，集五。

76 《實錄》（康熙朝），卷二一九，頁七與頁十二b。《聖祖五幸江南全錄》中使用的名稱是南陽（頁五），所指應該是南陽湖一帶、魚台縣以東的區域，參見《欽定大清會典圖》（光緒二十五年，台灣一九六三年重刊），頁三一八七。

77 《聖祖五幸江南全錄》，頁五。曹寅的姓名，在當中並未被提及，而僅以「鹽員」稱之，這指的是他新近獲得的兩淮巡鹽御史任命。按照往例，織造必須跋涉四百公里以迎接皇帝駕臨，進一步的證據可見《李煦奏摺》，頁九b，康熙四十一年十月，李煦於此摺中討論該年中止的南巡，並寫道：「十月十一日抵宿遷縣地方，因（聽聞）皇太子金體偶爾違和……臣煦不敢向前復往。」也就是說，未能繼續向北前進。此外尚有《實錄》（康熙朝）（卷二二八，頁九），在江南迎駕官員之中列出曹寅、李煦與孫文成，他們於康熙四十六年，在魚台縣渡過運河，到山東省南境的滕縣迎候聖駕。

在《聖祖五幸江南全錄》（頁五），皇上詢及阿山：在南陽停留已歷幾日？阿山回奏：「十餘天。」

78 張英，《南巡扈從紀略》，頁一。

79 前揭書，頁一b至二b。

80 《聖祖五幸江南全錄》，頁五b。

81 《實錄》（康熙朝），卷二一九，頁十三b。

82 《聖祖五幸江南全錄》，頁五b；《實錄》（康熙朝），卷二一九，頁十四。

83 這三人皆為著名的康熙朝大臣；在《清代名人傳略》當中都有傳略，分別是頁六五五至六六，頁四七三至四七五，以及頁四九至五一。張英分別以「京江」（張玉書的故鄉）、「厚庵」（李光地的號）、「運清」（張鵬翮的字）來稱呼他們。

84 張英，《南巡扈從紀略》，頁四至五b。

85 《聖祖五幸江南全錄》，頁六b。

86 前揭書，頁七，在此「三月十一日」被誤植為「三月十六日」。

87 前揭書，頁七b。

88 前揭書，頁八，在三月十三日。

89 前揭書，頁八b。

90 前揭書，頁九。

91 同上。

92 前揭書，頁九b至十。《實錄》（康熙朝），卷二一九，頁十七b。

93 《聖祖五幸江南全錄》，頁十至十一b。《實錄》（康熙朝），卷二一九，頁十八至二二。皇上今日也處置了大量公務，並且與臣屬們就河道治理的各項問題，進行長時間的討論。關於曹寅所收禮物的更詳細類別，可參見《聖祖五幸江南全錄》，頁十八，其中琉璃、硯台、以及羊肉等基本類別，在贈送給阿山的禮物清單當中，有更詳細的分類。

94 《實錄》（康熙朝），卷二一九，頁二三。《聖祖五幸江南全錄》，頁十四。

95 曹寅在刊刻《全唐詩》的前言當中提到，他是在康熙四十四年三月十九日，奉到這些旨意的。

96 《實錄》（康熙朝），卷二一九，頁二三至二五。

97 「江南提督」，《清末中國政治組織》，七五〇條。張雲翼係山西人氏，自康熙三十五年起擔任此職，直到康熙四十八年。參見《江南通志》，卷一一一，頁十七，以及《清代名人傳略》，頁七八八提及之處。

98 這三位臣子是於三月十九日受命，他們於當日便向皇上回奏初步的核實情況。關於皇上賞賜御馬，見《聖祖五幸江南全錄》，頁十八，頁十六b。

99 《聖祖五幸江南全錄》，頁十九至三一。《實錄》（康熙朝），卷二二〇，頁十六至十七b。

100 皇上抵達江寧，見《實錄》（康熙朝），卷二二〇，頁七b。本日的細節情形，詳見於《聖祖五幸江南全錄》，頁三一b。差官快馬遞送入京，共花了二十四個時辰，相當於四十八個小時。關於官驛遞送，參見費正清、鄧嗣禹，《清代行政三論》，頁十。

101 《清史》，頁二五八九。參見《清代名人傳略》，頁六〇二。

102 《聖祖五幸江南全錄》，頁三二。

103 前揭書，頁三三至三六。

104 前揭書，頁三六至三七b。

105 參見本書第二章與第三章。

106 阿山於五月十五日呈送給皇上的奢華禮品，很有可能轉移了一部分皇帝對於他誣控陳鵬年而起的怒火。

《紅樓夢新證》，頁三三二，三三五至三三七。袁枚，《隨園詩話》，頁四二。《清代名人傳略》，頁九六。

107 《聖祖五幸江南全錄》，頁四四b。

108 前揭書，頁三六，頁四一b。皇上以氣候多雨作為不願返駕的表面託詞。

109 《曹寅奏摺》，頁十一b，康熙四十三年十二月二日奏摺硃批：「行宮可以不必。」

110 《聖祖五幸江南全錄》，頁四四b至四五b。康熙四十四年（一七〇五年）閏四月四日，《實錄》（康熙朝）無載，見卷二二〇，頁十四。

111 《聖祖五幸江南全錄》（頁四六）宣稱他離開揚州的日期為閏四月七日，在《實錄》（康熙朝）（卷二二〇，頁十五）中則提早了一日。《實錄》（康熙朝）所指的日期，是御駕離開寶塔灣行宮的日子，而《聖祖五幸江南全錄》的作者則或許是認為，在揚州一帶的行程較不嚴謹。

112 《聖祖五幸江南全錄》，頁四六。「通政使司」，參見《清末中國政治組織》，九二八條，以及「光祿寺卿」，《清末中國政治組織》，九三四條。後者官銜實際上有誤，因為李煦實授大理寺卿，此官銜參見《清末中國政治組織》，二一五條，以及他於康熙四十四年五月所上的謝恩摺子，《李煦奏摺》，頁十一。在我翻譯為英文的詔書當中，已經將這項官銜名稱上的錯誤糾正過來。曹寅的謝恩摺，見《曹寅檔案》，編號二八一二，康熙四十四年五月一日。關於曹寅的新官銜演變發展的由來，參見《欽定大清會典事例》，頁五三〇〇（卷十八，頁三二b）。在康熙九年後，此官銜位列三品。

113 《聖祖五幸江南全錄》，頁三一至三七b。

114 參見本書第三章。

115 《永憲錄》，頁三九〇。《紅樓夢新證》，關於長女部分，見頁九三至九六，次女見頁九六至九七。

116 《曹寅奏摺》（頁十五，康熙四十五年八月四日）表示，曹寅受到皇上指派的尚志杰協助，確保婚禮所有準備事項，都能穩妥辦成。尚志杰於《八旗通志》（卷五，頁四一與頁四二）中，列名為正白旗旗鼓佐領，而在《八旗滿洲氏族通譜》（卷七四，頁七b）中，則記載尚之杰為「署理內務府總管」。在上述兩種資料當中，他姓名的第二字不同（「志」與「之」），但看來很可能指的是同一人。此人這時已經擔任龍江鈔關監督；關於鈔關部分，參見第三章。

117 《曹寅奏摺》，頁十六，康熙四十五年十二月五日：「隨于本日重蒙賜宴，九族普霑。」前揭書，頁十九b至二十，康熙四十八年二月八日的奏摺，則表示出皇上也關切曹寅次女許配給一名侍衛的婚事安排。

118 前揭書，頁十九b，康熙四十七年七月十五日。

119 當時曹寅正在江寧織造任上。吳世昌，《紅樓夢探源》，頁八八至九〇討論了這兩個事件的重疊性。如果要簡單表明，此次回曹家省親發生在江寧，即「曹雪芹年幼之時」，按照目前對《紅樓夢》的研究情況，將會有非常大的爭議。不過，在此我無法涉入對於曹雪芹這部小說極為複雜的詮釋領域當中，此一聲明背後的背景以及論據，將於後文的附錄四，作一個總結說明。

120 《曹寅奏摺》，頁十二b，康熙四十三年十二月十二日。

121 《紅樓夢八十回校本》，頁一五六。

122 喬利節譯本《紅樓夢》，頁二三五。

123 前揭書，頁二三六。

124 前揭書，頁二三八。

125 前揭書，頁二四三至二四四。曹雪芹很顯然認為這是種糟糕的品味，並且也這麼說了。

126 前揭書，頁二六〇。

127 前揭書，頁二五七。

128 前揭書，頁二六四，二六六。

129 前揭書，頁二四九。

130 前揭書，頁二六六。

131 這大約是皇帝動身展開出巡的日期；後五次南巡動身的日期，分別為康熙二十八年元月八日，三十八年二月三日，四十二年元月十六日，四十四年二月九日，以及四十六年元月二十二日。參見前引《實錄》（康熙朝）歷次南巡部分。

132 當地警衛是「五城兵馬司」，《清末中國政治組織》，七九六條A項。這實際上是北京的官名。

133 喬利節譯本《紅樓夢》，頁二六六。

134 前揭書，頁二六八。吳世昌的《紅樓夢探源》（頁二三九）探討了高鶚對於這個段落的修訂。林語堂在其論文當中，否定高鶚是後四十回作者的說法，並將作者判歸曹雪芹，見氏著，〈平心論高鶚〉，《中央研究院歷史語言研究所集刊》，二十九本（一九五八年），頁三二七至三八七。倘若林語堂提出的各項論點都合乎事理，那麼將會使續補的問題更形複雜，因為假使曹雪芹寫完整部小說，我們就必須為後四十回當中眾多矛盾難圓的破綻，找出新的解釋。不過，林的觀點已經被吳世昌直率而具說服力的說法所反駁，見其《紅樓夢探源》，頁三五五至三五八。

135 喬利節譯本《紅樓夢》，頁二六九。

136 前揭書，頁二六九至二八二。

137 吳世昌在《紅樓夢探源》當中（頁一一五）寫道，曹家「先前在皇帝南巡中數次擔任接待者與隨從，耗盡了家產」。這並不是否定吳世昌在整部小說上的卓越分析見解。

138 參見本書第三章、第五章。杜聯喆在《清代名人傳略》所撰之曹寅傳略，已經注意到曹寅能輕易打消因皇上南巡而支出的各項花費（頁七四一）。

139 《康熙南巡祕記》，頁一二一至一二三。《紅樓夢新證》當中也有引用（頁四一五至四一六）。

140 《紅樓夢八十回校本》，頁一五六。本書第三章亦引用了這句話。

141 喬利節譯本《紅樓夢》，頁二八三。

142 《全唐詩》，序言。日期是康熙四十四年三月十九日。

143 參見本書第二章。

144 關於此時與他往來的這些人物，極其詳盡的資料整理，參見《紅樓夢新證》年譜部分，頁二六八至三八四，涵蓋年代由康熙三十一年至康熙五十一年。

145 收在《楝亭詩鈔》的詩作，大部分能夠確定是康熙三十一年之後所作，而《楝亭文鈔》中標明日期的文章，則大多為康熙三十九年之後的作品。

146 《楝亭文鈔》，頁六、十、二七。他為修復水閘所寫的文章，收入名為《八旗文經》的旗人文集當中（盛昱編，光緒二十八年〔一九〇二年〕張之洞刊印），卷三六，頁十三。修繕江寧學塾一事，記載於地方志，為《紅樓夢新證》引用（頁三五八）。

147 《紅樓夢新證》，頁三二四至三二七。這項工作於康熙四十三年告成。關於顧景星，參見本書第二章。

148 《紅樓夢新證》，頁三五八，三六二。這項工作費時數年，至康熙四十六年完成。關於施閏章，參見《清代名人傳略》，頁六五一。

149 「翰林院侍講」，《清末中國政治組織》，二〇〇條B項，此職為從五品。

150 《清代名人傳略》，頁六一六至六一七。

151 「翰林院編修」，《清末中國政治組織》，二〇〇條B項，此職為正七品。

152 同上，頁一五〇至一五一。

153 《曹寅奏摺》，頁十二b，康熙四十四年五月一日。

154 《南巡盛典》，卷九七，頁七。

155 「翰林院庶吉士」，《清末中國政治組織》，二〇一條。

156 作者為馬玉堂，引自《紅樓夢新證》，頁三七二。

157 《曹寅奏摺》，頁十三，康熙四十四年七月一日。

158 這是杜聯喆在《清代名人傳略》當中的話，頁七四一。

159 《曹寅奏摺》，頁十三，康熙四十四年八月十五日。

160 前揭書，頁十三b至十四，康熙四十四年十月二十二日。

161 前揭書，頁十四，康熙四十五年二月十八日。

162 前揭書，頁十四b，康熙四十五年七月一日。

163 前揭書，頁十五b，康熙四十五年九月十五日。

164 《曹寅檔案》，編號二七九〇，康熙四十六年五月十五日。

165 數字來自《四庫全書總目提要》（上海，一九三三年版），頁四二一七。

166 如俞嵩年便著意訪求；參見《清稗類鈔》，類七二，頁一二〇。

167 前揭書，類七二，頁五一。

168 《楝亭十二種》上窖手印的日期為丙戌年（康熙四十五年，西元一七〇六年）。此版本每頁有十一行，每行有二十一個字。更為罕見的《楝亭五種》第四部書後有朱彝尊的題跋，日期也同樣是康熙丙戌年。我所使用的日本京都人文研究所版本擁有之前佚失的第三部，即學者高廣圻的補刊（高廣圻的生平，參見《清代名人傳略》，頁四一七至四一九），而他在這部分的刊頭頁加註上了嘉慶甲戌年（一八一四年）字樣。這個版本與

169 《楝亭十二種》有同樣的長印記，不過每頁只有八行，每行十六個字。兩位全校，一位是俞養直，另外一位是曹曰瑛（後者只列出名字而無姓，不過在比對第四部之後，大致上能夠確認該卷末的「曰瑛」，就是曹曰瑛。據目前所知，他與曹寅沒有親屬關係）。

170 《清代名人傳略》，頁一八二至一八五。

171 《晨鳳閣叢書》，宣統元年（一九〇九年），「潛采堂書目」，第四部，第一類。

172 前揭書，第三類。

173 《清代名人傳略》，頁一八四。

174 參見《楝亭詩鈔》各處。

175 《曹寅奏摺》，頁二五b，康熙五十一年四月三日。《李煦奏摺》，頁四七，康熙五十二年九月十日奏摺，奉到硃批為：「此書刻得好的極處。」在此，李煦是在曹寅的製版與設計規模上進行其印刻工作的。而後來當他嘗試獨力承擔編、印一部御定詩集時，便幾乎釀成一場禍事，因為在他進呈前兩卷後，便收到皇上諭旨：「朕細察時，與當年所刻御製詩集長短不同，字之大小參差不一，甚屬疏忽，使不得。著速收拾，前後相同，奏來再看。」（《李煦奏摺》，頁六三b，康熙五十四年六月六日）李煦遂慌忙將編印業務全部重頭來過（前揭書，頁六五，康熙五十五年八月二十日），嗣後經南書房查看完訖（前揭書，頁七一b，康熙五十五年五月二十五日），上呈皇帝，並且贏得皇上「詩刻得好」的旨意（前揭書，頁七八，康熙五十五年十一月八日）。可見若是工作蒙混隨便，皇上的態度是很嚴厲的。

176 《清代名人傳略》，頁六六，七四一。

177 《曹寅奏摺》，頁二十，康熙五十年三月十日。雖然曹寅的名字列於所有參與編修《全唐詩》者之首，但是在《四庫全書總目提要》裡，他並未獲得如是的認定（頁四二一七），在該書中，只簡單提及《全唐詩》是部御定詩集。

第五章

1 這片繁華的景況，在何炳棣那篇現已名聲大噪的論文裡，有詳盡的描述。見何炳棣（Ho Ping-ti），〈揚州鹽商：十八世紀中國商業資本的研究〉（The Salt Merchants of Yang-chou: A Study of Commercial Capitalism in Eighteenth Century China），《哈佛亞洲研究學報》，十七期（一九五四），頁一三〇至一六八。同時也請參見，何炳棣，《中華帝國的晉身之階》（*The Ladder of Success in Imperial China*），頁八一至八五，一五八至一五九。蓋樂（Esson M. Gale）和陳松僑（Ch'en Sung-ch'iao）對於中國歷朝的鹽制體系，有一篇十分有幫助的英文介紹，刊載於韓國期刊《亞洲研究》上：一卷一期（一九五八），頁一三七至二一七；一卷二期（一九五八），頁一九三至二一六；二卷一期（一九五九），頁二七三至三一六（感謝吳秀良，使我注意到這篇論文）。

2 《欽定大清會典事例》，頁八〇六〇（卷二二三，頁一）。《鹽法通志》，卷六。何炳棣，〈揚州鹽商：十八世紀中國商業資本的研究〉說兩淮地區「在製造、販售、以及稅收上，輕而易舉的便勝過其他所有地區。」（頁一三一）兩淮地區這種優越的地位，在佐伯富所著《清代鹽政研究》頁十五、十九的圖表中，很清楚的顯露出來。

3 《曹寅奏摺》，頁二三，康熙五十年三月九日奏摺中言及，正規與各種雜項收入（錢糧正雜）共計是兩百三十八萬兩銀子。《李煦奏摺》，頁四十，康熙五十一年十一月二十二日的奏摺說，稅收（錢糧）為兩百四十萬兩銀子。雍正十年，據巡鹽御史高斌估計，兩淮鹽商每年為了其鹽引所繳納、支付的正項與雜項稅銀，超過兩百五十萬兩銀子。分送與包裝的支出還要另計（《雍正硃批諭旨》，冊五十，頁八二，雍正十年三月十六日摺）。到嘉慶十七年（一八一二年），常規鹽稅達兩百九十九萬三千六百一十四兩銀子，儘管此次被稱作特例；前一年的鹽稅數額是兩百五十五萬兩千五百五十兩。參見《史料旬刊》，二七期，頁九九九（連續頁碼版，頁五三三五）。

4 《李煦奏摺》，頁八十b至八一，康熙五十六年二月二十四日摺中說，該年的「額徵錢糧」為一百九十五萬兩——也就是說，不包括餘銀。此時期所公布的若干餘錢數額，分別是：康熙五十二年，五十八萬六千兩；康熙五十三年，五十五至五十六萬兩；康熙五十五年，五十二萬七千兩。參見《李煦奏摺》，頁四八b，五四b，七七b。

5 《清實錄經濟資料輯要》（上海，一九五九年），頁九至三五當中，提供了順治元年（一六四四）到雍正十二年（一七三四）的收入數據。佐伯富的《清代鹽政研究》指出（頁十五），康熙二十四年（一六八五年）時，兩淮鹽稅達到全國鹽稅收入的百分之五十二，雍正四年（一七二六年）則占百分之四十五。康熙五十年（一七一一年）的數字是：鹽稅三百七十二萬九千二百二十八兩，土地稅為兩千九百九十萬四千兩。

6 《鹽法通志》，卷三三，頁三。兩淮產鹽區主要聚集在通州和泰州一帶，在佐伯富的《清代鹽政研究》當中，十分便利地製成表格（頁七六至七七）。關於其他製鹽方法，參見蓋樂，〈中國鹽政〉，二卷一期，頁二七三至三一六。

7 《鹽法通志》，卷三八，頁三。

8 何炳棣，〈揚州鹽商：十八世紀中國商業資本的研究〉，頁一三二至一三五。據何氏估計，擁有鹽場的場商約有三十家。

9 《鹽法通志》，卷四三，頁一，也提供了其他產鹽地區的流行用語。

10 前揭書，卷五三，頁十九b至二十，根據戶部所發出鹽引樣本上的警示。

11 孫任以都，《清朝行政術語》，一〇三四條。（文中所述，戶部發出的鹽引，直接頒給領頭的幾家鹽商，是十八世紀後期的實際情況。）

12 《欽定大清會典事例》，頁八〇六一（卷二二三，頁二b至三）。《鹽法通志》，卷四五，頁二四至二六，以及卷七二，頁十七。

13 《欽定大清會典事例》，頁八〇六一至八〇六二（卷二二三，頁三至五）：一百二十八萬五千八百八十一張是定額的運輸鹽引，又稱「綱引」；十四萬零六十八張則是供產鹽地區周邊消費，又稱「食鹽」。

14 何炳棣，〈揚州鹽商：十八世紀中國商業資本的研究〉，頁一四〇與一四四，提供十八世紀的鹽引核發數字是一百六十八萬五千四百九十二張。在佐伯富《清代鹽政研究》裡，則是一百六十九萬兩千四百九十張（頁十九）。

15 根據順治十七年（一六六〇）欄目下的兩行概要，《欽定大清會典事例》，頁八〇六一（卷二二三，頁三二）。

16 據《欽定大清會典事例》，頁八〇六一至八〇六二，以及《鹽法通志》，卷七二，頁十七當中的數字。

17 康熙五十一年的《實錄》（康熙朝）當中，鹽引的總數量是五百零九萬三千六百零八張，稅收則達到三百七十二萬九千八百九十八兩。

18 《欽定大清會典事例》，頁八〇六二。《鹽法通志》，卷七二，頁十七。佐伯富，《清代鹽政研究》，頁二一二，頁二一七至二二二。這筆額外的收入，至少在曹寅與李煦同時擔任巡鹽御史與織造職務時，似乎並未上繳戶部。

19 《鹽法通志》，卷四五，頁二四。蓋樂，〈中國鹽政〉，二卷一期，頁二九五。

20 《鹽法通志》，卷五一，頁八b至九。佐伯富，《清代鹽政研究》，頁十九。

21 同樣的，十四萬零六十八張「食引」支付的稅金，每張是一兩二分五厘白銀。一年當中所發放的最大鹽引張數（定額與額外），似乎已經來到一百七十萬張；參見《李煦奏摺》，頁四十，康熙五十一年十一月二十二日。在為了支付皇家絲織工場開銷、購銅、以及河道維護的三十萬額外徵收銀兩當中，每年有二十一萬兩撥給了織造，他們將這筆款項歸入鹽稅中「餘銀」的範疇；參見前揭書，頁四九，頁五四b，頁七七b。剩下來的九萬兩白銀，撥交各省巡撫作為購銅與河道維護款項，然而這筆款項，在巡鹽御史呈報到戶部的報告中，卻從來不曾被看作是「餘錢」，而似乎是被看成定額內的稅收。考慮到這些事實，我們便得出此時期兩淮收入進項的圖表如下：

「綱引」每張一兩三錢五分稅銀	一百二十八萬五千八百八十一（張）	一百七十三萬五千九百三十九（兩）
「食引」每張一兩二分五厘稅銀	十四萬零六十八（張）	十四萬三千五百六十九（兩）
康熙四十三年三十萬額外銀兩中的九萬		九萬（兩）
		總計：一百九十六萬九千五百零八（兩）

上圖這些數字，與李煦在康熙五十六年時聲稱的：定額內鹽稅（額徵錢糧）為一百九十五萬兩白銀相符合（《李煦奏摺》，頁八十b至八一，康熙五十六年二月二十四日）。

對於一百九十六萬九千五百零八兩這筆金額，應該還要再加上二十一萬兩，這筆款項是織造由康熙四十三年的稅收之中取得的，但是仍被視為「餘銀」，因此全部稅收總額就來到兩百一十七萬九千五百零八兩（這是經過修正、調整過後的稅收數額，應該與佐伯富《清代鹽政研究》頁十五當中提供的康熙中期數字作比較，康熙二十四年，兩淮鹽稅總額是兩百零三萬九千兩百八十五兩。）

曹寅和李煦公布餘銀約五十五萬兩白銀；《李煦奏摺》（頁五四b，康熙五十三年七月一日）中說：此數額為「每年」之數。由於這筆數目中的二十一萬兩總是作為供織造動用的款項，已經列入上面的統計當中，因此我們只需要再將剩下之三十四萬兩列入，這就使得兩淮稅收的總額，來到兩百五十一萬九千五百零八兩。據雍正十年時的巡鹽御史高斌估算，兩淮稅收總額超過兩百五十萬兩白銀，而此前曹寅與李煦公布的數額，則分別是兩百三十八萬兩，與兩百四十萬兩（參見本章註釋二）。

上面的這些統計，主要取材自巡鹽御史的奏摺，以及在《欽定大清會典事例》裡面更為簡略的描寫，仍舊是嘗試性質的估算。想要對兩淮稅收的情況，有一個完整而可靠的認識，只有在對此題目完成全面徹底的研究之後，方有可能；而我尚未嘗試投入這樣的研究。像這樣的研究（十八世紀後期的兩淮鹽政），哈佛大學的墨子刻（Thomas Metzger）正在進行。

22 「巡鹽御史」，《清末中國政治組織》，八三五條B項。

23 「鹽運使」，《清末中國政治組織》，八三五條。

24 《鹽法通志》，卷十四，頁五b。

誤，康熙三十八年的法令見於《皇朝文獻通考》頁四九七六b，而不是頁四九七。）

117 《欽定大清會典事例》，頁八七四六（卷二七五，頁一）。

118 至少所有價格的穩定，皆由該部統籌辦理，如上引《欽定大清會典事例》，卷二七五。

119 對此，曹寅似乎頗為隨意，在報告裡對於米價通常只寫「正常」或者「如常」。不過檔案中也保存著若干他的請安摺子，他先是簡短的向皇上請安，接著便記下確切的米價。參見《曹寅檔案》，編號二七九七與二七九八，康熙四十八年八月三日與九月二日。李煦則斷斷續續的呈進這類價格報告，一直到康熙五十一年；自該年起，他每個月報告一次，直到康熙朝結束（《李煦奏摺》，頁三八摺頁）。對於米價的變化，也請參看後文的附表二。

120 《欽定大清會典事例》，頁七四二三至二四（卷一七七，頁十八b至十九）。乾隆元年皇上頒旨，江蘇與安徽巡撫於六月回報夏季收成，於十月回報秋收。這是在早熟稻種引進之後才開始的，參見本書第七章。

121 康熙諭令江西巡撫佟國勷（康熙五十一至五十六年任該省巡撫），未註明日期，故宮博物院檔案，台灣台中，第七十六箱，九十六包，編號二六〇〇：嗣後，須親手書摺呈進，將雨水與米價情形清楚報來。前揭檔案，第七十七箱，八十八包，皇上在康熙四十九年八月二十日之奏摺中諭令河南巡撫鹿祐，嗣後所有奏摺，需報告米價。

122 織造按月奏報氣候狀況，見《李煦奏摺》，康熙五十二年；六月，頁四五b；七月，頁四六；八月，頁四七；九月，頁四八；十月，頁四八b。未見曹寅這類的摺子，不能確定是否他於此方面並不經心，或者是奏摺遺失了。《曹寅奏摺》，頁二十，日期為康熙四十八年二月八日的摺子說明，曹寅正隨摺附上一月的氣候狀況以供御覽，皇上硃批「知道了，江南米價，有人來必入奏摺奏閱」。這表明，不論曹寅以何種方式，報告其他方面的事務時，皇上只要他呈報米價即可。

123 「漕運總督」銜，《中國清末政治組織》，八三四條。然而，這裡提到的桑格，似乎與前面提及的兩位同名織造並非同一人，因為漕督官職是官僚體系中最高級的職位之一，沒有道理區區一名織造便能獲得此頭銜。

124 《曹寅奏摺》，頁八，康熙三十六年十月二十二日。他另附帶說明，尚送了一份詳細的報告，分呈內務府。同時，巡撫宋犖正於押運後續賑糧與賑銀前來的途中。此四錢八分五厘的賑米價格（合零點四八五兩），約為平日冬季米價之半。通常，各織造均樂意呈報冬季米價，去殼的低至八錢，未去殼的至七錢。而在這個情形當中，想必不但是米糧供應短缺，百姓的生活也已經到了山窮水盡的地步。

125 《曹寅檔案》，編號二七一一，康熙三十八年十二月十二日，引用同年十一月十六日的詔諭。

新作法，即由戶部直接對鹽商頒發鹽引。

36 《李煦奏摺》，頁四四，康熙五十二年閏五月二十三日。儀真後來更名為儀徵。

37 前揭書，頁十二b，康熙四十五年五月。

38 《皇朝文獻通考》，頁五一○○a。

39 《雍正硃批諭旨》，冊五十，頁九三，巡鹽御史高斌奏摺，雍正十二年九月十五日。

40 《欽定大清會典事例》，頁一七二九九（卷一○二○，頁十一b）與前揭書，頁七四九二（卷一八三，頁十五）。

41 前揭書，頁六四五九至六四六一（卷一○五，頁一至五）。

42 《雍正硃批諭旨》，冊十五，頁六九，鹽運使張坦麟雍正四年六月二十六日摺。

43 《欽定大清會典事例》，頁一七二四四（卷一○一五，頁二三）。

44 《雍正硃批諭旨》，冊十三，頁三十，謝賜履雍正元年三月二十六日奏摺上硃批。

45 《欽定大清會典事例》，頁六四六六至六四六七（卷一○五，頁十六至十七），康熙十五年例則，同時也延伸適用於旗人。

46 《鹽法通志》，卷二二，頁十六。

47 前揭書，卷四，頁一。

48 這位西方觀察者是拉達（Martin de Rada），參見巴克瑟（C. R. Boxer），《十六世紀的華南》（*South China in the Sixteenth Century*），哈克略社（Hukluyt Society），系列二，第一○六種（倫敦，一九五三），頁二六九，頁二七六至二七七。

49 何炳棣，〈揚州鹽商：十八世紀中國商業資本的研究〉，頁一三六至一四一。

50 或甚至在雍正一朝，當時他們的利潤，估計是每引二兩七錢四分。參見何炳棣，〈揚州鹽商：十八世紀中國商業資本的研究〉，頁一四六。證明康熙年間利潤較低的證據，詳見下文。

51 引自何炳棣，〈揚州鹽商：十八世紀中國商業資本的研究〉，頁一四五。

52 《鹽法通志》，卷四五，頁二六，順治十七年巡鹽御史奏摺。

53 《雍正硃批諭旨》，冊六，頁八七至八八，兩廣總督楊琳雍正元年三月三日奏摺。

54 何炳棣，〈揚州鹽商：十八世紀中國商業資本的研究〉，頁一三七。

55 《鹽法通志》，卷九五，頁十四至十五b。巡鹽御史席特納與徐旭齡康熙九年摺。

56　何炳棣，〈揚州鹽商：十八世紀中國商業資本的研究〉，頁一五一，每引三百四十四斤，運到揚州的總支出是白銀一兩五錢五分。我的估算（當然只是約略取近似值）是建立在鹽價於康熙三十九年至乾隆五年之間，並未大幅波動的事實上（前揭書，注釋五五）。

57　再次，何炳棣，〈揚州鹽商：十八世紀中國商業資本的研究〉，頁一四六，乾隆五年時，每引三百四十四斤的批發價，估算是七兩一錢三分九厘，並且假設此價格是穩定的。

58　同前。

59　《鹽法通志》，卷八三，頁一。

60　《李煦奏摺》，頁九十，康熙五十六年十一月二十七日；頁九六b，康熙五十七年閏八月二日；頁一〇一，康熙五十六年十一月十六日。

61　《永憲錄》，頁三四〇，引用噶爾泰雍正五年元月奏摺。納捐商人王晉德獲七品頂戴。

62　《雍正硃批諭旨》，冊五十，頁八一b至八二b，高斌雍正十年三月十六日奏摺。關於高斌生平，參見《清代名人傳略》，頁四一二至四一三。

63　關於揚州鹽商的生活，見何炳棣，〈揚州鹽商：十八世紀中國商業資本的研究〉，頁一五四至一六八。

64　參見本書第四章。

65　《雍正硃批諭旨》，冊十三，頁三十，雍正元年三月二十六日。

66　《曹寅奏摺》，頁一b，康熙四十三年七月二十九日的奏摺與硃批。在此摺開頭，曹寅提到，他「去年」奉旨與李煦輪流擔任巡鹽御史，如今「又蒙欽點」。

67　正如《李煦奏摺》，頁五四b，康熙五十三年七月一日摺所顯示的。

68　除了順治九至十一年的一任三年，以及分別由順治六年、十五年、康熙十二年（這可能是印刷錯誤）、康熙十七年開始的四任兩年任期以外，向來無人能在兩淮巡鹽御史任上連任。參見《江南通志》，卷一〇五，頁七至八。

69　「承差」（孫任以都，《清代行政術語》，一九九條）與「發收」（字面意思上，指「那些發和收〔鹽〕者」）。

70　阿山的奏摺刊載於《兩淮鹽法志》，卷三一，頁八b至十，康熙四十三年八月（一七〇四年九月）。《實錄》（康熙朝）（卷二三五，頁十一b）收有此摺的簡略提要；對此摺進一步的評論，見前揭書，卷二一六，頁十七a。

71 《曹寅奏摺》，頁九b至十，康熙四十三年十月十三日的奏摺與硃批。

72 前揭書，頁十b至十一，康熙四十三年十一月二十日。曹寅通常用「運道」一詞來稱呼鹽運使，而非一般通稱的「運使」。參看《清末中國政治組織》，八三五條。李燦是鹽運使可確認無疑，見《江南通志》，卷一一六，頁十四b。

73 《曹寅奏摺》，頁十，康熙四十三年十一月二十二日。關於「匣」費，參見何炳棣，〈揚州鹽商：十八世紀中國商業資本的研究〉，頁一四二至一四三，一四七至一四八。

74 《曹寅奏摺》，頁十一，康熙四十三年十一月二十二日。

75 參見本書第四章裡，描述江寧與揚州迎接康熙皇帝南巡大駕的奢華排場，以及曹寅迅速完成《全唐詩》的龐雜印務段落。

76 《兩淮鹽法志》，卷三一，頁十。孫任以都，《清代行政術語》，五〇五條。

77 「肩挑背負」，見孫任以都，《清代行政術語》，一〇六八條。曹寅的奏摺，與康熙四十四年時其他兩條建議，收在《鹽法通志》，卷二二，頁十七。

78 《皇朝文獻通考》，頁五〇九八a。

79 《李煦奏摺》，頁五四b至五五，康熙五十三年七月一日。即使是較為貧瘠的產鹽區如兩廣，根據總督楊琳的報告（《雍正硃批諭旨》，冊六，頁八七b，雍正元年三月三日），在康熙五十七至六十年間，餘銀每年可達五萬兩。關於餘錢核算，參見《內閣大庫檔案》中的曹寅敕令。

80 《曹寅奏摺》，頁九b至十，康熙四十三年十月十三日。

81 《鹽法通志》，卷五一，頁八b與卷七二，頁十七。《欽定大清會典事例》，頁八〇六二（卷二一三，頁四b）對一題本的回覆。

82 《曹寅檔案》，編號二七六七，康熙四十四年七月一日奏摺記錄商人對皇帝的感恩戴德，因為鹽引的數目下降，鹽價便上揚。

83 《永憲錄》，頁十二至十三，日期是康熙六十一年二月十日至十九日，摘引巡鹽御史魏廷珍的奏摺，當時他正在調查兩淮強索餘銀的貪腐情況。

84 《雍正硃批諭旨》，冊十三，頁三一，雍正元年四月二十一日。

85 《李煦奏摺》，頁十一，康熙四十四年十月。李煦於同年十月十三日接任視事。曹寅的任期據推測在前一日（十月十二日）結束；李煦的任期則確定於該日結束；參見前揭書，頁十三，康熙四十五年十一月七日。

86 《曹寅奏摺》，頁十五，康熙四十五年八月四日，以及《李煦奏摺》，頁十三與十三b，康熙四十五年十一月七日與十二月十三日。

87 康熙四十五年十二月，阿山內調，升任刑部尚書，《清史》，頁二五九一，二八八一。《清史列傳》，卷十二，頁二六。

88 《曹寅奏摺》，頁十五，康熙四十五年八月四日。

89 前揭書，頁十六，康熙四十五年十二月五日奏摺稱「明日初六啟程赴揚辦事」。這趟路程約費時三星期時間。

90 前揭書，頁十六，康熙四十六年六月二十日的奏摺與硃批。

91 參見本書第三章「穩定米價」一段。

92 《李煦奏摺》，頁二十b至二一，康熙四十七年三月。在此摺末尾，李煦寫道：這三項辦法，「前鹽臣曹寅陛見口奏，蒙萬歲訓示，許臣等將三款繕書奏聞。」

93 曹寅敕令。

94 《曹寅奏摺》，頁二一，康熙四十八年六月一日。

95 前揭書，頁二一b，康熙四十八年十一月十一日。

96 前揭書，頁二二，康熙四十九年十月二日，總結之前春季各事。

97 參見《雍正硃批諭旨》中的高斌奏摺（冊五十，頁九三），雍正十二年九月十五日，此摺中討論到這些延緩納稅的情形。

98 《曹寅奏摺》，頁二二，康熙四十九年九月二日奏摺與硃批。

99 前揭書，頁二四b，康熙四十九年十月二十八日。

100 《江南通志》，卷一〇六，頁十四b。

101 《曹寅奏摺》，頁二四b，康熙四十九年十月二十八日。

102 見皇上在康熙四十九年十月二十八日奏摺上的硃批。這項慣例似乎一直以來都被嚴格遵守。鹽運使通常由漢軍旗人，或籍隸奉天者接任，但是直到康熙六十一年之前，無滿人被任命出任此職。參見《江南通志》，卷一〇六，頁十四。

103 關於虧空與帳目表，以及皇上硃批，見《曹寅奏摺》，頁二三至二四，康熙五十年三月九日。

104 關於明朝的前例，參見蓋勒，〈中國鹽政〉，一卷二期，頁一〇九與二一二。

105 帳目表第二項下，《曹寅奏摺》，頁二三b，以及《李煦奏摺》，頁五四b，康熙五十三年七月一日。

106 這是根據李煦在康熙五十年後只需支付三次（每次二十三萬兩），就能填補虧空的數額推算的。

107 《李煦奏摺》，頁十一b，康熙四十四年十月奏摺上的硃批。

108 前揭書，康熙四十四年十一月，以及頁十二b，康熙四十五年三月奏摺上的硃批。

109 前揭書，頁十二，康熙四十五年二月奏摺上的硃批。

110 前揭書，頁十二b至十三，康熙四十五年五月奏摺與硃批。

111 前揭書，頁二十b至二一，康熙四十七年三月。此問題在前面也曾討論到。

112 前揭書，頁二一b至二二，康熙四十七年三月奏摺與硃批。

113 前揭書，頁二五，康熙四十八年八月二十一日。此摺未見皇上硃批。

114 《文獻叢編》裡面沒有李煦於康熙四十九、五十兩年的奏摺。或許這只是單純意味著這兩年的奏摺在故宮遺失了。參見前文「兩淮巡鹽御史曹寅」的段落。

118 《李煦奏摺》，頁三六b，康熙五十一年八月二十一日；頁三六b，康熙五十一年九月六日。

116 前揭書，頁三九，康熙五十一年十一月三日。李煦參劾因怠忽職守而致此禍事的武官。

117 前揭書，頁三八b，康熙五十一年十一月三日。奏摺上實際刊載數字為「兩百四萬兩零」，這可能是筆誤，因為與李煦接下來所提供的數額不符：他「解出京餉」一百二十萬兩，「解出各省協餉」一百零四萬兩，而還有「其餘存庫錢糧」。因此，他必定徵收到兩百四十萬兩稅銀，另加上一筆可觀的總額。如果在李煦所奏報數字的「萬」字前面加上一個「十」字，李煦所報數額就成了兩百四十萬，與他十九天後所提報的數額正好相符。

118 前揭書，頁四十，康熙五十一年十一月二十二日：「運使衙門徵收錢糧二百四十餘萬兩。」

119 李煦可能已經發放出約十六萬五千張鹽引。參見本書第七章。

120 《江南通志》，卷一〇六，頁十四b。

121 《李煦奏摺》，頁四十，康熙五十一年十一月二十二日，奉到硃批：「是。」

122 前揭書，頁四二至四三，康熙五十二年元月十三日、二月四日、二月十七日各摺。

123 前揭書，頁四四至四六，康熙五十二年閏五月二十三日、六月九日、七月五日、八月六日各摺。

124 前揭書，頁四八b至四九，康熙五十二年十一月十二日。關於這筆餘錢的使用方式，詳見本書第七章談到曹顒的部分。

125 「革職留任」，孫任以都，《清代行政術語》，一一九與一二八條。關於此事的扼要描述，參見《李煦奏摺》，頁四九，康熙五十二年十二月九日。

126 《李煦奏摺》，頁五一 b至五二，康熙五十三年三月一日摺與硃批。

127 前揭書，頁五四 b至五五，康熙五十三年七月一日摺與硃批。

128 前揭書，頁五七，康熙五十五年八月二十一日。他的妻子韓氏死時，享年六十三歲。

129 前揭書，頁五八 b，康熙五十三年十月六日；與頁五九，康熙五十三年十一月二十六日。

130 前揭書，頁六七，康熙五十四年十二月五日。

131 前揭書，頁七十 b，康熙五十五年四月九日摺上的硃批。

132 前揭書，頁七一 b至七二，康熙五十五年六月十二日。

133 前揭書，頁七五，康熙五十五年八月三日。

134 前揭書，頁七六 b，康熙五十五年十月二十一日，引用都察院布告日期以及硃批。

135 前揭書，頁七七，康熙五十五年十一月十八日。

136 前揭書，頁七七 b至七八，康熙五十五年十一月十八日。

137 前揭書，頁七九，康熙五十六年二月十日。實際上，李陳常之前已經作此建議了，前揭書，頁七七 b至七八。

138 前揭書，頁七九 b，康熙五十六年二月十日。

139 前揭書，頁八十，康熙五十六年二月十六日。

140 前揭書，頁八十 b，康熙五十六年二月二十四日。

141 前揭書，頁八一，康熙五十六年三月十一日。

142 前揭書，頁八二，康熙五十六年四月十日。

143 前揭書，頁八五 b至八六，康熙五十六年七月十三日（兩道奏摺）；頁八八，康熙五十六年十一月二日。

144 前揭書，頁八八，康熙五十六年十一月二日；頁八八 b，康熙五十六年十一月二日。

145 前揭書，頁八九，康熙五十六年十一月七日；頁九十，康熙五十六年十一月十五日；頁九十，康熙五十六年十一月二十七日。

146 前揭書，頁九一，康熙五十六年十二月十七日。

147 徽州目前在安徽省轄境，但是在此時，安徽與江蘇仍同歸在江南省轄下。

148 《李煦奏摺》，頁九二 b，康熙五十七年五月十七日摺與硃批；前揭書，頁九七 b，康熙五十七年閏八月九日。李煦在此摺中寫道，他已與「運使臣張應詔商量妥當，現在繕書具題」。

149 前揭書，頁九六，康熙五十七年八月八日。

150 前揭書，頁九八，康熙五十七年閏八月二十二日。《鹽法通志》，卷八五，頁九。

151 《李煦奏摺》，頁九七，康熙五十七年閏八月九日。

152 前揭書，頁九六b，康熙五十七年閏八月二日。

153 《曹頫檔案》，編號二八四九奏摺原件硃批，康熙五十七年閏八月一日。

154 《李煦奏摺》，頁九三，康熙五十七年六月十六日。

155 前揭書，頁一〇二b，康熙五十八年四月二十六日；以及頁一〇四b，康熙五十八年八月七日。

156 前揭書，頁一一一b，康熙六十年八月八日摺，引用旨意與硃批。

157 前揭書，頁五七，康熙五十三年八月二十一日摺言及，李煦之妻韓氏死時享年六十三歲。李煦本人當時可能已經六十五歲了。前揭書，頁一一〇，康熙五十九年十一月六日的奏摺則講到，李煦的高堂文氏逝世，享年九十三歲。如果李煦生於順治七年（一六五〇年），那時她應該已經有二十三歲了。李煦是她的長子，因此順治七年應是李煦出生之年。

第六章

1 《欽定大清會典事例》，頁一七四九四至一七四九五（卷一〇四二，頁一至五）。費正清與鄧嗣禹，《清代行政三論》，頁四四至四八。直遞宮中的奏摺，與循正規途徑的「奏本」和「題本」之間，所存在的重要區別，已經在吳秀良的〈清代奏摺制度〉（The Memorial Systems of the Ch'ing Dynasty）這篇論文裡，作了極為徹底詳盡的研究。感謝吳秀良允許我閱讀他的長篇初稿（即將於《哈佛亞洲學報》上刊載），以及隨後與他書信往來時，在這個問題上，所對我提供的幫助。

2 黃培，〈雍正時代的密奏制度〉，《清華學報》，新三期（一九六二），頁十七至五二。此語來自其英文摘要，前揭文，頁五二。黃培在這篇論文的康熙朝部分（頁十九至二十），並未討論曹寅與李煦作為這項制度的先驅角色，也沒有區分在制度上，「密題」與「密奏」的不同；不過這篇文章十分詳盡的列舉出《雍正硃批諭旨》裡所涵蓋的所有主題。

3 《李煦奏摺》，頁十七，康熙四十六年十二月七日。如頁十七b的註釋所解釋的，這是李煦原摺的副本，與康熙四十七年一月十九日繕具的後摺一同呈上。《文獻叢編》的編者只是按時間先後，改動兩摺的先後順序。

4 見李煦於康熙四十六年八月二十五日奉到硃批，由家僕王可成帶回（《李煦奏摺》，頁十五，康熙四十六年九月）。

5 前揭書，頁十七b，康熙四十六年十二月。因為內容中提及同年十二月七日奏摺，故這道奏摺必是數日之後寫就的。皇上在這道奏摺的硃批中，將李煦家僕姓名中的「成」字，誤寫為「誠」字，不過他所書寫的中文裡，時常會出些小錯誤。參見在同一件奏摺的硃批上，他將「祕密」誤寫成了同音異字的「蜜蜜」，前揭書，頁十八。當然，李煦在康熙四十七年二月的奏摺中引述皇上御批時，寫的是正確的用字；前揭書，頁十九b。

6 同一件奏摺末尾的硃批，在康熙四十七年二月的一道奏摺（前揭書，頁十九b）中已表明有前一道奏摺的存在，這至少是在他於同年一月十九日呈上奏摺的十一日後。

7 前揭書，頁十九，康熙四十七年一月十九日摺與硃批。李煦在同年三月的奏摺中（前揭書，頁二一），感激皇上寬宥王可成與他自己。丟失常規的題本或奏本，將遭到公開懲辦，依律受罰；參見《欽定大清會典事例》，頁六六〇一（卷一一四，頁三三），以及頁一四九六四至一四九六五（卷七七八，頁二至三）。

8 此次事件在費正清與鄧嗣禹的《清代行政三論》裡也有所討論（頁六至十）。

9 幾個例子散見於《李煦奏摺》當中，見頁二七，康熙五十一年二月十九日；頁三六，康熙五十一年八月二十一日；頁六二，康熙五十四年四月九日。

10 《曹寅奏摺》，頁十八b，康熙四十七年七月十五日（這道奏摺的日期在頁十八b被標錯了，儘管正確的日期出現在頁十九b的奏摺末端）；頁二一，康熙四十八年三月十六日；頁十九b，康熙四十八年二月八日；頁二五，康熙四十九年十一月三日。

11 關於孫文成的例子，見《雍正硃批諭旨》，冊四七，頁一〇一b與一〇二；高斌的例子，見前揭書，冊五十，頁六四b。

12 前揭書，冊四八，頁一〇二至一〇三。

13 《欽定大清會典事例》，頁六二七二（卷九十，頁二八b），雍正二年詔令：所有旗人在遷至新地後三個月內，必須將隨從家人造冊登記呈報。初期的詔令裡確定了隨從人數，儘管正式的造冊登錄，未必是強制性質的。

14 《清稗類鈔》，類十七，頁二六，康熙二十五年頒布的詔令。

15 《欽定大清會典事例》，頁六三八三（卷九九，頁六b）。

16 如在《李煦奏摺》中兩道奏摺裡（頁四至五，康熙三十七年六月）所討論的案例，關於烏林達李永壽從別人家買來家人一事。李煦提到他見到了賣身文契。

17 《郎廷極奏摺》，頁四十b，頁四一。郎廷極是漢軍正黃旗人。關於趙向奎，見《雍正硃批諭旨》，冊四七，頁八二b。

18 根據清初的律令，只有高級官員能夠未得授權，逕自題奏；各省的低階官員本章則必須由巡撫衙門代轉，在京官員必須呈交通政司。參見《欽定大清會典事例》，頁一七四九六（卷一〇四二，頁五b），順治元年或二年所頒條例。這適用於題本或奏本，透過奏事處呈遞的奏摺，必須先經過檢查，而如果是密奏，必須再行封緘。《會典》，頁〇八三一（卷八二，頁十b）。前揭書（頁十一）中，將織造與學政、鈔關監督等歸為一類，必須得到特准，方能呈遞奏摺。

19 既然這件事發生在十二月，很可能就是康熙五十二年，李煦奉命在浙江採辦的同一種竹子。《李煦奏摺》，頁四七b，康熙五十二年九月十八日，與頁五十，康熙五十二年十二月二十四日。

20 《清末中國政治組織》，一〇五條。奏事處負責奏摺的傳遞，《會典》，頁〇八三一（卷八二，頁十）；在《欽定大清會典事例》中，沒有關於奏事處淵源的記載。

21 《曹寅檔案》，編號二七五六，康熙四十七年十月五日。

22 《曹寅奏摺》，頁十五，康熙四十五年九月十五日。在《文獻叢編》裡用的是「儍」這個字（想必也就是曹寅所用），這是個較少通用的異體字，不過在《國語辭典》（四卷本，台灣，一九六一）裡，和通用的「傻」字列在一處（頁三〇五一）；這兩字的意思，都是指「愚蠢」或「呆子」。「傻子」有時候也是孩童的小名。

23 如費正清與鄧嗣禹，《清代行政三論》，頁六十當中所述。

24 《李煦奏摺》，頁七四，康熙五十五年七月六日。

25 《曹寅奏摺》，頁十五，康熙四十五年八月四日，以及頁十九b，康熙四十八年二月八日。

26 《永憲錄》，頁一四三，討論到魏珠在雍正元年垮台一事。

27 《曹寅奏摺》，頁二二；曹寅於康熙四十九年九月二日呈上的奏摺，於同年十月一日收到原摺返還，加上御批。從此摺中可看出，曹寅當時人在江寧，正由病中康復。曹寅各奏摺上的日期，必定就是它們被繕就的日期；《文獻叢編》印出這些日期，同時也清楚載明於《曹寅檔案》中的奏摺原件之上，作為奏摺不可或缺的一個部分。可想而知，這些日期不可能是在宮中收到奏摺時，再行加上的；關於這點，有許多內證足供參證：例如，《曹寅奏摺》，頁十一b，康熙四十三年十二月二日摺，提到了發生在當天（也就是十二月二日）的事件。日期問題上，唯一與上述證據相反的例子發生於清代後期，在費正清與鄧嗣禹的《清代行政三論》被提及（頁一），據他們表示，只曉得宮中收到洋務奏摺的日期，但未知原摺呈遞的日期。

28 《曹寅奏摺》，頁二二與二五。康熙四十九年十月二日奏摺，加上硃批，於同年十一月三日收到（或更早）。前揭書，頁二二b與二三，康熙五十年二月三日奏摺，於同年三月八日收到。

29 《李煦奏摺》，頁十九，康熙四十七年一月十九日摺上說，王可成於康熙四十六年十二月七日離開，於隔年一月十七日回到揚州。

30 費正清與鄧嗣禹，《清代行政三論》，頁十七，推想王可成可能在北京盤桓數日。

31 前揭書，頁十五與十七。他們由江寧出發的步行信差，速度或許更緩慢，因為他花費了二十三天的時間，而一名從揚州出發的徒步信差，只花了十六天，而他們所提供由江寧與揚州到北京之間的距離，以及由江寧與揚州出發的騎馬信差到達北京所需的時間，事實上是一樣的。

32 《曹寅奏摺》，頁十四，康熙四十五年二月十八日。

33 《曹寅檔案》奏摺原件，大小尺寸完全一樣。

34 宋犖的奏摺與包裹原件，見《國立故宮博物院檔案》，台灣台中霧峰庫房，七十六箱，八十七包，奏摺原件編號二四〇〇至二四四三。一九六三年十一月，我曾親眼見過原件。它們的尺寸略小於曹寅的奏摺，寬八公分，長十八公分。

35 《六部成語注解》（京都，一九四〇年），頁九。這是孫任以都在《清代行政術語》當中所引用的日本版。不過，她的書中並未將論及奏摺的段落包括進去。

36 例證可見《曹寅奏摺》，頁二，康熙四十八年三月十六日；頁九，康熙四十三年十月十三日；頁十九b，康熙四十八年二月八日。《李煦奏摺》，頁四b，康熙三十七年六月；頁十，康熙四十二年六月；頁二二b，康熙四十七年三月二十九日。

37 《王鴻緒奏摺》，頁一。

38 《曹頫檔案》，編號二八五八，康熙五十五年八月一日奏摺硃批。

39 例證可見於洪承疇奏摺，收於《明清史料》，類三，卷二，頁一六七至一六八。

40 在費正清與鄧嗣禹，《清代行政三論》，頁四六註十六、頁四七註十八當中有所討論。

41 《曹寅奏摺》，頁一b，康熙四十三年七月二十九日奏摺硃批。

42 《曹寅檔案》，編號二七七二，康熙四十七年三月二十一日奏摺硃批；《曹寅奏摺》，頁十八，康熙四十七年三月一日奏摺硃批。

43 這些出處來自李煦的奏摺，他在摺中提及早前所奏為「密摺」，例證見：《李煦奏摺》，頁十七b，康熙四十六年十二月奏摺中提及同年十二月七日的上奏；頁二七與二八b，康熙五十一年三月二十六日奏摺提及同年二月十九日摺；頁二六與二七，康熙五十一年二月十九日奏摺提及同年一月十六日摺；頁二七與二八b，康熙五十一年三月二十六日摺提及同年二月二十四日奏摺。

44 最為機密的摺子，為王鴻緒所呈；這些密摺寫在狹長的紙條之上，摺成寬四公分、長八公分的小冊，能夠藏在手掌中，便於皇上置於掌心，隻手閱讀。這些奏摺原件，目前仍有許多保存於台中霧峰的故宮庫房。它們通常未標示日期。《文獻叢編》刊出了若干選輯（頁二與頁三）。

45 《欽定大清會典事例》，頁一七四九四（卷一〇四二，頁一與頁二），這是順治八年訂立的則例。

46 前揭書，頁一七四九五（卷一〇四二，頁三），順治元年訂立的則例，雍正三年時，對於重要的奏摺廢除了此一限制。

47 《曹寅奏摺》，頁十七b，康熙四十七年三月一日。

48 見《曹寅奏摺》、《曹顒奏摺》、《曹頫奏摺》各處。

49 《李煦奏摺》，在頁六十之前皆稱「臣」，頁六十至七十，「臣」與「奴才」混用，頁七一後全自稱「奴才」。

50 《曹寅檔案》，編號二七三六，康熙三十六年五月三日奏摺與硃批原件。

51 這些都是閱讀曹寅奏摺原件時得出的印象，並不是對其書法進行科學研究後得出的結果。而對於皇上硃批的最佳形容，就像是一位用功的西方學生所寫的漢字書法。關於偏旁誤寫的錯誤，參見《曹寅檔案》，編號二七三五，康熙三十五年六月八日奏摺。皇上在寫沙漠的「沙」字時，漏寫左邊水字偏旁，而寫成了「少」。

52 《實錄》（康熙朝），卷二六五，頁十四b至十五，康熙五十四年十月四日（西元一七一五年十月三十日）。

53 根據《文獻叢編》的編輯者在《曹寅奏摺》頁八的文後註，這些奏摺儲放於懋勤殿木匣中，匣上有字跡：「雍正元年曹福交來硃批奏摺」。曹頫的「頫」寫錯為「福」字；這樣的錯誤顯示出宮內辦事人員必定是在短時間內，按照雍正皇帝的詔諭，處理由各省大量交回宮中的硃批奏摺。查證奏摺上的正確名字，對這些辦事人員來說，本來不該花上多少時間。

《永憲錄》的作者，於該書頁六四記錄下雍正命令各省官員繳回奏摺的時限，為康熙六十一年十二月三日至十五日，也就是西元一七二三年一月九日至二十一日之間。故宮博物院現用來藏放曹家奏摺的大木櫃，或許就是當年（康熙六十一年）上繳之前，曹家子孫用來存放奏摺的木櫃。當然，很有可能曹家當時的家長曹頫，已經毀去了若干他與其父的奏摺。

54 《李煦奏摺》，頁十，康熙四十二年四月奏摺上的硃批。宋犖於康熙四十二年六月所上的奏摺，證實了此項旨意，見《宋犖檔案》奏摺原件，編號二四一九。宋犖於康熙四十二年六月由李煦代轉的奏摺，見《李煦奏摺》，頁十。
55 《張伯行檔案》奏摺原件，編號二一七〇，康熙五十三年三月四日奏摺硃批。
56 《李煦奏摺》，頁五三，康熙五十三年四月二十一日。
57 唯一的例證，似乎是在康熙四十七年時，為平抑米價的官員代呈奏摺。見《曹寅檔案》奏摺原件，編號二七七二、二七七三、二七七六，康熙四十七年三月二十一日、三月二十六日、五月十八日。
58 《李煦奏摺》，頁一，康熙三十二年七月。
59 例證見前揭書，頁一，康熙三十二年六月，與頁五，康熙三十七年十月。許多保存在故宮檔案中的奏摺，都是請安摺子，沒有實質內容。
60 前揭書，頁一b，康熙三十二年七月奏摺硃批。
61 同上，康熙三十二年十月摺。在這道奏摺中，李煦引述了皇上對他前一道奏摺的批示。
62 《曹寅奏摺》，頁八b，康熙三十六年十月二十二日。
63 《李煦奏摺》，頁二五，引用康熙四十八年十二月二日摺。
64 《曹寅奏摺》，頁一b，康熙四十三年七月二十九日，曹寅對巡鹽御史任命的謝恩摺上硃批。
65 前揭書，頁十八，康熙四十七年三月一日摺上硃批。
66 《曹寅檔案》，編號二七九五，康熙四十八年七月三日奏摺硃批。
67 前揭檔案，編號二七九六，康熙四十八年七月七日奏摺原件與硃批。
68 前揭檔案，編號二七九四，康熙四十八年五月六日奏摺原件與硃批。總督是邵穆布；江蘇巡撫是于準，於該年年底解職。
69 《清代名人傳略》，頁三〇八至三〇九。
70 《曹寅奏摺》，頁十七b，康熙四十七年三月一日。
71 前揭書，頁二十，康熙四十八年二月八日奏摺上的硃批。
72 前揭書，頁二b，康熙四十八年三月十六日。
73 前揭書，頁二b，康熙四十八年三月十六日奏摺上硃批：「知道了。並詩稿發回。」
74 前揭書，頁三，康熙四十八年十月摺中，提及熊的三個兒子：「一個去年所生，一個今年所生。」

75 前揭書，頁二b，康熙四十八年九月奏摺與硃批。

76 前揭書，頁三，康熙四十八年十月奏摺與硃批。

77 前揭書，頁三，康熙四十八年十一月。

78 前揭書，頁三b，康熙四十八年十一月奏摺上的硃批。

79 《清史列傳》，卷七，頁五十（熊賜履傳的最後部分）。

80 《清稗類鈔》，類五八，頁十。

81 《曹寅奏摺》，頁十六b，康熙四十七年三月一日摺。兗州府在今澤陽，山東省西境。

82 除了兗州府，在這道奏摺中提及的地方，還包括直隸省的河間府（即今日河間）、安徽南境的滁州（清代的滁州，包含今日的來安與滁縣）。

83 譬如，在科場一案期間，皇上在李煦於康熙五十一年二月二十四日所上奏摺硃批：「張伯行見此光景，說些甚麼？張鵬翮如何了？」《李煦奏摺》，頁二七。

84 《曹寅奏摺》，頁十六b。

85 「百姓情形」。

86 《曹寅奏摺》，頁十七。

87 《曹寅檔案》，編號二七〇九，康熙四十六年三月四日奏摺附件。

88 曹寅康熙四十六年九月二十日奏摺引用的硃批，曹寅奏摺原件，編號二七九一。

89 《曹寅檔案》，編號二七九一，康熙四十六年九月二十日摺。

90 《欽定大清會典事例》，頁六八三八（卷一三二，頁四）。

91 《李煦奏摺》，頁十七，康熙四十六年十二月七日。此即為王可成所遺失的那道奏摺。

92 前揭書，頁十七b，康熙四十六年十二月。

93 李煦康熙四十七年二月奏摺上硃批，前揭書，頁二十。

94 《史料旬刊》，卷二，頁二十，編者對於有關朱三太子奏摺的介紹緒論。《清代名人傳略》，頁一九二。

92 一批關於此案的奏摺，收錄在《史料旬刊》卷二，頁二十至二二當中。康熙皇帝在康熙五十年時憶起此案，認為地方官員無法迅速反應，拿獲一、二犯事之人，從而導致此幫強賊坐大，威脅治安。

96 《曹寅檔案》，編號二七一九，康熙四十七年閏三月十二日摺。

97 康熙四十七年閏三月十二日摺上硃批；康熙四十七年四月十六日摺原件，編號二七一七；康熙四十六年六月二十三日摺原件，編號二七一六（稟報已捕獲一念）。

98 在南京（江寧）於順治二年陷落之初，滿洲人便指派兩名太監，負責守衛並維護明孝陵，並且派遣四十人為其永久僚屬，子孫世居陵園附近（即陵戶）。這項措施顯然為新政權贏得不錯的名聲。見蓋拉德，《南京古今歷史與地理概述》，頁二三七。康熙三十八年，曹寅受命監督明孝陵修繕工程，所需費用由公款支出。見《曹寅奏摺》，頁八b至九，康熙三十八年五月二十六日。

99 《曹寅奏摺》，頁十八，康熙四十七年五月二十五日奏摺上的硃批。

100 前揭書，頁十八b至十九，康熙四十七年七月十五日。

101 《李煦奏摺》，頁二八，康熙五十一年三月二十六日摺；頁二九，康熙五十一年四月二十二日摺；頁二九b，康熙五十一年五月十五日摺；頁三一b，康熙五十一年五月二十六日摺；頁五二b，康熙五十三年四月十一日摺；頁五三b，康熙五十三年五月七日摺。

102 《欽定大清會典事例》，頁六四二三（卷一〇二，頁一b至二），康熙四十九年訂下則例，以是否完成額定比例，作為漕官糧道的賞罰標準。前揭書，頁六四二六（卷一〇二，頁七b），訂下延宕每月期限罰則；前揭書，頁六四三三（卷一〇三，頁一），康熙十四年關於漕船腐朽或未修繕的法令，明訂未於期限內報修船隻的罰則；前揭書，頁七七八〇（卷二〇三，頁二三b），康熙二十二年條例，總督對於漕船運行負有責任，需「親往」監督。

103 《李煦奏摺》，頁三二b，康熙五十一年六月二十二日。

104 前揭書，頁三四b至三五，康熙五十一年八月八日。

105 前揭書，頁四四b，康熙五十二年閏五月二十三日；頁四四b，康熙五十二年六月九日；頁四五，康熙五十二年七月五日。

106 前揭書，頁七一，康熙五十五年五月十二日；頁七三，康熙五十五年七月四日。

107 前揭書，頁五六，康熙五十三年七月十七日。

108 前揭書，頁五三，康熙五十三年五月七日。

109 前揭書，頁五三，康熙五十三年五月七日。

110 前揭書，頁五五b至五六，康熙五十三年七月十三日。在此案中，當婦人的丈夫出人意料的返回時，行巫術者又比了一些手勢，使這名婦人又還魂復生。此名行妖法者被拿獲，雖然否認他能夠操控生命，但暗示他具有奇能異術。他死於獄中，而關於他的各種流言蜚語亦告停歇。

111 前揭書，頁七三b，康熙五十五年七月四日摺與硃批。

112 《文獻叢編》刊載出的李煦奏摺，占有一百一十六雙面頁。這一百一十六頁當中，三十三頁是康熙三十二年到曹寅去世時的康熙五十一年之間的奏摺，剩下的八十三頁篇幅，則是康熙五十一年至六十一年間的奏摺。

113 康熙五十年的科場一案，最為簡明扼要的概述，見商衍鎏所著《清代科舉考試述錄》，頁三〇九至三一〇。另外兩則經過修飾的記載，分別見於《清稗類鈔》，類二五，頁八十至八一，以及《康熙南巡祕記》，頁九一至九四。噶禮的奏摺不見於目前刊行的史料當中；曹寅在康熙五十年十一月的奏摺中，提及噶禮與張伯行針對此案都有奏摺呈上（《曹寅奏摺》，頁三二b）。像本案這樣因科舉取士不公所引起的騷亂，並不罕見。六年之前，參加順天府鄉試的生員們也以相似的舉動，向官方施加壓力。他們於街上遊行，並且於隨後將兩具寫有正副主考官姓名的紙糊人形芻像斬首；參見《王鴻緒密繕小摺》，頁十七。

應試者的憤怒與挫折，以及騷動的程度，在在說明舉人的功名是多麼為學子所看重，並且證實了歷史學者的說法：「舉人功名在明清社會階層當中，是極為重要的一階」（何炳棣，《中華帝國的晉身之階》，頁二七）。何炳棣還告訴我們，科場騷亂通常只是純粹因落第的挫折而起，而沒有確實的正當性（前揭書，頁一九三）；然而，在康熙五十年科場一案中，調查者證實了學子確有抗議的正當性。順治十四年，在直隸爆發的大規模科場舞弊案（何炳棣於前揭書中有敘述，見頁一九一至一九二），或許為康熙皇帝處理本案時的鑑戒；參見《實錄》（康熙朝），卷二五〇，頁二一。

114 《曹寅奏摺》，頁三，康熙五十年十月。

115 《實錄》（康熙朝），卷二四八，頁十二b。

116 前揭書，頁八。

117 《李煦奏摺》，頁二六，康熙五十一年一月十六日。四位審理大臣分別是張鵬翮、噶禮、張伯行，以及安徽巡撫（梁世勳），康熙皇帝於十二月時透過禮部尚書，下達這項任命，這也表示有嫌疑的舉人已被帶往北京重審（《實錄》（康熙朝），卷二四八，頁十九）。

118 《清史列傳》，卷十二，頁二九，與《實錄》（康熙朝），卷二四九，頁八b。

119 《清史列傳》，卷十二，頁十，與《實錄》（康熙朝），卷二四九，頁八b。

120 《清代名人傳略》，頁二六八，二九一。

121 前揭書，頁五一至五二。
122 《實錄》（康熙朝），卷二四九，頁九。
123 《李煦奏摺》，頁二六b，康熙五十一年元月十六日奏摺上的硃批。
124 前揭書，頁二七，康熙五十一年二月十九日。
125 前揭書，康熙五十一年二月二十五日。
126 前揭書，頁二八，康熙五十一年三月二十六日。
127 《曹寅奏摺》，頁四，約為康熙五十一年三月二十六日所呈奏摺。
128 前揭書，頁四b至五b，約為康熙五十一年四月二十一日所呈奏摺。
129 前揭書，頁五b與頁六，約為康熙五十一年四月三十日與同年五月十二日所呈奏摺；《李煦奏摺》，頁二九至三十b，康熙五十一年四月二十二日與同年五月十六日。
130 李煦（《李煦奏摺》，頁二九）報告，張鵬翮已接到此旨意，且聽說他已經回奏。曹寅提到，他在邸抄上已看到馬三奇所上奏摺（《曹寅奏摺》，頁五b）。
131 前揭書，頁五b，約為康熙五十一年四月三十日奏摺。
132 《實錄》（康熙朝），卷二五〇，頁二十至二一。《清史列傳》，卷十二，頁十b。曹寅與李煦都提到，這道奏摺是在六月二十三日拜發（即康熙五十一年五月二十日）。
133 《曹寅奏摺》，頁六b至七，約為康熙五十一年五月二十二日奏摺。
134 《實錄》（康熙朝），卷二五〇，頁二十至二一。
135 前揭書，二五〇，頁二三b。
136 《李煦奏摺》，頁三五，康熙五十一年八月八日；頁三五b至三六，康熙五十一年八月二十一日；頁三七b，康熙五十一年九月六日；頁三七b至三八，康熙五十一年十月四日。李煦將欽差審理大臣的調查結果，作了如下概述：副主考趙晉因陳天立催促，同意夾帶吳泌過關，而房考方名則係因平素相好，以及貪圖後謝賄款得由其代為還債之故，答應取中程光奎（前揭書，頁三七b）。吳泌為夤緣求得舉人功名，前後已投注八千兩銀子，以為賄資；吳泌一案另涉及三名中間人，除趙晉、陳天立外，可能還有前任安徽巡撫葉九思。吳泌的卷子於閱卷途中，或許出了差錯，分到了一位未參與共謀的房官手上；這位房官為陳天立所說服，同意推薦吳泌，而陳天立則稱，他是奉趙晉之命行事。參見商衍鎏，《清代科舉考試述錄》，頁三〇九至三一〇。
137 《實錄》（康熙朝），卷二五三，頁六到七。被認為可能是本案主嫌的副主考趙晉，設法逃過一死。當他被收於
138

揚州獄中，一位名叫王式丹的友人來探，助其逃脫死罪。十足諷刺的是，他們兩人之間的關係，是同為康熙四十二年殿試同年（分獲狀元、榜眼）；參見商衍鎏，《清代科舉考試實錄》，頁三一一，以及《清稗類鈔》，類二五，頁八一。康熙五十五年，皇上詢問身邊的大學士，趙晉是死是活？群臣回奏：無人知曉（《東華錄》，康熙朝，卷九七，頁二）。

139 《實錄》（康熙朝），卷二五一，卷十四b至十六。

140 前揭書，卷二五一，頁二十。

141 判決被皇上否決的這四位會審欽差大臣，赫壽繼噶禮之後，出任兩江總督，張鵬翮成為吏部尚書，張廷樞起復，擔任刑部尚書，而穆和倫繼續任職戶部尚書。《清史》，頁二五九五至二六〇〇，與頁二八八四。

142 李維．寇瑟（Lewis Coser），《社會衝突的功能》（*The Functions of Social Conflicts*）（倫敦：一九五六），頁五九。

143 《實錄》（康熙朝），卷二五一，頁十五b至十六。

144 前揭書，頁十八b。

145 前揭書，頁十五b。

第七章

1 參見康熙皇帝在李煦於康熙五十一年七月十八日所呈上奏摺的硃批，《李煦奏摺》，頁三三b。

2 《耶穌會傳教士愛琴海諸島、印度、中國和美洲各處之遊記》（*The Travels of Certain Learned Missioners of the Society of Jesus into Divers Parts of the Archipelago, India, China, and America*）（倫敦，一七一四），頁二一六，一七一一年（康熙五十年）四月十二日發自北京的信函。前揭書中（頁一六九），收有一封殷宏緒（d'Entrecolles）神父的信札，言及羅歷山（Rhodes）弟兄向皇上進獻加納利（Canary）葡萄酒，使得龍體精力更加健旺，此酒是傳教士由馬尼拉送來，作為彌撒使用。這或許能解釋在第三章「辨皇差」一節裡，所提及的大量葡萄酒貿易。

3 關於中國草藥，參見布瑞斯屈奈德（E. Bretschneider），《中國植物》（*Botanicon Sinicum*），第三部分〈古中國藥物的植物學調查〉（Botanical investigations into the Materia Medica of the Ancient Chinese），刊於《皇家亞洲學會華北分會學刊》（*Journal of the North China Branch of the Royal Asiatic Society*），新二九號（一八九四至一八九九），頁一至六二三。對於人參的描述，見前揭書，頁二三至二四。

4 《曹寅奏摺》，頁二一b，康熙四十八年十一月十一日摺顯示，他於同年（一七〇九年）十二月離開揚州，去覲見皇帝。

5 參見柏納德·瑞德（Bernard E. Read），〈一五九六年《本草綱目》中的中國藥草〉（Chinese Medicinal Plants from the Pen Ts'ao Kang Mu, A.D. 1596），《北京自然歷史紀要》（*Peking Natural History Bulletin*），一九三六年，一〇七條（關於此文的完整書目，以及瑞德的其他著作，參見李約瑟〔Joseph Needham〕的《中國科學與文明史》，卷一，頁二八九至二九〇）。赫柏特神父（Fr. Hübotter），《二十世紀初的中國醫學及其發展歷程》（*Die Chinesische Medizin zu Beginn des XX Jahrhunderts und Ihr Historischer Entwicklungsgang*）（萊比錫，一九二九），頁二八六將地黃界定為「Rehmannia Lutea Maxim」。這味藥，布瑞斯屈奈德有更進一步的討論，見〈古中國藥物的植物學調查〉，頁一八三至一八五，以及《本草綱目》，卷十六，頁一。

6 《曹寅檔案》，編號二八〇一，康熙四十九年四月四日奏摺與硃批。

7 前揭檔案，編號二八〇二，康熙四十九年五月二日奏摺上的硃批。

8 《曹寅奏摺》，頁二二，康熙四十九年十月二日奏摺上說，三月之後，他會由揚州返回江寧。

9 《曹寅檔案》，編號二八〇三，康熙四十九年六月一日。

10 赫柏特，《二十世紀初的中國醫學及其發展歷程》，頁二九二。布瑞斯屈奈德，〈古中國藥物的植物學調查〉，頁三二〇至三二三，稱之為「中國根莖」（China Root）。瑞德，〈一五九六年《本草綱目》中的中國藥草〉，六八〇條則稱其為「白萆薢」（Heterosmilax Japonica, Kth.）。《本草綱目》，卷十八，頁十四。

11 《曹寅奏摺》，頁二五，康熙四十九年十一月三日奏摺與硃批。

12 關於上京覲見，見《楝亭詩鈔》，卷八，頁二b至三b；南歸行程，見頁三b至五b。這四位滿洲將軍來自浙江、黑龍江、西安以及奉天（將軍銜之前的名稱，隨駐守地名而有不同，見《清末中國政治組織》，七四四、八〇二條）。

13 《曹寅檔案》，編號二八二五，康熙五十一年二月二日。這個日期應該是錯誤的，實際上是同年的三月二日。曹寅提及他於康熙五十一年二月十二日離開北京，同時他也呈上本年一月與二月的氣候雨水報告。因此，這應該是三月。曹寅於康熙五十一年三月二十六日（？）的奏摺，證實他於同年二月二十六日抵達揚州，見《曹寅奏摺》，頁四。

14 參見本書第六章；《曹寅奏摺》，頁四至頁七。

15 前揭書，頁二五b，康熙五十一年四月三日。

16 《曹寅檔案》，編號二八二七，康熙五十一年五月二十二日。

17 《曹寅奏摺》，頁二六，康熙五十一年六月三日奏摺與硃批。

18 《楝亭詩鈔》，卷八，頁十四。

19 前揭書，頁十四b。

20 《李煦奏摺》，頁三三，康熙五十一年七月十八日，皇上硃批在頁三三b。

21 《耶穌會士書信集》，卷十七，頁三〇六至三一〇。

22 《李煦奏摺》，頁一，皇上對李煦康熙三十二年六月所上請安摺的硃批。

23 《耶穌會士書信集》，卷十七，頁三一一。《中國方濟會志》，卷五，頁二八三。

24 《聖祖五幸江南全錄》，頁十六，在康熙四十四年三月二十八日。關於奎寧在中國使用的進一步細節，參見方豪，《中西交通史》（五卷，台北：一九五九），卷四，頁一三六至一三七。奎寧也列入趙學敏，《本草綱目拾遺》（前言作於乾隆三十年，上海：一九五四年版），頁二三七。他還補充說，中國人也用奎寧來治療宿醉。

25 《李煦奏摺》，頁三三b至三四，康熙五十一年七月二十三日摺與硃批。

26 前揭書，頁三六，康熙五十一年八月二十一日。

27 參見本書第六章。

28 引自《紅樓夢新證》，頁三八八至三八九。

29 前揭書，頁三九一。

30 《曹寅奏摺》，頁十五，康熙四十五年八月四日。《紅樓夢新證》，頁三五〇。

31 關於曹寅遺子至北京，見《曹寅奏摺》，頁十九b至二十，康熙四十八年二月八日摺；《曹顒奏摺》，頁二七，康熙五十一年九月四日摺，提到皇上恩准他回江寧伴父。《紅樓夢新證》估算曹顒的生年在康熙三十四年（頁三〇五），是故康熙四十四年皇上南巡時和他談話，當時他只有十歲（參見本書第四章），而他被差遣到北京內務府供職時，年紀是十四歲。我認為他生在康熙三十二年（一六九三年）；他很可能在康熙五十二年娶親，距離他的死亡一年之前。

32 《李煦奏摺》，頁三三b至三四，康熙五十一年七月二十三日。

33 總督噶禮此時正因被控貪賄而受審，參見本書第六章。郎廷極在《清代名人傳略》中有傳略，見頁四四一至四四二。關於他署理兩江總督一事，參見《曹寅奏摺》，頁二五b，康熙五十一年三月二十七日，以及《清史》，頁二八八四。

34 《楝亭文鈔》，頁十七。

35 《郎廷極奏摺》，頁四二b，康熙五十一年八月二十七日。此摺接到皇上硃批，只有「知道了」三字。

36 《曹顒奏摺》，頁二七，康熙五十一年九月四日。

37 前揭書，頁二七b至二八，康熙五十二年元月三日，此摺將抵達江寧的日期誤為二月二日。正確日期應該是元月二日（一月二十七日）。在郎廷極康熙五十一年八月二十七日奏摺中，他使用了「曹顒」這個名字。這表示雖然他的新學名已經廣為人知，他自己若非特允，還不敢任意以這個名字自稱。

38 《李煦奏摺》，頁三三b至三四。參見本章前面的敘述。

39 前揭書，頁四八b至四九，康熙五十二年十一月十二日。

40 《曹顒奏摺》，頁二八至二九，康熙五十二年十一月十三日。這些數字顯示曹寅宣稱的虧空，在此時總額為三十二萬二千兩白銀。剩餘的二十二萬七千六百二十兩則支用在織造署日常的正項開銷上。因此，曹寅的虧空數額，並不是《清代名人傳略》頁七四二當中所提及的數額，即五十四萬九千六百二十兩，儘管最後他的積欠總額或許要超過上面這個數字。

41 《曹顒奏摺》，頁二九，康熙五十二年十二月二十五日奏摺以及硃批。

42 《曹寅奏摺》，頁二三，康熙五十年三月九日。當然，這些積欠虧空十分可能如曹寅所說，在執行皇上交辦差使的同時，大大的縮減了。

43 《曹顒奏摺》，頁二八b至二九，康熙五十二年十一月十三日。

44 《曹顒檔案》，編號二八三五，康熙五十三年七月二日。

45 前揭書，編號二八三七，康熙五十三年八月十一日，以及編號二八三六，康熙五十三年八月二日。

46 《曹顒奏摺》，頁二九，康熙五十二年十二月十五日。

47 《東華錄》，康熙朝，卷九四，頁二，康熙五十三年八月十二日；當中將曹顒的名字誤寫為同音的別字。《實錄》（康熙朝）當中的姓名則是正確的（卷二六〇，頁三）。

48 曹顒於北京猝逝的時間，約在康熙五十三年十二月至隔年元月之間，證據可見《李煦奏摺》，頁六十，康熙五十四年元月十八日，以及《曹頫奏摺》，頁三十，康熙五十四年三月七日。《紅樓夢新證》則主張康熙五十四年元月更有可能（頁四〇四）。

49 周汝昌認為曹寅或許曾經老來得子，但是年紀輕輕便夭折了。《紅樓夢新證》，頁五十。

50 《李煦奏摺》，頁六十，康熙五十四年元月十八日。這項諭令不可能如《紅樓夢新證》所說（頁四〇三），是在康熙五十四年二月（西元一七一三年三月）頒布的，因為李煦在康熙五十四年元月十八日（一七一五年二月二十一日）的奏摺中，便已經引述了。

51 《李煦奏摺》，頁六十，康熙五十四年元月十八日摺，奉硃批：「是。」

52 次序交錯地引自《曹頫奏摺》，頁二九b，康熙五十四年三月七日；與前揭書，頁三十，日期同上。以及引自《李煦奏摺》，頁六一，康熙五十四年三月十日。在曹頫所上奏摺中，他提到了兄長曹顒的孀妻馬氏，此時她已經有七個月的身孕；因此曹顒可望在身後有一個遺腹子，而曹寅一脈的香火就得以延續下去。這個孩子是否出生，後來沒有提及，有可能是個女孩，或者是個男嬰，但不幸夭折。也有可能，這個兒子活下來，很自然的過繼給曹頫，他就是曹雪芹，《紅樓夢》的作者。這正好與吳世昌認定曹雪芹「在康熙五十四年春天出生」相符合（《紅樓夢探源》，頁一一八）。對於這個莫衷一是的問題，後續的討論，參見附錄的表格四。

53 曹頫的確實年紀，也是一個複雜的問題。我相信，曹頫的出生年分，不會早於康熙三十七年（一六九八年），因此他在接任江寧織造時，年紀約莫為十七、八歲。這樣的斷定，要比周汝昌所認為的來得年輕，當然比吳世昌所相信的出生年份，來得更年輕許多（《紅樓夢探源》，頁九九）。吳世昌書中的論旨要能成立，曹頫的年紀必須得老上許多，因為他推定曹雪芹的出生年分是康熙五十四年，而認為曹頫是曹雪芹之父。周汝昌則十分確信曹頫更年輕的看法，因為他斷定曹雪芹生於雍正二年。我自己認為，曹雪芹生於康熙五十四年，而那時曹頫還很年輕，非常之年輕。所以曹雪芹不可能是曹頫之子。關於曹頫在康熙五十四年接任織造一職時年歲甚輕的說法，其證據可謂十分確鑿。撇開他在謝恩摺裡那些卑下自謙的陳腔套語不提，有一個事實是，在康熙五十七年（一七一八年）時，皇上稱他為「小孩」。參見《曹頫檔案》，編號二八五九，康熙五十七年六月三日奏摺原件，以及《紅樓夢新證》當中所引用的硃批，見頁四一〇。「小孩」這樣的詞彙，斷然不會用來稱呼一位年過二十的男子。而更重要的是，雍正五年（一七二七年）時的巡鹽御史噶爾泰於奏摺中稱曹頫「年少」，見《雍正硃批諭旨》，冊三九，頁九二b，雍正五年元月十八日奏摺。這種說法，似乎不可能用來形容年滿三十的男子。

54 《李煦奏摺》，頁六十，康熙五十四年元月十八日。周汝昌指出，不可能分清這究竟是曹寅之前的虧空，還是曹顒欠下的新債（《紅樓夢新證》，頁四〇五）。

55 《李煦奏摺》，頁六八，康熙五十五年二月三日，前揭書，頁八七，康熙五十六年九月九日奏摺當中有更多訊息。

56 前揭書，頁八b，康熙五十六年七月十三日。這筆二十六萬三千兩的數字，顯示出早先二十三萬兩的估計過低，也表現出李煦對數額的輕率態度。

57 《曹頫檔案》，編號二八五七，康熙五十四年六月三日。

58 《曹頫奏摺》，頁三一，康熙五十四年七月十六日。

59 前揭書，頁三十b，康熙五十四年九月一日。

60 在曹頫在任的頭一年，也就是康熙五十四年，他於四月、六月、七月、九月、十月以及十一月，都呈上這類報告物價的簡短奏摺。參見《曹頫檔案》，編號二八七三、二八五七、二八四六、二八四七、二八五六、以及二八四八。

61 《曹頫奏摺》，頁三二b，康熙五十五年二月五日奏摺與硃批。在康熙六十年，皇上頒布詔諭，要群臣資助熊賜履的遺族，熊生前曾有上千門生（都是他擔任考官時取中的），然而其家庭卻貧窮度日。王鴻緒和其他人合資出了三千兩銀子，交給曹頫，他奉命運用這筆錢的利息，來支付熊家的花費開銷。《清稗類鈔》，類四九，頁八二至八三。其他出處參見《紅樓夢新證》，頁四一一。

62 《曹頫奏摺》，頁三二，康熙五十五年六月十三日；以及《李煦奏摺》，頁七二，康熙五十五年六月十五日奏摺，引用皇上硃批。

63 《曹頫檔案》，編號二八五二，康熙五十九年六月十日與李煦聯名上奏，有皇上硃批及封套。曹頫受命辦理的其他差使，有時是由自李煦處接收的餘銀來支付的。例如在康熙五十六年支付了五千兩銀子（《李煦奏摺》，頁八七，康熙五十六年九月九日），或者如康熙五十五年，他們兩人平分一萬六千兩（前揭書，頁七八，康熙五十五年十一月十八日）。

64 參加本書第六章的第一部分。

65 《曹頫奏摺》，頁三十b至三一，康熙五十四年十一月一日，皇上硃批「知道了」。

66 曹頫康熙五十五年七月五日奏摺上的硃批，《曹頫檔案》，編號二八五三。

67 前揭檔案，編號二八五四，康熙五十五年七月十四日，有封套。

68 前揭檔案，編號二八五八，康熙五十五年八月一日，加上皇上硃批。

69 前揭檔案，編號二八五九，康熙五十七年六月三日。也引自《紅樓夢新證》，頁四一〇。康熙的硃批結尾，是一句極為口語的句子：「教老主子笑笑也好。」

70 《曹頫檔案》，編號二八四九，康熙五十七年閏八月一日。

71 前揭檔案，編號二八一一，在檔案順序中錯置了，但時間可能是康熙五十九年二月。關於知名的年羹堯之兄年希堯，參見《清代名人傳略》，頁五八八與五九〇。

72 何炳棣討論了晚熟與早熟稻種的傳播。見氏著，《中國人口研究》（*Studies on the Population of China, 1368-1953*）（劍橋鎮：哈佛大學出版社，一九五九），頁一六九至一七六。由康熙皇帝分發到各省的稻種，顯然是能早晚兩熟的；因此這與占城稻（Champa），以及其他的早熟稻種都有所不同，它們與晚熟稻種輪種。參見加藤繁，《支那經濟史考證》（二卷，東京：東洋文庫，一九五二至一九五三年），卷二，英文摘要，頁二十至二一。

73 《李煦奏摺》，頁六三，康熙五十四年五月十六日；頁六三b，康熙五十四年六月六日；頁六五b，康熙五十四年八月二十日。《曹頫檔案》，編號二八六九，康熙五十四年八月二十日。曹頫種了六升稻種，收穫四石二斗；李煦種了三斗，收穫十八石二斗五升。

74 《曹頫奏摺》，頁三一b至三二，康熙五十四年十二月一日。《李煦奏摺》，頁六六b，康熙五十四年十一月十七日。如果按照一比二十的栽種／收穫比率，那麼假設他按照春天那樣栽種六畝地，就是三斗種子收穫六石稻穀。

75 皇上對曹頫康熙五十四年八月二十日奏摺上的硃批，《曹頫檔案》，編號二八六九；以及《李煦奏摺》，頁六五b，康熙五十四年八月二十日；頁六六b，康熙五十四年十一月十七日；頁六七b，康熙五十四年十一月二十日。李英貴，此時大概是內務府官員，正白旗下包衣，賜戶部侍郎銜，旗鼓佐領。參見《八旗通志》，卷五，頁四十；在《八旗滿洲氏族通譜》中姓名為李瑛貴（卷七四，頁二b）。

76 《李煦奏摺》，頁七十b，康熙五十五年閏三月十二日奏摺與硃批。

77 《曹頫檔案》，編號二八七五，康熙五十五年七月十四日；以及編號二八七〇，康熙五十五年十月一日摺，上有關於在江南傳種，以及避免浪費食用的硃批。《李煦奏摺》，頁七二b，康熙五十五年六月二十五日；以及頁七五b至七六，康熙五十五年十月二日摺，上有關於分送往浙江、江西等地的硃批。

78 《曹頫檔案》，編號二八七一，康熙五十六年七月二十日，有封套。

79 《李煦奏摺》，頁八一b，康熙五十六年三月十一日；頁八四b，康熙五十六年六月二十九日；頁八七b，康熙五十六年十月十一日。

80 參見附錄表三。

81 《曹頫檔案》，編號二八七〇，康熙五十五年十月一日。

82 前揭檔案，編號二八五〇，康熙五十八年六月十一日奏摺與硃批。
83 《曹頫奏摺》，頁三二b，康熙五十九年二月二日奏摺上的硃批。
84 《江南通志》（卷一〇五，頁十）中表明，李煦擔任織造一職到康熙六十一年，來接替他的是胡鳳翬，於雍正元年上任。上述這樣的任命通常下達得很快，而《江南通志》確實也在同一年列出職務的交替，因此可以推斷李煦離任的時間，約在康熙六十一年十一月或十二月（一七二二年十二月底，或一七二三年一月）。李煦被罷去織造職見於《永憲錄》，頁四一二，在描述中，他是遭到「削職」的。
85 參見本書第五章註一五七的推算，他生於順治七年（一六五〇年）。
86 對於家人的硃批，見《雍正硃批諭旨》，冊八，頁四、頁十六；關於包衣，見冊十三，頁四六，以及冊四七，頁三七b。
87 前揭書，冊五十，頁六九，對於高斌雍正六年六月二日奏摺的硃批。
88 前揭書，冊三九，頁九六，對於噶爾泰雍正六年五月十日奏摺的硃批。
89 各項例證可見於《永憲錄》，頁三四一至三五四，以及頁三〇一至三〇二，或者《清代名人傳略》裡，遍布於這個時期的傳略。
90 《清史》，頁二六〇九（以及二六〇八頁上，康熙六十一年最後一個月的兩人）。
91 各項例證可見於《永憲錄》，頁一〇三；以及《雍正硃批諭旨》，冊二五，頁一至八；冊六十，頁二；冊三八，頁一〇二至一〇三。
92 《文獻叢編》，卷四三（一九三七年，期七）。而當然，在稍後是透過軍機處來進行的。
93 《雍正硃批諭旨》，冊四八，頁五一；冊四七，頁二，冊二，頁七八b。
94 前揭書，冊四七，頁四十。
95 《永憲錄》，頁二六五。
96 《雍正硃批諭旨》，冊四八，頁一〇一，雍正元年三月二十二日奏摺。
97 前揭書，頁一〇一b至一〇二，雍正元年四月五日。
98 前揭書，頁一〇二，在雍正二年十二月十八日奏摺行間的硃批。阿爾法是滿洲鑲藍旗包衣，佐領，後升任參領。《八旗通志》，卷十，頁三一b；《八旗滿洲氏族通譜》，卷七五，頁六b。
99 《雍正硃批諭旨》，冊四八，頁一〇二b至一〇三，雍正三年七月二十六日奏摺上的硃批；頁一〇三b，同年九月二十六日；頁一〇四，同年十月三日。

100 前揭書，冊十二，頁四六；冊八，頁一b。

101 前揭書，冊五十，頁六一，據高斌雍正四年二月二十一日的奏摺，他們在雍正四年二月十二日見到胡。（高斌是包衣家奴，乾隆寵妃之父，後來成為重臣；參見《清代名人傳略》，頁四一二至四一三。）《永憲錄》（頁二六五至二六六）記錄胡於雍正四年二月自盡。胡鳳翬一直到雍正四年二月二十一日高斌拜發奏摺時，都還活著，因此他必是在此不久後，隨即自殺身亡。

102 房兆楹在《清代名人傳略》三篇雍正兄弟的傳略裡，巧妙地概括了這個主題，見頁九一五至九一九，頁九二六至九二七，頁九二七至九二八。

103 《永憲錄》，頁二六五至二六六。《清史》，頁三四九七有敦肅皇貴妃年氏的簡短傳略。關於年羹堯的生平，見《清代名人傳略》，頁五八七至五九〇。

104 隋赫德奏摺，雍正六年七月三日，引自《紅樓夢新證》，頁四二〇；吳世昌在《紅樓夢探源》當中翻譯了部分（頁二八四）。

105 《永憲錄》，頁三五二。引自《紅樓夢新證》，頁四一八。

106 《雍正硃批諭旨》，冊四七，頁九九，皇上對孫文成的警告硃批，見雍正元年十一月一日奏摺。諭令浙江巡撫調查，見前揭書，冊十三，頁四六。在《雍正硃批諭旨》中沒有見到辦差大臣回奏的摺子，但可推測孫安然過關。他的案子，在雍正二年浙江省的混亂局勢當中，似乎並非焦點所在，那一年裡，浙江巡撫之職五易其人（《清史》，頁三〇五三）。

107 《雍正硃批諭旨》，冊四七，頁九九b至一〇一b，在他雍正四年六月一日、五年元旦、五年三月一日奏摺上的硃批。所引用的硃批見前揭書，頁一〇二b，雍正五年四月一日奏摺。在此雍正的用語稍嫌誇大，他是在康熙四十八年晉封為雍親王，距此時只有十八年的時間。

108 《永憲錄》，頁三九〇。

109 《雍正硃批諭旨》，冊十三，頁三三，謝賜履雍正元年十二月一日奏摺。

110 前揭書，冊五十，頁六三b，高斌雍正四年十月九日奏摺，以及頁六四，雍正四年十二月九日奏摺上戒鋪張浪費的硃批，康熙與雍正兩位皇帝都頻繁的警告，不可鋪張，但是曹家隨著康熙皇帝一同茁壯，並且在康熙南巡時深諳他的喜好：皇上期待奢華排場。然而雍正皇帝卻言行一致，曹頫應該留心他的警告。

111 《江南通志》，卷一〇五，頁八b。之前他是兩浙巡鹽御史。雍正四年，噶爾泰得到一件特別的禮物：順治皇帝手書之唐魏徵《十思疏》抄本（參見《紅樓夢新證》，頁一六五，引用儀真鹽務奏摺的段落）。噶爾泰在雍正六年被任命為安徽布政使。

112 《雍正硃批諭旨》，冊三九，頁九一，與頁九二b，雍正三年九月十一日與十一月八日奏摺上的硃批。

113 前揭書，冊三九，頁九二b，雍正五年元月十八日奏摺行間的硃批。皇上對「平常」這一用語的加批，意謂著他認為曹頫的才能十分庸劣，或者是因為噶爾泰在前兩行，已用過同一個詞來形容其他官員。康熙皇帝已對此種祕密參奏表達過贊同之意，如他的硃批寫道「朕早知此人名聲不好」（《王鴻緒密繕小摺》，頁十）。

114 《雍正硃批諭旨》，冊三九，頁九三，雍正五年三月十日的奏摺，稱曹頫已於同年二月二十七日返回。儀真已經更名為儀徵。

115 對此，唯一的史料來源是《永憲錄》，頁三九〇，不過曹頫於雍正六年去職一事，有地方志可供佐證；參見《江南通志》，卷一〇五，頁九b。

116 隋赫德雍正六年七月三日奏摺，引自《紅樓夢新證》，頁四二〇。引文中提到的護衛常德，或許是漢軍鑲藍旗下包衣，《八旗滿洲氏族通譜》，卷七五，頁十六b。他被拔擢擔任驍騎校（《清末中國政治組織》，七二七條）。

117 這是在吳世昌《紅樓夢探源》頁一九二、一六三、一六六當中討論的各項觀點。但是，沒有直接的證據能夠支持吳世昌的新看法，即曹頫的去職，是因為織造衙門的一場大火所致（頁一六八，註一）。如果真有如此大火，隋赫德或巡撫等官員，應該在他們的奏摺中會提及。

118 隋赫德雍正六年奏摺。這條重要的史料是引自《紅樓夢新證》，頁四一九，不過卻沒有標註日期與來源，推想應該是來自故宮博物院的檔案。因曹家被抄家而引發的問題，在吳世昌的《紅樓夢探源》當中（頁一一五至一一六），以及周汝昌的《紅樓夢新證》中（頁一三五至一三六）有所討論。在前揭書（頁一四二至一四三）中，周汝昌進一步推論，隋赫德可能將自己在北京的房產給了曹家，作為他得到曹家江寧巨貲的補償。這是個很高貴的做法，但是沒有任何證據足以證明。可能更接近實情的情況，是曹氏族人帶著江寧的動產，回到北京被保留下來的房產居住生活。

119 《紅樓夢新證》，頁四一至四二，頁四二二至四二三。這項榮譽官銜見《清末中國政治組織》，九四五條。曹宜後來的品級，參見《清末中國政治組織》，四九與七三四條。

120 「員外郎」，《清末中國政治組織》，七六條。他擔任此職，也被記錄於《八旗滿洲氏族通譜》之中（卷七四，頁九）。可是，就在同一頁，曹顒被列名為內務府郎中，可是在他的奏摺中，沒有任何證據顯示，他擔任過比主事還高的官職。所以在他和曹頫的情形裡，這些職位可能都是榮譽加銜，或甚至是訛誤。

121 《紅樓夢新證》，頁四二五。

122 《紅樓夢八十回校本》，頁一二六。

123 《脂硯齋紅樓夢集評》，頁一六一，此處採用吳世昌的翻譯，見氏著《紅樓夢探源》，頁一〇九。關於「脂硯」是曹雪芹之叔一事，參見吳世昌前揭書，頁九七至一〇一。

124 《紅樓夢新證》，頁三九三。

125 《辭海》（一九四七年，單卷本），「樹倒猢猻散」條，頁七二〇。

126 吳承恩，《西遊記》，華利（Arthur Waley）英譯（紐約，一九四三年版），頁二五九，中間省略了豬八戒的話。

歷史與現場208

曹寅與康熙

Ts'ao Yin and the K'ang-hsi Emperor: Bondservant and Master

作　者—史景遷（Jonathan D. Spence）
譯　者—溫洽溢
主　編—湯宗勳
特約編輯—吳家恆、廖彥博
責任編輯—李筱婷
美術設計—張瑜卿
執行企劃—林貞嫻

董事長—趙政岷
出版者—時報文化出版企業股份有限公司
108019臺北市和平西路三段二四〇號三樓
發行專線—（〇二）二三〇六六八四二
讀者服務專線—〇八〇〇二三一七〇五
（〇二）二三〇四七一〇三
讀者服務傳真—（〇二）二三〇四六八五八
郵撥—一九三四四七二四時報文化出版公司
信箱—10899台北華江橋郵局第九十九信箱

時報悅讀網—http://www.readingtimes.com.tw
電子郵箱—history@readingtimes.com.tw
法律顧問—理律法律事務所　陳長文律師、李念祖律師
印　刷—勁達印刷有限公司
初版一刷—二〇一二年五月十八日
初版二刷—二〇二二年一月十四日
定價—新臺幣三六〇元
版權所有　翻印必究（缺頁或破損的書，請寄回更換）

時報文化出版公司成立於一九七五年，
並於一九九九年股票上櫃公開發行，於二〇〇八年脫離中時集團非屬旺中，
以「尊重智慧與創意的文化事業」為信念。

曹寅與康熙 / 史景遷（Jonathan D. Spence）著；溫洽溢譯. -- 初版. -- 臺北市：時報文化, 2012.05
面；　公分
譯自：Ts'ao Yin and the K'ang-hsi Emperor : Bondservant and Master
ISBN 978-957-13-5569-6（平裝）

1.清聖祖 2.（清）曹寅 3.清史

627.2　　101007744

Ts'ao Yin and the K'ang-hsi Emperor: Bondservant and Master, 2nd Edition by Jonathan D. Spence
Copyright ©1988 by Jonathan D. Spence
Chinese（Complex Characters）copyright © 2012
by China Times Publishing Company
ALL RIGHTS RESERVED

ISBN 978-957-13-5569-6
Printed in Taiwan